新 伊藤塾
試験対策
問題集

ITO JUKU
SHIKENTAISAKU
MONDAISHU

論文 4

伊藤 真 [監修]　伊藤塾 [著]

行政法

弘文堂

はしがき

1 はじめに

『伊藤塾試験対策問題集 論文』シリーズの刊行が始まったのが2009年12月であったが，2012年12月までに行政法までの全7巻が揃い，以後10年近くもの間，大変多くの受験生に活用していただけたのは嬉しいかぎりである。

債権法の大改正を機に開始したこの新シリーズも，徐々に受験生に活用していただき，民事系以外の科目の刊行が待たれていると耳にしている。そこで，論述形式の答案を，どのように書けばよいのか，どのように文章構成すればよいのか悩んでいる受験生に向けて，最新の試験傾向に沿った内容で前作を全面的に刷新して本書を刊行することにした。

新版とするにあたり，前版を構成し直し，基本的な部分を重視し，更に答案の書き方がわかるようにした。たとえば，論述形式の答案を書いたことがない受験生であれば，本書の答案例のような答案を書けるようになるまでに時間を要するだろうから，第1段階では最低限どこまでが書ければよいのかわかるように太い色線でくくることとした。

また，シリーズに『伊藤塾試験対策問題集 予備試験論文』が2018年までに7科目を刊行したことから，これとの差別化を図り，より汎用性の高い問題を登載することとした。これによって，テキストや基本書等で得た知識を，どのように答案に表現すればよいのかが更にわかりやすくなったことだろう。論文式試験において，なかなか点数があがらない受験生に，また，法学部の定期試験対策に効果を発揮するのは間違いない。

今後も，本シリーズを利用して，めざす試験が突破できることを願っている。

【1】合格答案作成のテキスト

本シリーズは，論述形式で答案を作成しなければならない試験対策用のテキストである。一見，単なる問題集のようにみえるが，実は合格答案を書くノウ・ハウが詰まった基本テキストである。司法試験・予備試験，法科大学院入学試験，公務員試験，学年末試験など記述対策を必要とするすべての試験に役立つように作成した。いわば，『伊藤真試験対策講座』（弘文堂）の実践篇である。

法律の学習は，理解──記憶──表現という過程をたどる。理解を伴わなければいくら知識を丸暗記しても使い物にならない。また，いかに理解できていても記憶しておかなければ，問題は解けない。そして，どんなに知識をもっていてもそれをわかりやすく表現できなければ，結局，勉強は自己満足に終わり，試験でも合格後にもまったく役に立たない。理解と記憶と表現はそれぞれ別個の対策と努力が必要だからである。本書は，法律学習の最終仕上げの部分である，どう書くかという表現方法を訓練するためのテキストとなっている。

答案を書く際には，エッセイと違って，問題文というものがある。思いつきで書いたのでは答案にならない。問いに答えて，何を，どのような順番で，どの程度深く書くかを考えながら書く必要がある。しかも，時間と字数の制限のなかで，最大の効果をあげなければならない。

そのためには，試験時間を有効に活用する必要がある。与えられた制限時間のなかで，その場でしかできないことに精一杯の時間を掛け，事前に準備できるものは徹底的に準備しておくという発

想が必要なのである。これが，伊藤塾で行っているゴールからの発想という勉強方法の基本である。そして，その事前の準備として論証をあらかじめ十分に考え，書き方まで練って用意しておく。伊藤塾でよぶところの「論証パターン」を用意しておくのである。それが結果的に人と同じような論証になったからといって，気にする必要はない。自分が納得したものであれば，堂々と自分の論証として答案に書いてくればいい。要は，自分で理解し納得して書くことである。意味もわからず丸暗記で書いていたのでは合格できるはずもない。

　本書では，どの部分を事前に準備すればいいのか，どの部分を試験会場で考えて書かなければならないのかを示している。自分の頭でしっかりと考えた答案を作成する技術を学びとってほしい。

【2】答案作成のノウ・ハウ公開

　本書では，答案作成のノウ・ハウを公開している。初版から変わらないが，情報はだし惜しみせずに共有するというのが私の考えである。これは『伊藤真試験対策講座』を上梓したときから変わらない。もちろん，講義に比べて文章であるがために言葉が足りず，うまく伝えきれなかったところもあれば，ノウ・ハウの一部しか盛り込めなかったところもある。

　もっとも，伊藤塾の塾生であれば，初学者の段階から本書を利用することによって講義の効果が倍増するであろう。他校で勉強していたり，独学者であっても，本来は伊藤塾で私たちの講義を聴いてほしいところだが，本書を参考に自分の頭で考える訓練を続けていけば，必ず合格答案を書く力がついてくるはずである。重要なことは，一問一問，実際に手を動かして書いてみること，そして，自分でその結果を検証して考えてみることである。こうした地道な努力の積み重ねによって，合格者のだれもが書く力をつけてきたのである。ぜひ頑張ってほしい。

2 | 本書の特色

【1】本書の構成

　各問題は，問題文，解答へのヒント，答案例，そして，解説にあたる出題趣旨，論点，答案作成上の注意点，参考文献の7つのパートによって構成している。

　本書に掲載されている問題は，多くの試験で実際に出題されうる応用的な論点について，比較的短めの問題とその答案例を中心に収録している。問題文から論点を抽出し，規範を定立し，事実をあてはめるという答案作成の全般的な練習により，司法試験，公務員試験，大学の定期試験など記述対策を必要とするすべての試験に対応することができる。

　そして，本書の特色のひとつとして，重要部分が読者に一目でわかるように黒文字と色文字の2色刷りを採用した点がある。

　答案例においては，論証部分を色枠で囲い，規範部分を色文字にしてあるので，伊藤塾でいう「論証パターン」にあたる部分が一目でわかるようになっている。そのため，『伊藤真試験対策講座』内の「論証カード」に掲載されている論証パターンの論述と比較して，答案においてはどのように実践的に用いられているかを確認するのも答案学習には効果があるだろう。

　また，2色刷り部分を活用する方法としては，たとえば，試験直前の最終チェックとして，色文字の規範部分や要件事実の部分だけをまとめて読み返したり，記憶用のカードに抜きだして整理したりする方法も有効であろう。これらばかりでなく，各自の工夫によって，学習効果を更に高める

使い方をしてほしい。

【2】問題について

(1) 伊藤塾オリジナル問題，旧司法試験の問題および現在の司法試験の問題の一部を改題したものを使用

　伊藤塾では，創設当初から実施している全国公開論文答練から始まり，現在実施中のペースメーカー論文答練，コンプリート論文答練など，これまでに多くの答練を実施してきた。これらで出題した伊藤塾オリジナル問題のうち，学習に適切な問題を厳選して使用している。

　なお，すべての問題について，令和3年法律84号までに成立した法改正に対応させた内容としている。

(2) 重要度ランクを示した

　法律の学習において，メリハリづけはきわめて重要である。各自の学習レベルに応じてマスターしておいたほうがよい問題が異なる。以下のめやすに従ってほしい。

　ア　必ずおさえるべき問題　特A（A⁺と表記）ランク

　　法律の学習開始後，最初に取り組むべき問題であり，初学者，上級者を問わず，必ずしっかりと書けるようにしておかなければならない。

　イ　基本的な問題　Aランク

　　法律の学習を始めて1年目であっても学習効果がある問題である。また，上級者は，基本であることを意識して書けるようにしておかなければならない問題である。公務員試験の記述対策としてはこのレベルで足りるであろう。

　ウ　一歩進んだ応用問題　Bランク

　　司法試験の論文式試験などある程度のレベルの試験対策を念頭に，一歩進んで考えることを目的にしている問題である。このレベルの問題がマスターできれば，最低限合格の力はついてきている。

【3】答案例について

(1) 答案例の内容を全面的に見直し，加筆・訂正することにより，更なる内容の充実を図った

　このため，過去に本書掲載の問題を解いたことがある人にとっても有意義な学習が可能となった。

(2) 流れのある答案となるように心掛けた

　答案の善し悪しは流れで決まる。そこで，本書では接続詞を多用して，論理的な文章を心掛けている。合格答案のイメージづくりの参考にしてほしい。なお，接続詞の重要性は，野矢茂樹（著）『論理トレーニング』（産業図書），苅谷剛彦（著）『知的複眼思考法』（講談社）などでも指摘されているところである。

　特に初学者は，初期にしっかりした答案のモデルに触れることが短期合格の秘訣である。おおいに参考にしてほしい。

　また，答案の論理の流れも，できるだけ単純なロジックを心掛けた。単純明快でわかりやすい答案ほどレベルが高いと考えているからである。シンプルで読みやすい答案ほど評価が高い。そこで，論理の流れは次のように単純化している。これにより，理解が容易になり，さらに，理解した後の記憶の負担が劇的に減少する。ワンパターンとの批判もありうるであろうが，むしろパターン化したほうが，自分の考えを正確に伝えることができるし，問いに答えた答案を作りやすい。判決文のパターンをまねるべきである。

⑶　積極的に改行して余白部分を作り，視覚的に読みやすい答案をめざした

　　答案は読んでもらうものである。採点者は1通にそれほど時間をかけられず，しかも，かなりの数の答案を読まなければならない。読み手の負担を軽減する方策をとることは，読み手に対する礼儀である。まず視覚的に読みやすい印象を与えることはきわめて重要なことだと考えている。

　　なお，問題によっては，模範答案として書くべき内容が盛りだくさんのものもある。そのような場合は，紙面との関係で，改行せずに1段落が長くなっている答案例もあるが，ご容赦願いたい。実際の試験において，決められた枚数の答案用紙に，答案例と同様の完成度が高い答案を書くのであれば，文字の大きさに十分配慮する必要がある。訓練して試験にのぞんでほしい。

⑷　法的三段論法を意識したナンバリングにした

　　法律文書の基本は，法的三段論法であるといわれる。法的三段論法とは，論理学における三段論法を法律学に応用したものである。三段論法とは，大前提に小前提となる事実をあてはめて，結論を導く方法である。よくもちだされる例であるが，

　　　　大前提：人間はいずれ死ぬ
　　　　小前提：ソクラテスは人間である
　　　　結　論：ソクラテスはいずれ死ぬ

というものである。一方，これが法的三段論法では，大前提が法規（条文や条文解釈から導き出される規範），小前提が具体的な事実，結論が法適用の結果となる。

　　たとえば，

　　　　大前提：人を殺した者は，死刑または無期もしくは5年以上の懲役に処する（刑法199条）
　　　　小前提：AはBを殺した
　　　　結　論：Aは，死刑または無期もしくは5年以上の懲役に処せられる

というかたちになる。ここまでが法的三段論法であるが，答案の流れをよくする便宜上，これから何を論ずるかを示してから法的三段論法に入ることが望ましい。この部分を問題提起という。

　　まとめると，答案は，問題提起──→規範定立──→あてはめ──→（問題提起に対する）結論といったブロックがいくつも積み重なり，最終的に問いに答えるという構造になっていなければならない。

　　そこで，これらを意識していただくために，問題提起の部分，大前提として規範を立てる部分，小前提としてあてはめをする部分および結論部分とを意識的に改行して項目立てを分けている。特に初学者は，このナンバリングを参考に法的三段論法の書き方をマスターしてほしい。

⑸　右欄のコメント

　　法的三段論法を意識していただくため，問題提起，規範定立，あてはめ，結論の部分について右欄にコメントで記した。

　ア　問題提起

　　　法的三段論法の最初となる問題提起は，本来はどの論述をする際にも書かなければならないものである。しかし，本書では紙面のスペースの関係上，メインの論点でないところでは省略したところもあるため，ご容赦いただきたい。もっとも，本番の試験では時間の余裕があればきちんと記述することが望ましい。

　イ　規範

　　　法的三段論法の論証において，あてはめの帰結となるものである。いわゆる論証パターンのなかで，記憶しておくことが望ましい部分ではある。しかし，この部分を機械的に記憶するのは，本番で忘れたときや，未知の論点に遭遇したときに対応できなくなるためお勧めできない。

規範は，本来は条文の文言や趣旨から導き出すべき法解釈の部分にあたるものであるから，どのようにこれらから導き出されるのかをしっかりと理解しておくことが重要である。そして，この導出過程を理解しておけば，本番で忘れてしまったり，未知の論点に遭遇した時にも対処が可能となるであろう。

ウ　あてはめ

　　伊藤塾では創立当初から，あてはめの重要性を訴えてきた。具体的な問題を解決するために法律を使いこなすのだから，このあてはめ部分の重要性は明らかである。また，本試験では，問題文を見なければこの部分は書けないのだから，具体的に考えることができるかという本人の実力がそのまま反映される部分でもある。

　　まず，問題文の事実に評価を加えて認定するのが理想である（事実評価認定）。法的三段論法の特長は，このように小前提たる事実認定にも評価が入る点である。事実を自分がどうみるのかを指摘できればアピールできる。ただ，スペースの関係で評価を加えながら事実を認定した答案例もある。なお，事実を付け加えるのは厳禁である。

　　そして，あてはめを規範に対応させるべきである。規範定立したのに，それに対応させないのはあまりにもお粗末である。自分の定立した規範に従ってきちんとあてはめをすることである。これは自分の書いた文章に責任をもつということでもある。規範とは道具であって，あてはめがしっかりできることによって道具を使いこなしたことをアピールできるのである。

エ　結論

　　あてはめの後，問題提起に対応させて，三段論法の帰結を書くのが理想である。ただし，本書ではスペースの関係でできなかったものが多い点はご容赦いただきたい。

オ　形式的に問題文の問い掛けに答える

　　問題文の問い掛けに形式的に答えることは答案の基本であるが，意外にできていない人が多い。この点は各自の答案ですぐに検証できる部分なので，早い時期から気を遣い，問いに答えられるようにしたい。

　　問題文：「……は適法か。」

　　書き方：「以上より，……は適法である。」「違法である。」

　　悪い例：「以上より，……は許される。」「……は認められない。」など，問いに答えていないもの

(6)　**条文，定義，趣旨など基本事項の重要性を指摘した**

　基本が大切だとはだれもがいうが，何についてどの程度気を遣うべきかは意外にはっきりした指針がない。本書では，何が基本かを意識して答案を作成しているので，基本の重要性を認識している人にはおおいに役立つはずである。

ア　条文

　　あたり前のこととして軽視されがちなのであるが，すべての出発点は条文である。条文を正確に示すことも実力のうちということを認識してほしい。条数だけでなく，項や前段・後段・本文・ただし書まで正確に引用する方法を参考にしてほしい。

　　たとえば，行政手続法でいうと，審査基準（行政手続法2条8号），申請に対する処分における理由提示（行政手続法8条）などの引用は不正確である。それぞれ，審査基準（行政手続法2条8号ロ），申請に対する処分における理由提示（行政手続法8条1項本文）などと，正確に引用する必要がある。不正確な条文引用は減点事由となることを認識しておくべきであろう。

イ　定義

　　定義が不正確だと，採点者に対して，致命的な印象を与えてしまう。いわば不合格推定がはたらくといってもよいだろう。ただ，むやみに丸暗記するのではなく，定義のなかのどの言葉が本質的で重要なのかを意識して記憶するようにしてほしい。

ウ　趣旨

　　定義とならんで，あるいはそれ以上に重要である。法律の解釈は趣旨に始まり趣旨に終わるといってもよいほどよく使うので，理解して正確に表現しなければいけない要素である。

　　論点を論述する際には，趣旨から論証できると説得的になり，高い評価が得られるであろう。

(7)　**判例（あるいは裁判例）は年月日を摘示することで，読者各自が検索しやすいようにした**

　実務家登用試験において判例が重要なのはいうまでもない。試験までに時間があるときには，ぜひ判例集にあたってみてほしい。

(8)　**答案例左側に，その問題で最低限書いてほしい部分を太い色線でくくった**

　答案例のように，すべての解答が書けるようになるのが理想ではあるが，最初からすべてを解答するのは難しいだろう。そこで，答案例のなかでも最低限書いてほしい部分を明示した。

【4】解答へのヒント・出題趣旨・答案作成上の注意点

(1)　**解答へのヒント**

　本書は初学者であっても十分取り組むことのできるものであるが，それでも問題によってはまったく解答の見当もつかないものがあるかもしれない。そこで，問題文の下に解答へのヒントを示した。この部分は，解答にいたるまでの思考過程の端緒ともいえる部分であり，答案を書く際の参考としてほしい。

(2)　**出題趣旨**

　本問を出題した趣旨およびその重要性について記述した。これまでの司法試験での出題状況にも触れてあるので，参考にしてほしい。

(3)　**答案作成上の注意点**

　答案を書くにいたるまでの思考過程，答案を書くにあたって必要な知識などを記述している。法律の勉強は特に抽象論が多くなりがちであるため，具体例を示す，図表を多く用いるなど，具体的なイメージをつかめるように工夫した。

　また，本書の読者の多くが受験する試験が実務家登用試験であることをふまえ，判例，通説からの記述となるように心掛けた。判例はすべてに掲載書籍（『伊藤真の判例シリーズ』〔弘文堂〕，『判例百選』〔有斐閣〕がある場合は事件の番号）を記した。実務家登用試験である以上，判例の原文にあたることは大変有意義であるから，時間のあるときにぜひ一度目をとおしてほしい。

　なお，今後の勉強の便宜のために，問題毎の末尾に参考文献として，拙著『伊藤真試験対策講座』，『伊藤真の判例シリーズ』（いずれも弘文堂）の該当箇所を示した。

【5】論点および論点一覧

　①出題趣旨の下に，論点を付した。

　②上記論点の一覧を巻頭に示した。

　③答案例内に①の各論点を示した。

③ 本書の使い方

【1】初学者（まだ答案を書いたことがない，あるいは書き方がわからない人）

まずは，ここまで述べてきた答案のノウ・ハウを熟読し，これをしっかりと理解してほしい。

そのうえで，Aランクの問題，なかでも，特Aランクの問題を先に解いていこう。

その際，いきなり答案構成をしたり，答案を書いたりすることは，非能率的で，およそ不可能である。まず，問題文と答案例を対照させて，どのように書いたらよいのかを分析してみることが大切である。

また，条文，定義，趣旨などの基本事項がいかに重要であるかを認識してほしい。もちろん重要性を認識したら，カードを作るなどして繰り返し覚える努力を惜しまないこと。

特AおよびAランクの問題を理解したら，次にBランクも学習していく。

答案作成の方法がわかったら，実際に答案構成をしてみるか，答案を書いてみるとよい。わかったつもりでいたところが，いざ書いてみようとすると記憶が曖昧で書けないなど，自分の弱点が見えてくるはずである。弱点を突きつけられたとしてもそれに負けずに，一歩一歩確実にしていくことが今後の力となる。

答案構成の見当もつかないような問題は，解答へのヒントを参考にするとよい。答案を書くうえで最初にどのような点に着目すればよいかを把握することができるはずである。

そして，一度答案構成をした問題および答案を書いた問題でも，何度か繰り返してやってみてほしい。それによって他の問題にも応用できる知識や答案の書き方が身についてくる。問題文の右上にCHECK欄を作ったのは，何回勉強したかを自分で記録するためのものである。

【2】中級者以上（いちおう，答案を書いたことがあるが，本試験や答練でよい評価を得られない人など）

まずは，問題を見て，答案を作成してほしい。少なくとも答案構成をしてほしい。その際に解答へのヒントを参照してもかまわない。実際に書いてみることによって，答案例などのコメントが現実的なものとして印象に強く残るからである。次に，答案例と見比べて，どこが違っているかを確認する。

たとえば，事実を引用せずに，いきなり「それでは，……であろうか。」などと問題提起をしていないか（「それでは」は，前の文章を受けないので，論理が飛躍する危険性が高い。「まず，前提として」も同じ）。もちろん，これらを使ってはいけないということではない。本当に「それでは」でつながるのか，本当に「まず，前提」なのかを自分でチェックしてみることである。

また，抽象的な問題提起をしている，趣旨から論証できたのにできがよくなかった，あてはめと規範が対応していない，問いに答えていないなど，自分の欠点を見つけ，改善すべきところを探る。こうして自分の書いた答案を添削するつもりで比較検討するのである。欠点のない人はいないのだから，それを謙虚に認めることができるかどうかで成長が決まる。

そして，答案例や答案作成上の注意点から基本事項の大切さを読み取ってほしい。この点の再認識だけでもおおいに意味があると思う。答案作成にあたって，特別なことを書く必要はないということが具体的に実感できるであろう。ぜひ，基本事項の大切さを知ってほしい。人と違うことを書くと，大成功することもあるが，大失敗する危険もある。そのリスクに配慮して書かない勇気というものもある。また，たとえ加点事由でもあっても，基本事項を抜きにして突然書いてみてもほと

んど意味がない。基礎点のないところに加えるべき点数などないことを知るべきである。

　最後に，自分の答案の表現の不適切さなどは，自分自身では気づかない場合が多い。できれば合格者に答案を見てもらう機会がもてるとよい。伊藤塾では，スクーリングを実施していて，講師やゼミ長が全国へ行くため，機会があったら参加してみてもよいだろう。なお，受験生同士で答案の読み回しをしても一定の効果があるので，ゼミを組んで議論するのもひとつの手であろう。ほかの人に答案を読んでもらうことによって，独りよがりの部分に気がつくこともしばしばある。ただし，ゼミの目的と終わりの時間をしっかりと決めて参加者で共有しておかないと，中途半端なものとなり時間の無駄に終わることがあるので注意すること。

【3】論点・論点一覧の使い方

　学習上の観点から，本文とは別に論点一覧を巻頭においた。

　各問題の出題趣旨の下に示されている「論点」の一覧である。勉強が進んだ段階で，自分が知らない論点はないか，理解が不十分な論点はないか，書き方がわからない論点はないかなど，チェックをする材料として利用してほしい。

　また，答案例の右欄にある論は，各問題において論ずる必要がある論点のうち，いずれの論点が答案のどの部分をさしているかを示した。初学者であれば，これも目安に答案の構成を学んでほしい。

【4】基礎編と応用編

　『新伊藤塾試験対策問題集　論文』のほかの科目と異なり，本書では掲載問題を，基礎編と応用編に分けた。基礎編に登載された問題は，基本的かつ最重要な判例の事案を題材として，最高裁が示した規範やあてはめの仕方を習得してもらうことを念頭において作成した。大学の期末テスト等であれば，基礎編だけでも対策が可能であろう。一方，応用編に登載された問題は，応用的な論点を，条文を解釈して解いてもらうことを念頭において作成した。司法試験や予備試験における行政法の問題では，【資料】として例年おおむね2つ以上の法令等が掲載される。試験委員会は，受験生がこれらをどのようにしくみ解釈するか，という点を評価するのである。このような行政法の特徴から，ほかの科目と異なり，掲載問題を主に初学者向けの基礎編と，司法試験や予備試験合格をめざす中上級者向けの応用編に分けるにいたった。

4 おわりに

　本書は，冒頭でも述べたが論述式試験における合格答案を書くためのノウ・ハウが詰まっている基本テキストである。

　試験において合格に要求される能力とは，問題点を把握し，条文を出発点として，趣旨から規範を導き，問題文から必要な具体的事実を抽出し，これを評価してあてはめることによりその解決を図ることである。

　これは，法科大学院入学試験，公務員試験，大学および法科大学院における期末試験，予備試験でもまったく変わらないはずである。

　考える力は各自の学び舎を介し，または独自で身につけてもらうほかはないが，合格答案が書け

る力を養成するものとして，本書を利用してほしい。

　そして，その力を備え，各々の目標を達成されることを切に望んでいる。

　最後に，本書の制作にあたっては，多くの方のご助力を得た。特に2020年予備試験合格発表の僅か3か月後に実施された2021年司法試験に優秀な成績で合格された井手俊輔さん，岡祐輔さん，小澤瑞生さん，佐藤良祐さん，平松佳樹さん，松本光資さんには，優秀な成績で合格した力をもって，彼らのノウ・ハウを惜しみなく注いでいただいた。また，伊藤塾の書籍出版において従前から貢献していただいている永野達也氏（新65期）には，実務家としての視点をもって内容をチェックしていただいた。そして，伊藤塾の誇る優秀なスタッフと弘文堂の皆さんの協力を得て，はじめて刊行することができた。ここに改めて感謝する。

　　　2022年2月

伊藤　真

★参考文献一覧

　本書をまとめるにあたり多くの文献を参照させていただきました。そのすべてを記すことはできませんが，主なものを下に掲げておきます。なお，本書はいわゆる学術書ではなく，学習用の教材ですので，その性質上，学習において必要な部分以外は引用した文献名を逐一明記することはしませんでした。ここに記して感謝申し上げる次第です。

宇賀克也・行政法概説Ⅰ行政法総論［第7版］（有斐閣・2020）

宇賀克也・行政法概説Ⅱ行政救済法［第7版］（有斐閣・2021）

宇賀克也・行政法概説Ⅲ行政組織法／公務員法／公物法［第5版］（有斐閣・2019）

宇賀克也・新・情報公開法の逐条解説［第8版］（有斐閣・2018）

小澤道一・逐条解説　土地収用法（上）（下）［第4次改訂版］（ぎょうせい・2019）

櫻井敬子＝橋本博之・行政法［第6版］（弘文堂・2019）

塩野　宏・行政法Ⅰ行政法総論［第6版］（有斐閣・2015）

塩野　宏・行政法Ⅱ行政救済法［第6版］（有斐閣・2019）

塩野　宏・行政法Ⅲ行政組織法［第5版］（有斐閣・2021）

宇賀克也＝交告尚史＝山本隆司・行政判例百選Ⅰ・Ⅱ［第7版］（有斐閣・2017）

吉野夏己・紛争類型別　行政救済法［第3版］（成文堂・2012）

中原茂樹・基本行政法［第3版］（日本評論社・2018）

藤田宙靖・行政法総論（上巻）（下巻）［新版］（青林書院・2020）

【その他】

判例時報（判例時報社）

判例タイムズ（判例タイムズ社）

法学セミナー（日本評論社）

法学教室（有斐閣）

目　次

第 1 部

基礎編

第1問 A　納税者の信頼保護と租税法律主義

　　Xの親Aは，B商店において酒類販売業を営んでいた。Aは青色申告の承認を受けており，B商店の営業による事業所得については，A名義により青色申告がされてきた。

　　一方で，令和2年にAが死亡し，XがAを相続してからは，Xが青色申告の承認を受けることなく自己の名義で青色申告書による確定申告をしていた。これに対し，税務署長Yは，Xにつき青色申告の承認があるかどうかの確認を怠り，X名義の青色申告を受理し続けてきた。

　　令和7年になって，Yは，X名義の青色申告は承認のない違法な申告だと主張し，Xに対して不足分の税金と加算税を支払うよう求めた。

　　これに対し，Xは，このようなYの対応はXの信頼を裏切るものであって許されないため，税金および加算税を支払う必要はないと主張している。

　　Xの主張は認められるか。

【解答へのヒント】

1　原則から考えるとどのような結論になるか考えてみましょう。

2　Xの立場に立って原則を修正するためには，どのような法的主張を組み立てればよいでしょうか。判例を想起しながら考えてみましょう。

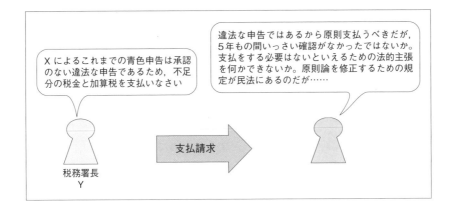

第1　原則

　　Xの主張は認められるか。X名義の青色申告を認めないYの対応の適否が問題となる。

　　この点，Xは青色申告の承認を受けることなく青色申告書による確定申告をしているため，法律による行政の原理によれば，Yは原則Xの青色申告を認めるべきではない。　　5

第2　信義則による修正

　　もっとも，Yは，Xにつき青色申告の承認があるかどうかの確認を怠り，令和2年から令和7年までX名義の青色申告を受理し続けてきている。そうすると，突然に青色申告を否　　10
定するYの対応は，Xの信頼を裏切るものとして許されないのではないか。信義則の適用の可否が問題となる。

　１　この点，法律による行政の原理，特に租税法律主義の原則が貫かれるべき租税法律関係においては，信義則の適用には慎重でなければならない。そこで，租税法規の適用に　　15
おける納税者間の平等，公平という要請を犠牲にしてもなお当該課税処分に，このような課税を免れしめて納税者の信頼を保護しなければ正義に反するといえるような特別の事情が存する場合に，はじめて信義則の適用を考えるべきである。　　20

　　そして，そのような特別の事情が存するかどうかの判断にあたっては，少なくとも，①税務官庁が納税者に対し信頼の対象となる公的見解を表示したことにより，②納税者がその表示を信頼しその信頼に基づいて行動したところ，③後に表示に反する課税処分が行われ，④そのために納税　　25
者が経済的不利益を受けることになったものであるかどうか，また，⑤納税者が税務官庁の表示を信頼しその信頼に基づいて行動したことについて納税者の責めに帰すべき事由がないかどうかという点の考慮が不可欠といえる。

　２　本問において，そもそも納税申告とは，納税者が税務署　　30
長に納税申告書を提出することにより完了する行為であり，税務署長による申告書の受理は，当該申告書の申告内容を是認することを何ら意味しない。また，納税者が青色申告書により納税申告したからといって，それをもって青色申告の承認申請をしたことにはならない。したがって，税務　　35
署長Yの対応は，Xの青色申告を承認する旨の公的見解を表示するものとはいえず，上記①をみたさないため，信義則の法理は適用されない。

　　以上より，原則のとおりYはXの青色申告を認めるべきでなく，Xは不足分の税金および加算税を支払う必要があ　　40
る。よって，Xの主張は認められない。

　　　　　　　　　　　　　　　　　　　　　　　　　　以上

論法律による行政の原理と信義則

➡規範

➡あてはめ

➡結論

本問は，最判昭和62年10月30日判時1262号91頁（判例シリーズ4事件）を題材に，信義則の考え方や基本的な判例の理解を確認する趣旨で出題した。この判例が直接司法試験・予備試験で問われたことはないが，信義則自体は予備試験2015（平成27）年において扱われたテーマであるため，基礎的な理解が必要不可欠である。

論点

法律による行政の原理と信義則

答案作成上の注意点

① はじめに

本問で登場する青色申告とは，一般の場合よりも詳細な申告をした納税者にさまざまな特典を認める制度で，白色申告よりも税金の支払が少なくすむというものです。これを利用するには，税務署長の承認が必要とされています。青色申告が認められるための流れは下記のとおりとなります。

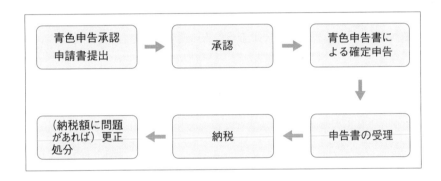

法律による行政の原理（法律の留保）によれば，行政活動は法律に基づいて，法律に従って行われなくてはならず，これに反する行政活動は許されないのが原則です。もっとも，当事者の信頼を保護するために，この原則を修正する必要が生じる場合があり，その際に用いられるのが信義則の法理です。信義則自体は民法1条2項に定められていますが，法の一般原理として行政上の法律関係においても法源として用いられています。

本問において，法律による行政の原理を貫けば，青色申告の承認を受けていないXは，当然に青色申告が認められないことになります。そこで，税務署長Yは，不足分の税金と加算税（適法な税務申告をしない場合のペナルティ）の支払を求めているのです。もっとも，税務署長Yが5年にわたってX名義の青色申告を受理してきたことや，Xについて青色申告の承認があるかの確認を怠っていることから，Xの信頼を保護し，原則を修正することができないかが問題となります。このような問題点を指摘するところから，答案は始まります。

② 判断枠組みについて

1　判例

前掲最判昭和62年は，問題文とほぼ同様の事案において，「租税法規に適合する課税処分について，法の一般原理である信義則の法理の適用により，右課税処分を違法なものとして取り消すことができる場合があるとしても，法律による行政の原理なかんずく租税法律主義の原則が貫かれるべき租税法律関係においては，右法理の適用については慎重でなければなら」ないとしたう

えで,「租税法規の適用における納税者間の平等,公平という要請を犠牲にしてもなお当該課税処分に係る課税を免れしめて納税者の信頼を保護しなければ正義に反するといえるような特別の事情が存する場合」に信義則の法理の適用があるとしています。

そして,そのような特別の事情が存するかどうかの判断にあたっては,少なくとも,①税務官庁が納税者に対し信頼の対象となる公的見解を表示したことにより,②納税者がその表示を信頼しその信頼に基づいて行動したところ,③後にその表示に反する課税処分が行われ,④そのために納税者が経済的不利益を受けることになったものであるかどうか,また,⑤納税者が税務官庁の表示を信頼しその信頼に基づいて行動したことについて納税者の責めに帰すべき事由がないかどうかという点の考慮は不可欠であるとしています。

2　答案への反映の仕方

答案では,まず,このような判例の枠組みを示す必要があります。その際,判例が示した「特別の事情」の判断基準のみを示すのでは不十分です。租税法律関係においては租税法律主義および納税者間の平等の要請があるからこそ「特別の事情」が存する場合でしか信義則の法理の適用が許されないことを丁寧に述べる必要があります。また,「特別の事情」の判断基準は一言一句暗記して答案に反映するのではなく,①公的見解の表示,②表示の信頼,③表示に反する課税処分,④経済的不利益,⑤納税者の帰責事由なし,というキーワードで覚えておくのが現実的です。

③　あてはめについて

1　判例

前掲最判昭和62年は,「納税申告は,納税者が所轄税務署長に納税申告書を提出することによって完了する行為であり」「税務署長による申告書の受理及び申告税額の収納は,当該申告書の申告内容を是認することを何ら意味するものではない」と判示し,また,「納税者が青色申告書により納税申告したからといって,これをもって青色申告の承認申請をしたものと解しうるものでない」「税務署長が納税者の青色申告書による確定申告につきその承認があるかどうかの確認を怠り,翌年分以降青色申告の用紙を当該納税者に送付したとしても,それをもって当該納税者が税務署長により青色申告書の提出を承認されたものと受け取りうべきものでない」としたうえで,「本件更正処分が上告人の被上告人に対して与えた公的見解の表示に反する処分であるということはできないものというべく,本件更正処分について信義則の法理の適用を考える余地はないものといわなければならない。」と述べ,要件①をみたさないことを理由に,信義則の適用を否定しています。

2　答案への反映の仕方

答案では,この判示を参考にしつつ,問題文で与えられた事実を適切にあてはめていくことが求められます。判例は要件①をみたさないとしているため,答案においても要件①をみたさないとするのが妥当な筋ですが,かりに判例に反して要件①をみたすと論述した場合には,②から⑤までのあてはめに進むことになります(この場合でも,青色申告制度は法律で明確に定められている以上,⑤の帰責事由はあるといえるでしょう)。

青色申告の制度については,詳しく理解している受験生はあまりいないと考えられるため,判例をよく読んであてはめの仕方を学んでおく必要があります。

④　おわりに

この問題は,判例の「特別の事情」の判断基準に目がいきがちですが,原則論をしっかり示すことおよび「特別の事情」の判断基準がなぜ導き出されるのかを示すことが何より大事です。有名論点であるため,しっかりおさえておきましょう。

【参考文献】
試験対策講座3章2節②【2】(1)。判例シリーズ4事件。

第2問 A　行政計画の変更と信頼保護の原則

X株式会社（以下「X社」という）は，Y市の市議会が同社の製紙工場（以下「本件工場」という）の誘致計画を決定し，当時の市長Aも全面的協力を表明したことから，同市に本件工場を建設するため，用地の取得や排水処理設備の発注など，多額の投資を行い，Y市もこれを積極的に支援した。しかし，現場周辺が希少生物の生息地であったことから，周辺住民による大規模な反対運動が起き，その後の市長選挙で工場誘致反対派のBが賛成派のAを破って当選し，新市長に就任した。そして，Bは本件工場建物の建築確認申請への協力を拒否する旨の計画変更（以下「本件計画変更」という）を行ったため，X社は本件工場を建設できなくなった。その結果，X社は，本件工場建設の準備に要した費用など，多大な損害を被った。なお，Y市はX社に対し，当該損害を補償するなどの代替的措置を講じていない。

X社は，Y市が一方的に協力を拒否したことにつき，Y市に対して国家賠償を請求したい。このような拒否はX社との関係で違法といえるか，論じなさい。

【解答へのヒント】

本問における最大のポイントは，当初X社の工場建設に協力しておきながら，市長選の後に，建設に反対するという，Y市の手のひら返しをどう捉えるかにあります。X社が用地を取得し，廃水処理設備の発注するなど，本件工場建設の準備を進めていたということ，市長AがX社の本件工場建設に協力することを表明し，積極的にこれを支援していたということ，これらの事実をいかに評価するかが，腕の見せ所といえるでしょう。

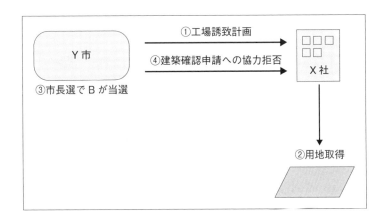

第1　違法性が認められうるかについて

　　本件計画変更につき，X社との関係で，国家賠償法1条1項の違法性が認められうるか。

論 行政計画変更の違法性

　　この点，住民自治の原則から，選挙結果等の民意を反映する必要がある。また，行政計画は社会情勢への対応の必要性から，内在的に変更の可能性を有している。そうすると，本件行政計画の変更それ自体はただちに違法とはいえない。

5

　　もっとも，本問ではY市がX社の工場建設を積極的に支援しており，両者の間には一定の信頼関係が形成されていると考えられる。そうだとすれば，信義則上，そのような私人の信頼を法的に保護すべき場合があろう。

10

　　そこで，本件計画変更は，X社との関係において信義則違反を理由として違法性が認められうる。

➡結論

第2　違法性が認められるための要件について

　　では，信義則違反を理由として違法性が認められるためには，どのような要件をみたす必要があるか。

15

論 個別的具体的措置を伴う計画と信義則

　　そもそも，私人は行政計画に内在する可変性を考慮して行動すべきであり，変更による損害を受忍しなければならないのが原則である。そこで，国家賠償法上の違法性が認められるためには，特定の私人の信頼保護の必要性が強いことに加え，損害が受忍限度を超える場合であることが必要であると考える。

20

　　具体的には，①施策の決定が，単に一定内容の継続的な施策を定めるにとどまらず，特定の者に対して特定内容の活動をすることを促す個別的，具体的な勧告ないし勧誘を伴うものであること，②その活動が相当長期にわたる当該施策の継続を前提としてはじめてこれに投入する資金または労力に相応する効果を生じうる性質のものであること，③社会観念上看過することのできない程度の積極的損害を及ぼすこと，④地方公共団体において損害を補償するなどの代替的措置を講じなかったこと，⑤代替措置なく計画変更することがやむをえない客観的事情によるのでないことが必要であると解する。

➡規範

25

30

第3　あてはめ

1　Y市による本件工場の誘致計画は，X社という特定の法人に対する，本件工場の建設という個別的，具体的な勧告ないし勧誘にあたる（要件①）。

➡あてはめ

35

　　本件工場の建設に要した費用を回収するためには，本件工場を完成させたうえで，一定期間稼動させなければならないところ，本件工場の完成のためには，建築確認など市の継続的な協力が必要不可欠である（要件②）。

40

　　ところが，本件工場の建築確認申請への協力を拒否する旨の本件計画変更により，X社は本件工場を建設できなくなり，そのために要した費用が無駄になるという社会通念上看過できない損害を被っている（要件③）。

また，Y市はX社の損害を補償するなどの代替的措置を講じていない（要件④）。

したがって，①から④までをみたす。

2　次に，選挙による首長の交代を機に計画を中止したことが，⑤やむをえない事情にあたるかを検討する。

たしかに，首長の交代による計画の中止は，住民自治の原則からして，住民の意思を反映するものとして合理性を有する。

しかし，住民自治の原則があるからといって，計画が実行されることを信頼していた私人を法的に保護すべき必要性があることには，何ら変わりはない。

そこで，やむをえない事情は，計画が実行されると信頼した私人の側に帰責性があるような場合に限定して考えるべきである。

本件計画変更は，本件工場建設に対する周辺住民による大規模な反対運動を反映した選挙によって，Y市長が交代したことを原因として行われた。もっとも，X社はY市の誘致計画の決定や前市長Aによる全面的協力の表明に従って建設を進めていたものにすぎず，本件計画変更につき帰責性があるとはいえない。よって，やむをえない事情はなく，⑤もみたす。

3　以上より，本件計画変更には，X社との関係で，国家賠償法上の違法性が認められる。

以上

➡結論

　本問は，最判昭和56年1月27日民集35巻1号35頁（判例シリーズ3事件）を題材に，行政計画の変更における私人の信頼保護（信義則）について問うものである。行政計画は，社会情勢や経済情勢の変化等に柔軟に対処するため，内在的に変更される可能性を有しており，原則として行政主体は当初の計画内容に拘束されない。一方，計画の変更により，計画を信頼して行動した私人が不測の損害を被る場合がある。そこで，国家賠償請求をする場合，行政計画の変更について違法性を観念できるか，できるとしてどのような要件のもとに認められるのか。本問は，この点についての理解を確認する狙いがある。

論点

行政計画の変更と信頼保護の原則

答案作成上の注意点

1　はじめに

　行政計画を変更すること自体が違法であれば，X社の国家賠償請求は容易に認められます。信義則の論点にいち早く気づいたかもしれませんが，信義則はあくまで最後の手段ですので，まずは行政計画の変更自体の違法性について検討するのが先決です。

　そして，行政計画の変更自体の違法性を争うことの筋が悪いことに気づいてください。なぜなら，行政主体が選挙結果をふまえて施策を変更することは，「地方自治の本旨」（憲法92条）から導かれる住民自治（地方自治が住民の意思に基づいて行われるという民主主義的要素）から当然認められるべきだからです。そのうえで，X社に生じた信頼をどう評価するか，その信頼を害したことについて違法性が認められるか，という点について，信義則を絡めて論じていくことになります。

2　本問について

1　行政計画の変更自体がただちに違法ではないことを述べたら，計画に対する特定の私人の信頼保護（信義則）の必要性について論じていくことになります。私人の信頼といっても，どのようなものでも保護されるわけではありません。本問では，Y市の側に，X社の本件工場建設に協力することを表明し，積極的にこれを支援するという個別具体的措置があったことが決定的に重要です。このような個別的具体的措置があったからこそ，"Y市が工場の建設に協力してくれる"というX社の信頼が生じたのであり，その信頼に基づいてX社は，用地を取得し，廃水処理設備を発注するなど，本件工場の建設の準備を進めていたわけです。そのような状況で計画が変更された結果，上記のX社が工場建設のために費やした費用はすべて無駄になってしまいました。X社がY市の計画を信頼して行動した結果として多大な損害を被った以上，そのような信頼をみずから生じさせたY市は，その損害を補償する必要があります。それにもかかわらず，補償もなしに一方的に協力を拒否したY市の対応は，X社とY市との間に形成された信頼関係を不当に破壊するもの，つまり信義則違反として違法であるとX社は主張するのです。

　これに対して，Y市はどのように反論するでしょうか。そもそも，本問において計画が変更されたのは，本件工場の建設に反対する周辺住民の支持を得たBが市長選で当選したからであり，計画の変更は住民の意思に基づくものといえます。憲法92条では住民自治の原則が保障されており，計画の変更はやむをえないものであるから市の対応は違法ではない，とY市は主張することでしょう。答案を書く際には，上記のようなY市の反論もふまえて，国家賠償請求を提起するXの立場から，そのような事情はやむをえない事情であるとはいえないという主張を説得的に論じていく必要があります。

まとめると，X社は国家賠償請求を提起する際，行政計画の変更自体の違法性を争うのではなく，X社に対するY市の個別的具体的措置によってX社に信頼を生じさせたにもかかわらず，その信頼に基づいて行動した結果生じた多大な損害について何の補償もしなかったこと，補償もなしに計画を変更したことにつき，やむをえない事情が存在しないことを指摘して，信義則違反による国家賠償法1条1項の責任を主張していくことになります。

　以上のように，司法試験や予備試験においては，問題文中の事実をいかに丁寧に拾いあげて，適切に評価できるかが決定的に重要です。問題文中の事実が何の意味もなく記載されていることは，通常ありえません。事実を見落としてしまうと検討すべき法的論点を誤ってしまうおそれがありますし，それを適切に評価できてはじめて法律家として説得的な文章が書けるのです。

2　なお，法律による行政の原理との抵触がない場合には，最高裁は柔軟に信義則の適用を認めています。第1問の事情においては，納税者の信頼を保護しようとすると租税法律主義に抵触するという問題があったため，最高裁は信義則の法理の適用に厳格な要件を課し，同法理の適用に慎重な姿勢をみせました（第1問参照）。これに対して，本問における事情においては，X社の信頼を保護しても住民自治の原則との関係は問題になりますが，法律による行政の原理と対立することはありません。

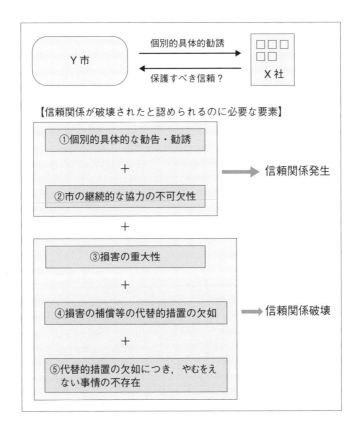

3　ところで，かりにY市の側に本問のような個別的具体的措置が存在しなかった場合にも，X社の信義則違反との主張が認められる余地はあるのでしょうか。そのような場合，X社には信義則違反として保護に値する信頼が生じないのではないでしょうか。

　少し応用的な話にはなりますが，今日，個別的具体的措置の存在なしに計画を変更する場合に信義則がはたらくかという問題に関して，計画担保責任という法概念が主張されています。計画担保責任とは，自治体側からの個別的具体的な信頼を与える行為がなかったとしても，自治体の計画を信頼して行動した者が後の計画変更によって損害を被ったときには自治体が損害賠償責任を負うべき，という法概念です。

もっとも，日本の判例はこのような概念を用いたことはなく，同概念についての議論はいまだ成熟していません。したがって，もし自治体側からの個別的具体的措置がない事案であれば，保護に値するような個別的・具体的な信頼が生じていないことを理由に，信義則違反を否定するのがよいでしょう。

【参考文献】
試験対策講座３章２節②【2】(2)。判例シリーズ３事件。

第3問 B 公定力

　以下の各設問において，各括弧内の行為が取り消されていないまま，当該訴訟において，Xらは，当該括弧内の行為の違法を主張することができるか。なお，各設問における括弧内の行為には，無効事由はないものとする。
1　土地収用裁決（以下「本件土地収用裁決」という）を受けたX₁が，それにより収用された本件土地につき，所有権に基づく返還請求訴訟を提起した場合（本件土地収用裁決）
2　飲食店を経営するX₂が，営業停止命令（以下「本件営業停止命令」という）を受けたのにこれに従わず，結果的に刑事訴追された場合（本件営業停止命令）
3　納税者であるX₃が，固定資産の価格を過大に決定されたこと（以下「本件課税処分」という）によって損害を被ったことを理由に，国家賠償請求訴訟を提起した場合（本件課税処分）。

【解答へのヒント】

1　小問1について
　　土地収用裁決は，行政行為にあたります。土地収用裁決の取消訴訟を提起してそれを取り消すことなく，本件土地につき所有権に基づく返還請求訴訟という民事訴訟を提起できるでしょうか。
2　小問2について
　　小問1と異なり，小問2では，刑事訴訟で行政行為の違法性を主張できるでしょうか。
3　小問3について
　　本件課税処分は，金銭の納付を命ずるものです。したがって，その違法を理由とする国家賠償請求を認めれば，実質的に取消訴訟を提起することを認めることにならないでしょうか。

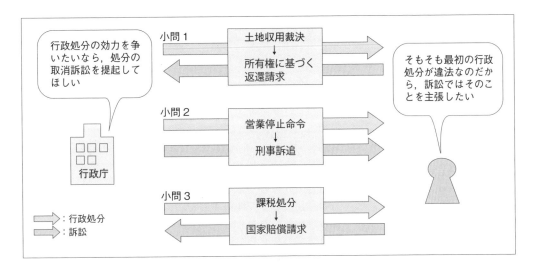

第1　小問1について
　1　小問1における主張の可否は，土地収用裁決の法的性質
　　に関わるため，まずこの点を検討する。
　　　本件土地収用裁決は，本件土地の所有者としての地位を
　　一方的に失わせる行為であり，公権力の行使としての性格　　5
　　を有している。そのため，本件土地収用裁決は行政行為に
　　あたる。
　2　そして，行政行為の効力としては，公定力があるところ，　　　📝論 公定力と訴訟の関係
　　訴訟と公定力の関係が問題となる。

┌───┐
│　　そもそも公定力とは，行政行為はかりに違法であっても，　10
│　取消権限のある者によって取り消されるまでは，何人（私
│　人，裁判所，行政庁）もその効力を否定することはできな
│　い，という効力をいう。
│　　行政行為が一般的に公定力を有するとされる根拠は，取
│　消訴訟を定める行政事件訴訟法の存在そのものに求めるこ　15
│　とができる。すなわち，立法者が取消訴訟という訴訟類型　　　➡規範
│　を特に設けた（行政事件訴訟法3条2項，3項。以下法名
│　省略）以上，処分になんらかの違法があるときにはもっぱ
│　らこの手続を使うことが想定されており，よって，それ以
│　外の訴訟類型で処分の有効性を争うことは原則としてでき　20
│　ないと考えるのである。これは，取消訴訟の排他的管轄と
│　表現される。
└───┘

　3　本件土地収用裁決は公定力を有しており，取消訴訟の排　　　➡あてはめ
　　他的管轄に服することになる。そして，所有権に基づく返
　　還請求訴訟（争点訴訟，45条1項）は，本件土地収用裁決　25
　　の無効を前提とするものなので，本件土地収用裁決の違法
　　の主張は公定力に抵触するものといえる。
　4　よって，X₁は本件土地収用裁決が取り消されていない　　　➡結論
　　まま，本件土地の返還を求める訴訟において本件土地収用
　　裁決の違法を主張することはできない。　　　　　　　　　30
第2　小問2について
　1　本件営業停止命令は，飲食店営業許可の効果を一方的に
　　失わせる行為であり，公権力の行使としての性格がある。
　　よって，本件営業停止命令は行政行為にあたる。
　　　よって，本件営業停止命令は公定力を有し，取消訴訟の　35
　　排他的管轄に服することになる。
　　　そこで，免許停止処分取消訴訟の取消判決を得ずに刑事　　　📝論 公定力と刑事訴訟の関係
　　訴訟において無罪を主張することが，公定力に反しないか
　　が問題となる。

┌───┐
│　2　この点，刑事訴訟では犯罪構成要件を解釈することで，　40
│　有罪無罪を決するべきであり，行政事件訴訟と刑事訴訟で
│　は目的も判断基準も異なる。そこで，取消訴訟で行政処分　　　➡規範
│　の違法性を主張せず，刑事訴訟でその違法性を主張するこ
│　とは公定力に反しないと解するべきである。
└───┘

3　よって，小問2でも，X₂は，本件営業停止命令の取消
　　訴訟を提起せず，それが取り消されないまま，刑事訴訟に
　　おいて，本件営業停止命令の違法を主張し自己の無罪を主
　　張することができる。

第3　小問3について
　1　本件課税処分は，一方的に納税義務を課す行為であり，
　　公権力の行使としての性格を有している。したがって，本
　　件課税処分は行政行為にあたる。
　　　そこで，小問1，2と同様に，課税処分取消訴訟の取消
　　判決を得ずに国家賠償請求訴訟においてその違法性を主張
　　することが，公定力に反しないかが問題となる。

　2(1)　この点，公定力の根拠は前述した取消訴訟の排他的管
　　　轄に求められる。とするならば，公定力とは取消訴訟の
　　　排他的管轄の効果として行政行為を有効なものとして扱
　　　う効力にすぎず，行政行為を適法なものとする効力まで
　　　は有していないと考えられる。
　　　　したがって，取消訴訟以外の訴訟で当該行政行為の違
　　　法性を主張することは，行政行為の有効性を争わないか
　　　ぎり，その公定力に反せず許されると考える。

　　(2)　もっとも，本件課税処分のように，金銭を納付させる
　　　ことを直接の目的とする行政処分の場合，当該処分の違
　　　法を理由に国家賠償請求を認めてしまうと，当該処分の
　　　取消しと同様の経済的効果を得られることとなる。そこ
　　　で，この場合においては，取消訴訟の排他的管轄を認め
　　　た趣旨に反するのではないかが問題となる。

　　　　この点につき，取消訴訟と国家賠償請求訴訟はその目
　　　的・要件・効果を異にしている。すなわち，取消訴訟は
　　　違法な行政処分自体の取消しを求めるものであるのに対
　　　して，国家賠償請求訴訟は，国民の損害の填補を目的と
　　　し，違法性のほかに主観的要件等も必要とされ，その効
　　　果も損害賠償責任を負わせるというものである。
　　　　そのため，両者は被害者救済のための別個独立の手段
　　　ということができるから，たとえ同様の経済的効果が得
　　　られる場合であったとしても，取消訴訟の排他的管轄を
　　　認めた趣旨に反しないということができる。

　　(3)　したがって，国家賠償請求訴訟において本件課税処分
　　　の違法性を主張しても，公定力に反しない。

　3　よって，X₃は，本件課税処分が取り消されていないま
　　ま，国家賠償請求訴訟において，本件課税処分の違法を主
　　張することができる。

　　　　　　　　　　　　　　　　　　　　　　　　　　以上

45　→あてはめ

50

　論　公定力と国家賠償請求の関
　　　係

55

60　→規範

65

70

75

80　→あてはめ

　→結論

85

まず，各小問の行為が行政行為にあたることを示したうえで，各訴訟における主張が公定力に抵触しないかを論じることが要求されている。公定力の概念については，真正面から問われることは少ないものの，重要基本概念である。

小問1については典型問題であるため，公定力の定義および趣旨について，端的に論じるべきである。小問2および3については，参考となる判例があるため，それらの理解が問われるところである。

1　公定力と訴訟の関係
2　公定力と刑事訴訟の関係
3　公定力と国家賠償請求の関係

① 小問1について

小問1は，典型的な公定力抵触の場面です。前述のとおり，公定力は重要基本概念であるので，受験生としては，公定力の定義および趣旨について正確かつ端的に答案上に示すことが強く期待されます。これができたかどうかで，差がつくことになるでしょう。

公定力とは，行政行為はたとえ違法であっても，無効と認められる場合でないかぎり，権限ある行政庁または裁判所が取り消すまでは，いちおう効力のあるものとして，相手方はもちろん他の行政庁，裁判所，相手方以外の第三者もその効力を承認しなければならないという効力をいいます。最判昭和30年12月26日民集9巻14号2070頁（判例シリーズ15事件）も同様の定義を示しています。

たとえば，課税処分が違法であったとしても，税務署長の職権取消しや不服申立て・取消訴訟の提起に基づく取消しがなければ，当該課税処分は有効とされるので，税金を納めないかぎり，納税の義務を果たしていないとして滞納処分等が行われることになります。

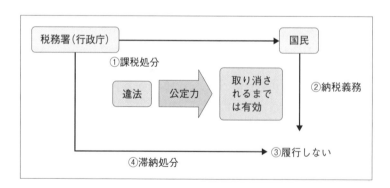

公定力の根拠は，行政事件訴訟法における取消訴訟制度に求められます。すなわち，行政事件訴訟法3条2項で，抗告訴訟のひとつとして取消訴訟が規定されています。法律がわざわざこのような取消訴訟制度を設けているのは，単にこの制度を使うのが便宜であるというだけでなく，訴訟の段階で行政行為の効力を争うことができるのはこの制度だけであるという意味があると解することもできます。これを，取消訴訟の排他的管轄といいます。これを前提とすると，取消訴訟以外では裁判所といえども，行政行為の効力を否定できないという公定力の効果が行政行為に認められることになります。このように，取消訴訟の排他的管轄は，公定力の根拠となります。

本小問でX₁は，土地収用裁決の取消訴訟を提起することなく，本件土地につき所有権に基づく返還請求訴訟という民事訴訟を提起しています。土地収用裁決が行政行為にあたることは明らかであるため，端的にそのことを示して，所有権に基づく返還請求訴訟でその違法性を主張することが，公定力に抵触することを論じるべきです。

② 小問2について

小問2では，刑事訴訟で行政行為の違法性を主張できるかが問題となります。つまり，行政機関の処分に違反したとして起訴された刑事被告人は，取消訴訟によって行政行為が取り消されないかぎり，当該処分が違法無効であることを理由として無罪を主張できないことになるのでしょうか。

この点，刑事被告人が無罪を主張する場合に刑事訴訟のみならず取消訴訟の負担まで課すことは，被告人に過大な負担になります。これは，人権保障の観点から妥当でありません。さらに，理論的にみても，刑事訴訟での問題は犯罪構成要件の解釈であって，それは取消訴訟の排他的管轄の適用か不適用かにかかる有効無効の判断とは異なると思われます（塩野『行政法Ⅰ』169頁）。

余目町個室付浴場事件（最判昭和53年6月16日刑集32巻4号605頁〔判例シリーズ16事件〕）は，この論点につき，取消訴訟で行政処分の違法性を主張することなく，刑事訴訟で無罪を主張できることを認めました。もっとも，この判例は，具体的な刑事事件における犯罪構成要件の解釈をしたにすぎないと評されています。行政事件訴訟と刑事訴訟では，目的も判断基準も異なることを考えれば妥当といえるでしょう。

以上の理由をあげて，刑事訴訟で無罪主張をする場合，あらかじめ取消訴訟で営業停止命令の違法性を主張しておく必要はないことを論じるべきです。

③ 小問3について

小問3は公定力と国家賠償請求の問題です。行政行為によって損害を受けた者が損害賠償請求訴訟を提起する場合，まず，当該行政行為の取消訴訟を提起してその取消しを求めたり，確認訴訟で無効の確認判決を得たりする必要があるのかが問題となります。

この点，上記のような公定力の根拠から，公定力とは取消訴訟の排他的管轄の効果として行政行為を有効なものとして扱う効力にすぎず，行政行為を適法なものとする効力までは有していないと考えられます。したがって，国家賠償訴訟で当該行政行為の違法性を主張することは，行政行為の有効性を争わないかぎり，行政行為の公定力に反せず許されることになります。判例（最判昭和36年4月21日民集15巻4号850頁）および通説は，このように考えています。

ただし，本件課税処分は，金銭の納付を命ずるものです。そうすると，その違法を理由とする国家賠償請求を認めれば，実質的に本件課税処分を取り消した場合と同様の経済的効果が得られることになり，公定力を潜脱することにならないかが問題となります。

この問題につき，出訴期間や不服申立前置主義を定めた趣旨を没却し，取消訴訟の排他的管轄を認める趣旨を損なうことを理由として，国家賠償請求を否定または限定する学説も存在します。しかし最判平成22年6月3日民集64巻4号1010頁（判例シリーズ17事件）は，このような場合についても公定力との抵触を否定しました。この判例は，前掲最判昭和36年を引用したうえで，「このことは，当該行政処分が金銭を納付させることを直接の目的としており，その違法を理由とする国家賠償請求を認容したとすれば，結果的に当該行政行為を取り消した場合と同様の経済的効果が得られるという場合であっても異ならない」と判示しています。その理由については，「他に，違法な固定資産の価格の決定等によって損害を受けた納税者が国家賠償請求を行うことを否定する根拠となる規定等は見いだし難い。」としか示しておらず，積極的な理由は述べていません。しかし，金築誠志裁判官補足意見は，審査の申出が比較的短時間の間に行わなければならないことから，納税者を救済するため，国家賠償請求による損害の回復を認めるべきである，という積極的な理由をあげています。また，宮川光治裁判官補足意見は，取消訴訟と国家賠償請求訴訟がその目的・要件・効果を異にしているという点を，理由としてあげています。答案例はこの理由づけに従って論証しているので，参考にしてください。

どちらの説に立ってもよいですが，答案を作成する際には，上記判例を意識した論述が求められます。重要判例ですので，小問3の事案の特殊性に気づかなかった場合は，この判例を熟読してください。

【参考文献】
試験対策講座4章2節①【3】(1)。判例シリーズ15事件，16事件，17事件。

第4問 B 無効な行政行為の要件

1　X₁は，自己の所有する土地（以下「本件土地」という）につき，旧自作農創設特別措置法（以下「法」という）第3条により，農地として，農地買収処分（以下「処分1」という）を受けた。そして，本件土地は小作人に売り渡された。

　　本件土地は，農地ではなく，法によって買収の対象となっている土地ではない。しかも，本件土地上には，堅固な建物が建っており，宅地となっている。そして，そのことは，だれの目から見ても明らかであった。

　　そこで，X₁は，処分1は無効であると主張して，処分1の無効確認の訴えを提起した。X₁のこの主張は認められるか。

2　X₂の友人Aは，債権者からの差押えを回避するために，自己の所有する土地および家屋（以下「本件不動産」という）について，X₂に無断で，X₂名義への所有権移転登記を行った。そして，その後，Aは必要に迫られて，X₂作成名義の売買契約書を偽造して本件不動産をBに売り渡したところ，本件不動産の登記簿に所有権移転登記の変遷が記録されていることを根拠として，所轄税務署長Yは，X₂の不動産譲渡所得を認定し，課税処分（以下「処分2」という）を行った。しかし，X₂は，本件不動産に関する当該売買契約および所有権移転登記にはまったく心あたりがないため，処分2は無効であると主張している。

　　X₂のこの主張は認められるか。なお，本件不動産につきX₂名義の所有権移転登記がなされたことについて，X₂には何らの帰責性もなく，Aに対して課税する余地も十分ありうるものとする。

【解答へのヒント】

1　小問1について

　　行政処分はいかなる場合に無効となるのでしょうか。行政行為の特質から考えてみましょう。

2　小問2について

　　課税処分についても，小問1と同様に無効の検討をしていくのでしょうか。考えてみましょう。

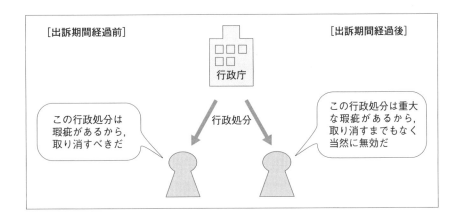

答案例

第1　小問1について
　　本小問でのX₁の主張は認められるか。いかなる場合に，処分が無効となるかについて，明文がないため問題となる。

📘無効な行政行為の要件

　1　まず，無効確認訴訟は時機に後れた取消訴訟として機能するから，無効確認訴訟は出訴期間を経過してもなお衡平の観点から当事者の救済を認める必要がある場合にかぎって認めるべきである。そうだとすると，無効原因には当該行政処分に重大な瑕疵があることを要する。　　　　　　　5
　　　次に，行政法関係の安定性や第三者の信頼保護の観点から，原則として瑕疵が明白であることも必要である。　　10
　　　そこで，瑕疵が重大かつ明白な場合に行政行為が無効となると解する。さらに，国民の信頼保護という観点からすれば，明白性は処分の外形上，客観的に誤認であることが一見して明白な場合をいう。

➡規範

　2　本件土地は農地ではなく，法によって買収の対象となっ　15　➡あてはめ
ている土地ではないのに，農地と認定されて買収された。そうだとすると，本件土地を農地と誤認した瑕疵は，農地買収の根幹的な要件事実について誤認しており，処分1の瑕疵は重大といえる。
　　　もっとも，通常農地かどうかは外観上必ずしも明らかで　20
なく，それだけでただちに瑕疵が明白とはいえない。
　　　しかし，本件土地上には堅固な建物が建っており，宅地となっている。そして，そのことはだれの目から見ても明らかである。そうだとすれば，本件土地が農地でないことは外観上明らかなので，処分の外形上，客観的に誤認であ　25
ることが一見して明白といえる。
　　　したがって，処分1は瑕疵が重大かつ明白といえる。
　3　よって，処分1は無効なので，X₁の主張は認められる。　➡結論
第2　小問2について
　　処分2は無効といえるか。　　　　　　　　　　　　　30　📘課税処分における明白性の要件の要否
　1　まず，本小問では不実の登記ではあるものの，登記簿の記載の変遷という客観的な記録が存在している以上，形式的にはX₂の不動産譲渡所得を認定することが可能である。そうだとすれば，X₂の不動産譲渡所得を認定したうえでの課税処分について，瑕疵が客観的に明白であるとまでは　35
いえない。したがって，上記基準を用いると処分2は無効とはいえない。
　2　しかし，瑕疵の明白性が求められる趣旨からは，行政行為を無効とすることによって第三者の信頼を害さないのであれば，瑕疵が明白でない場合にも行政行為を無効とする　40
ことに不都合はない。また，瑕疵ある行政行為によって不利益を受ける国民の救済のためには，一律に明白性の要件をみたすことを要求すべきではない。
　　　そこで，第三者の保護を考慮する必要がない行政処分に　➡規範

ついては，当該処分における内容上の過誤が当該行政処分 45
要件の根幹についてのそれであって，行政処分の安定とそ
の円滑な運営の要請をしん酌してもなお，不服申立期間の
徒過による不可争的効果の発生を理由として，被処分者に
当該処分による不利益を甘受させることが，著しく不当と
認められるような例外的な事情のある場合には，当該行政 50
処分は無効となると解すべきである。

3　処分2のような課税処分は，課税庁と被課税者の間を規 ➡あてはめ
律する処分であり，そもそも行政行為の有効性を信頼する
第三者の保護を考慮する必要はない。そして，処分2は，
不動産譲渡所得がまったくないX₂に対してなされた点に 55
おいて，課税要件という課税制度の根幹に関わる重要な要
件に違反している。また，Aについて課税する余地も残さ
れているのであるから，処分2を無効としたとしても，課
税行政上格別の支障・障害をもたらすものであるともいえ
ない。他方で，本小問の不実の登記はX₂がまったく関知 60
しないものであり，これがなされたことにつきX₂には何
らの帰責性もないため，X₂に不実の登記に基づく課税処
分の効力を甘受させることは著しく不当であるといえる。

4　よって，処分2は無効といえるから，X₂の主張は認め ➡結論
られる。 65

以上

70

75

80

85

本問は，最判昭和34年9月22日民集13巻11号1426頁（百選Ⅰ82事件）および最判昭和48年4月26日民集27巻3号629頁（判例シリーズ27事件）を題材として，行政行為の無効の要件，課税処分における特殊事情を考慮したうえでの無効要件を問うものである。上記判例をベースとして論じることが求められるが，判例を知らなくても，課税処分が第三者の信頼を保護する必要がないことに気づくことができれば，趣旨に沿った論述ができるであろう。課税処分における無効事由は典型論点であり，司法試験や予備試験でいつ出題されてもおかしくないため出題した。

■ 論点 ■

1　無効な行政行為の要件
2　課税処分における明白性の要件の要否

■ 答案作成上の注意点 ■

1　小問1について

　まず，行政行為の無効が問題となるのは行政行為に公定力が生じるからです。公定力によって，行政行為は原則として有効となり，取り消しうる行為にとどまります。そして，公定力の根拠は取消訴訟の排他的管轄にあります。したがって，行政行為の違法性は，原則として出訴期間の制限がある取消訴訟で争うことになります。

　他方で，無効確認訴訟には出訴期間の制限がないので，無効確認訴訟は時機に後れた取消訴訟として機能します。そこで，無効確認訴訟は出訴期間を経過してもなお衡平の観点から当事者の救済を認める必要がある場合にかぎって認めるべきでしょう。そうだとすれば，無効原因となるためには，当該行政処分に重大な瑕疵があることを要します。さらに，行政法関係の安定性や第三者の信頼保護の観点から，原則として瑕疵が明白であることも必要でしょう。

　そこで，瑕疵が重大かつ明白な場合に行政行為が無効となると解することになります。

　判例（最大判昭和31年7月18日民集10巻7号890頁）も「その違法が重大且つ明白である場合の外は，これを法律上当然無効となすべきではないのであ」るとしています。

　そして，国民の信頼という観点から，瑕疵が明白であるかは処分の外形上，客観的に誤認であることが一見して明白な場合をいうと解すべきでしょう。判例（最判昭和36年3月7日民集15巻3号381頁）も「瑕疵が明白であるというのは，処分成立の当初から，誤認であることが外形上，客観的に明白である場合を指すものと解すべきである」としています。

　瑕疵が重大といえる場合の例としては，行政庁の権限外の行為や法律上・事実上実現不可能な行為，内容の不明な行為，根幹的な要件事実の誤認に基づく行為等があげられます。本件土地は農地ではなく，法によって買収の対象となっている土地ではありません。そうだとすれば，本件土地を農地と誤認したという瑕疵は，根幹的な要件事実について誤認しており，瑕疵は重大といえそうです。

　もっとも，通常農地かどうかは外観上必ずしも明らかでないので，農地と誤認しただけでは，ただちに瑕疵が明白とはいえないでしょう。

　しかし，本件土地上には堅固な建物が建っており，宅地となっています。そして，そのことはだれの目から見ても明らかです。そうだとすれば，本件土地が農地でないことは外観上明らかなので，処分の外形上，客観的に誤認であることが一見して明白といえます。

　前掲最判昭和34年も，「たとえば，農地でないものを農地として買収することは違法であり，取消事由となるが，それだけで，当然に，無効原因があるといい得るものではなく，無効原因があるというためには，農地と認定したことに重大・明白な誤認がある場合（たとえば，すでにその地上

に堅固な建物の建っているような純然たる宅地を農地と誤認して買収し、その誤認が何人の目にも明白であるというような場合）でなければならない。」としており、農地でないものを農地として買収したからといって、ただちに無効原因となることを否定しています。

② 小問2について

本小問では、不実の登記ではあるものの、登記簿の記載の変遷という客観的な記録が存在している以上、形式的にはX₂の不動産譲渡所得を認定することが可能といえるでしょう。そうだとすれば、X₂の不動産譲渡所得を認定したうえでの課税処分について、瑕疵が客観的に明白であるとまではいえません。したがって、先述した基準を用いると、処分2は無効となりません。

もっとも、課税処分は、基本的には課税庁と被課税者の間を規律する処分といえます。そして、瑕疵の明白性が求められる趣旨からは、行政行為を無効とすることによって第三者の信頼を害さないのであれば、瑕疵が明白でない場合にも行政行為を無効とすることに不都合はありません。また、瑕疵ある行政行為によって不利益を受ける国民の救済のためには、一律に明白性の要件をみたすことを要求すべきではありません。

そこで、第三者の保護を考慮する必要がない行政処分については、当該処分における内容上の過誤が当該行政処分要件の根幹についてのそれであって、行政処分の安定とその円滑な運営の要請をしん酌してもなお、不服申立期間の徒過による不可争的効果の発生を理由として、被処分者に当該処分による不利益を甘受させることが著しく不当と認められるような例外的な事情のある場合には、当該行政処分は無効となると解すべきです。

前掲最判昭和48年も「課税処分が課税庁と被課税者との間にのみ存するもので、処分の存在を信頼する第三者の保護を考慮する必要のないこと等を勘案すれば、当該処分における内容上の過誤が課税要件の根幹についてのそれであって、徴税行政の安定とその円滑な運営の要請を斟酌してもなお、不服申立期間の徒過による不可争的効果の発生を理由として被課税者に右処分による不利益を甘受させることが、著しく不当と認められるような例外的な事情のある場合には、前記の過誤による瑕疵は、当該処分を当然無効ならしめるものと解するのが相当である。」としています。

処分2は課税庁と被課税者の間を規律する処分であり、そもそも行政行為の有効性を信頼する第三者の保護を考慮する必要はありません。そして、処分2は、不動産譲渡所得がまったくないX₂に対してなされた点において、課税要件という課税制度の根幹に関わる重要な要件に違反しているといえるでしょう。また、Aについて課税する余地も残されているので、本件課税処分を無効としたとしても、課税行政上格別の支障・障害をもたらすものであるともいえません。他方で、本問の不実の登記はX₂がまったく関知しないものであり、これがなされたことにつきX₂には何らの帰責性もないため、X₂に不実の登記に基づく課税処分の効力を甘受させることは、著しく不当であるといえます。

無効原因と取消原因に関する判例

無効原因	取消原因	その他
○土地の買収処分に際して、公告や買収令書の地番に誤記があった事例（最判昭和40年8月17日民集19巻6号1412頁） ○不動産譲渡所得がない者に、課税処分をした事例（前掲最判昭和48年）	○農地委員会の議事に無資格者が参加した事例（最判昭和38年12月12日民集17巻12号1682頁〔百選Ⅰ114事件〕） ○審査決定通知書における理由不備についての事例（最判昭和38年5月31日民集17巻4号617頁〔判例シリーズ41事件〕）	運輸審議会の審理手続における瑕疵について、運輸審議会の認定判断を左右させるに足りる資料意見を提出できる可能性がない場合、取消事由にならないとした事例（最判昭和50年5月29日民集29巻5号662頁〔判例シリーズ40事件〕）

【参考文献】

試験対策講座4章2節④【2】・【3】。判例シリーズ27事件、40事件、41事件。

第5問 A　行政行為の撤回

　Xは，Y県で，産科・婦人科医院を開業していた。そして，母体保護法に基づき，本人および配偶者の同意を得て人工妊娠中絶を行うことができる医師（以下「指定医師」という）としてY県医師会から指定を受けた。ところが，その後Xは，中絶の施術を求める女性を説得して出産させ，生まれた子の養育を希望するほかの女性が出産したとする虚偽の出生証明書を作成するという，いわゆる実子あっせん行為を反復・継続した。このような行為は法律上許されておらず，刑罰の対象とされていた。

　これを受けて，Xが所属するY県医師会は，Xが指定医師としてふさわしくないとして，前記の指定を取り消した。もっとも，母体保護法には指定の取消しを認める旨の規定はなかった。なお，指定の取消しにより，Xは人工妊娠中絶を行う資格を剥奪されることになるが，そのほかの医療行為まで行えなくなるわけではない。

　以上の事案におけるY県医師会による指定医師の指定の取消しについて，その法的性格を明らかにしたうえ，適法か否かを論じなさい。なお，指定の処分性や行政手続上の問題については言及しなくてよい。

【解答へのヒント】

　Xは違法な実子あっせん行為を何度も行っているわけです。したがって，指定が取り消されるのは当然であって，一見何の違法性もないように思われますが，「母体保護法には指定の取消しを認める旨の規定はなかった」という問題文の誘導に気づいてください。

　指定の取消しが認められればXが不利益を受け，逆に取消しが認められなければY県が不利益を受けます。つまり，どちらかが不利益を被ることは避けられないわけです。それぞれの利益・不利益がどのような内容のものであるか，どの程度のものであるかを丁寧に検討してみましょう。

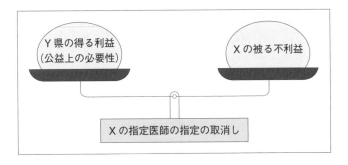

1　Y県医師会は，Xに対して，当初は適法になされていた指定医師の指定を，重大な不適格条件の発生という事後的理由により取り消しており，これは，撤回にあたる。

2　この撤回（以下「本件撤回」という）はY県医師会の内規によってなされており，法律の根拠を有しない。そこで本件　　5撤回は法律による行政の原理に反し許されないのではないか。

　　　たしかに，本件撤回のような授益的行政行為の撤回には，対象者の権利を制約し，または義務を課すという側面がある以上，法律の留保原則から，それを法律の根拠なく行うことはできないとも思える。しかし，行政の公益適合性の回復を　　10図る必要から，許認可等の根拠規定自体が合理的な理由のある場合の撤回を当然に許容していると考えられる。したがって，許認可等を与えられた者が，当該許認可等を付与した趣旨に抵触する違法行為を行った場合には，撤回を許す旨の法律の規定がなくとも撤回が可能であると考える。　　　　　　　　　15

　　　Xの行った実子あっせん行為は法律上許されないのみならず医師の職業倫理にも反するものであって，人工妊娠中絶を行える医師を，人格と技能の両面から絞ることを狙った指定医師制度の趣旨に抵触する行為といえる。そうだとすれば，本件撤回において法律上の根拠は不要であり，本件撤回は法　　20律による行政の原理に反しないと考えられる。

3　もっとも，本件撤回のような授益的処分の撤回は，処分の相手方に不利益をきたすことになる。

　　　したがって，相手方の帰責性，撤回されようとする行政処分の性質等に照らし，当該行政行為の撤回により相手方が被　　25る不利益を考慮しても，なお撤回すべき公益上の必要性が高いと認められる場合でなければ撤回は違法になる。

　　　これを本問についてみると，実子あっせん行為が法律上許されず，しかも刑罰の対象とされることに加えて，医師の職業倫理にも反することからすれば，その悪性は高い。このよ　　30うな行為を行う医師は指定医師としての適性を欠いており，このような医師が指定医師であることは国民の医療に対する信頼をも揺るがすことになるから，撤回すべき公益上の必要性は高いというべきである。

　　　またXに対する制裁としては，指定の取消しのみならず指　　35定の停止も考えられるところ，指定の取消しは資格の剥奪であるから，停止よりも重大な処分といえる。しかしながら，剥奪される資格は，人工妊娠中絶を行う資格にとどまり，そのほかの医療行為まで行えなくなるわけではない。

　　　指定の取消しの原因を作ったのがX自身であり，しかも実　　40子あっせん行為が前述のとおり悪性の高い行為であることも考えれば，Xの被る不利益は，撤回すべき公益上の必要性に比して軽微であるというべきである。

4　よって，本件撤回は適法である。　　　　　　　　　以上

論撤回の法的根拠の要否

➡規範

➡あてはめ

➡結論

論撤回の制限

➡規範

➡あてはめ

➡結論

　行政行為の職権取消しの事案ではなく，撤回の事案であることをふまえたうえで，撤回の限界について具体的事例に即して検討できるかを問うものである。事案の題材となっている実子あっせん指定医師取消事件（最判昭和63年6月17日判時1289号39頁〔判例シリーズ29事件〕）は，行政法を学んだ者ならば知っていなくてはならない重要判例である。応用問題を解けるようになるためには，基礎概念を正確に理解し，結論にいたるための論理的検討をきちんとできることが必要不可欠である。本問はそこに焦点をあてて，基礎的な学習を求めるものである。

論点

1　撤回の法的根拠の要否
2　撤回の制限

答案作成上の注意点

① はじめに

1　本問のように授益的行政行為が取り消された場合には，反射的に私人に不利益が及ぶため，慎重な検討が必要になります。まず，問題文の誘導に従って，授益的行政行為の取消しの法的性質を論ずる必要がありますが，結論からいうと，これは「撤回」にあたります。「職権取消し」ではないことに注意してください。これらの概念はあくまでも講学上のものであって，実際の法律規定においてはともに「取消し」という言葉が用いられることが多いのが現状です。

2　行政行為の職権取消しとは，成立当初から瑕疵のある行政行為の効力を，その違法性を理由に成立時にさかのぼって失わせることを意味します。一方，行政行為の撤回とは，成立当初は瑕疵のない行政行為の効力を，その後の情勢の変化を理由として将来に向かって失わせることを意味します。

　　この違いは法的根拠の要否という論点に関わってきます。授益的処分の職権取消し・撤回は，私人に対して反射的に不利益を及ぼす処分である点で共通しており，侵害留保の観点から両者ともに法的根拠が必要であるようにも思われます。しかし，職権取消しについては，成立当初から行政行為に瑕疵がある以上，適法性を回復するためにその効力を取り消すことは，法律による行

	撤回	職権取消し
定義	有効に成立した行政行為につき，その後の事情（相手方の義務違反，公益上の必要，要件事実の事後消滅等）によりそれを存続させることが妥当でなくなったときに，行政庁がその効力を失わせること	違法または不当な瑕疵を有する行政行為につき，当該行政行為を行った後に，行政庁がその違法を認識して，職権で当該行政行為の効力を失わせること
共通点	法律上の根拠は不要（最判昭和43年11月7日民集22巻12号2421頁〔百選Ⅰ88事件〕，前掲最判昭和63年参照） 原則として，取消し・撤回は自由 →もっとも，授益的行政行為の場合には制限されうる	
相違点 撤回または取消事由の発生時期	後発的	原始的（はじめから）
相違点 権利の行使者	行政行為を行った行政庁（処分庁）のみ	正当な権限を有する行政庁（処分庁と監督行政庁）
相違点 遡及効の有無	なし（将来効のみ）	あり

政の原理から当然に要請されるということができます。したがって，法的根拠は不要ということで学説は一致しています。一方で，撤回については，当初の行政行為が適法である以上，その効力の取消しは当然に要請されるものではありません。そこで，行政主体によっていったん適法に与えられた相手方の権利利益を剥奪するものであることから，法的根拠の要否が問題となるのです。

② 設問について

1　撤回の法的根拠の要否

　　上述のように，行政行為の撤回については法的根拠の要否という論点がありますが，判例・通説が個別の法的根拠は不要という立場をとっていること，相手方の信頼保護は撤回の制限という論点で考慮できることから，答案上は法的根拠を不要とする立場からの論証を勧めます。その場合，その理由を説得的に論じていく必要がありますが，法律の留保の原則が想定する典型的な場面と事案や状況が違うことを指摘できれば，自己の立場を説得的に補強することができます。

　　この点，法律の留保の原則の目的は国民の権利・自由を守ることにあるので，法律の留保の原則が適用される典型的な場面というのは，憲法上保障された人権が行政によって侵害されているようなケースです。これに対して撤回が問題となる場面というのは，授益的行政行為によって私人との間に法律関係を新たに形成したうえで，その後の事情を理由としてその法律関係を消滅させるようなケースですから，法律の留保の原則が適用される典型的な場面とは状況が異なります。

　　このように，授益的行政行為の撤回には必ずしも法律の留保の原則の考え方が妥当しないことを指摘したうえ，逆に法的根拠がないと授益的行政行為を撤回できないとした場合にどのような不都合が生じるかを考えてみてください。本問のような場面が典型的ですが，私人が違法な活動を行っており，許認可を取り消すべき公益上の必要性があることは明らかであるにもかかわらず，個別の法律の根拠がないからといっていっさい撤回が許されないというのでは，行政の実効性が著しく害されます。また，一度許認可を与えれば私人がいかなる行動にでようと行政は何もしなくていいというのでは，あまりに無責任でしょう。したがって，許認可の根拠規定も，一度許認可を与えればそれで終わりというわけではなく，許認可等を与えられた者が当該許認可等を付与した趣旨に抵触する違法行為を行った場合など，当初の授益的行政行為を取り消す合理的理由のある場合には，法的根拠がなくても当然に撤回を許容していると考えるのが自然です。

　　以上のように，①法律の留保の原則が必ずしも妥当する場面ではないこと，②法的根拠なくして撤回ができないとした場合に不都合が生じること，の2点を意識してみましょう。

2　撤回の制限

　　授益的行政行為の撤回に法的根拠が必要ないとしても，それによって私人の利益や信頼は害されます。したがって，比例原則の観点から，私人の不利益と均衡を失しない程度の公益上の必要性がなければ撤回は許されません。また，撤回の原因につき私人の側に帰責性があれば撤回は認められやすくなるでしょう。答案を構成するにあたっては，以上のような①相手方の利益や信頼が害される程度，②撤回すべき公益上の必要性，③相手方の帰責性の有無といった要素を意識しながら，問題文の事実を検討してみてください。具体的なあてはめの仕方については，実子あっせん指定医師取消事件（前掲最判昭和63年）もぜひ参考にしてください。

3 まとめ

　法的根拠の要否という問題と撤回の制限という問題は同一の問題意識に基づいています。つまり，これらはともに，①撤回が行政行為の合目的性の回復という性質を有し，これを許さないことがむしろ行政責任の放棄を肯定する結果になることと，②撤回によって相手方または第三者の信頼や法的安定性を害し，権利利益を制約するおそれがあることとのバランスをどのようにとるかという問題だということです。なお，侵害的行政行為の撤回については，撤回することが相手方の利益になることから，授益的行政行為の場合と異なり両者の論点は問題になりません。

【参考文献】
試験対策講座4章2節⑤。判例シリーズ29事件。

第6問 A　社会観念審査

　日本人Aと婚姻した外国籍のXは，「出入国管理及び難民認定法」（以下「法」という）別表第2が定める「日本人の配偶者等」の在留資格で，わが国への入国を許可された。その後，XはAと不仲となり，別居するにいたったが，「日本人の配偶者等」の在留資格で在留期間更新許可を受け続けていた。しかし，法務大臣Yは，Xからの在留資格変更申請がないにもかかわらず，Xの意に反し一方的に，在留資格を「短期滞在」（法別表第1の3）とする在留資格変更許可処分を行った。

　その後，AはXを被告として婚姻無効確認訴訟を提起した。そのため，Xは，在留資格変更に関して不服があったが，訴訟追行の緊急の必要より，在留資格変更につき争うことなく，訴訟係属中であることを理由に「短期滞在」の在留期間更新許可を受け，本邦における在留を継続した。その後もXは，同様に「短期滞在」の在留資格で在留期間更新の申請をしたところ，これに対するYの応答に先立ち，上記婚姻無効確認訴訟がX勝訴で確定した。そこでYは，同訴訟の終結によってXの「短期滞在」の目的が消滅したとして，Xに対して法第21条第3項に基づき在留期間更新を不許可とする処分（以下「本件不許可処分」という）を行った。

　Yによる本件不許可処分の適法性について検討しなさい。

【参照条文】
○出入国管理及び難民認定法（昭和26年政令第319号）（抜粋）
（在留資格の変更）
第20条　在留資格を有する外国人は，その者の有する在留資格（これに伴う在留期間を含む。以下第3項まで及び次条において同じ。）の変更（……特定活動の在留資格を有する者については，法務大臣が個々の外国人について特に指定する活動の変更を含む。）を受けることができる。

2　前項の規定により在留資格の変更を受けようとする外国人は，法務省令で定める手続により，法務大臣に対し在留資格の変更を申請しなければならない。（略）

3　前項の申請があった場合には，法務大臣は，当該外国人が提出した文書により在留資格の変更を適当と認めるに足りる相当の理由があるときに限り，これを許可することができる。（略）

（在留期間の更新）
第21条　本邦に在留する外国人は，現に有する在留資格を変更することなく，在留期間の更新を受けることができる。

2　前項の規定により在留期間の更新を受けようとする外国人は，法務省令で定める手続により，法務大臣に対し在留期間の更新を申請しなければならない。

3　前項の規定による申請があった場合には，法務大臣は，当該外国人が提出した文書により在留期間の更新を適当と認めるに足りる相当の理由があるときに限り，これを許可することができる。

4　（略）

別表第1の3

短期滞在	本邦に短期間滞在して行う観光……業務連絡その他これらに類似する活動

【解答へのヒント】

　まずは，本件不許可処分の根拠条文を確認しましょう。根拠条文から，Yが裁量権を有するかを検討します。要件裁量と効果裁量の区別が大切です。

　裁量権の有無を確認したら，裁量権の逸脱・濫用（行政事件訴訟法30条）についての規範を立てて，問題文にあがっている事実を評価してあてはめれば，立派な答案になります。

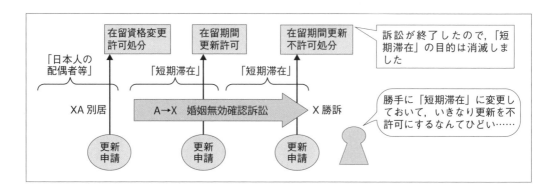

答案構成用紙

1 行政裁量の有無について

(1) 本件不許可処分を行うにつき，Yに裁量が認められるか
が問題となる。 　　　　　　　　　　　　　　　🔲行政裁量の有無

　　そして，その判断は，①根拠条文の文言，②処分の性質
を考慮して行う。 　　　　　　　　　　　　5 　　➡規範

(2) ①法21条3項は，「更新を適当と認めるに足りる相当の
理由」という抽象的な文言を用いており，②在留期間更新
許可処分が，在留外国人に特別な地位を付与するものであ
る。さらに，その判断に際して，政治的・外交的な事情を
考慮する必要がある。 　　　　　　　　10

(3) 以上より，本件不許可処分を行うにつき，Yに要件裁量
が認められる。 　　　　　　　　　　　　　➡結論

2 行政裁量の限界について

(1) 本件不許可処分はYの裁量権に基づきなされているが，
裁量処分はいかなる場合に違法となるか。 　15 　🔲行政裁量の限界

　　この点につき，行政事件訴訟法30条より，法務大臣Yが
裁量権を逸脱・濫用して本件不許可処分に及んでいる場合
には，本件不許可処分は違法となる。 　　　➡規範

(2) そこで，本問につき，Xの短期滞在の資格を前提にした
不許可処分が，信義則に反し，裁量の逸脱・濫用として違 20
法となるかを検討する。

　　たしかに，通常であれば「短期滞在」の資格に基づく在
留期間更新申請がされた場合には，Yは，ほかの在留資格
について考慮する必要はない。

　　しかし，本件不許可処分時において，Aの提起した婚姻 25
無効確認訴訟はXの勝訴で確定しており，XとAの婚姻関
係は有効であるため，Xは，本来「日本人の配偶者等」の
資格によって在留することができるはずである。それにも
かかわらず，本件不許可処分を受けたのは，Xの在留資格
が「短期滞在」とされていたためである。そして，在留資 30
格が「短期滞在」となっているのは，そもそもYが，Xか
らの在留資格変更の申請がないにもかかわらず，Xの意に
反して一方的に在留資格変更許可処分を行ったからにほか
ならない。

　　上記経緯に照らすと，Yには，Xが「日本人の配偶者 35
等」の在留資格を申請して，その判断を受ける機会を与え
るため，Xに「短期滞在」の在留資格で在留期間更新の許
可をする信義則（民法1条2項）上の義務があったと考え
られる。それにもかかわらず，Yが，当該経緯を考慮せず
本件不許可処分を行ったことは，信義則に反し，裁量権を 40
逸脱・濫用したものであるといえる。

　　よって，本件不許可処分は違法である。 　　➡結論

　　　　　　　　　　　　　　　　　　　以上

　本問は，最判平成 8 年 7 月 2 日判時1578号51頁（判例シリーズ 5 事件）を題材として，行政裁量の理解について問うものである。行政裁量の適法性を検討させる問題は，司法試験や予備試験で頻出であり，法科大学院入試でも出題される可能性がある。しかし，初学者にとっては，そもそも行政裁量とは何か，要件裁量と効果裁量の違い，どのような場合に違法となるかなど，ほかの科目と比べても理解しにくい分野だと思われる。

　そこで，行政裁量についてより深い理解を得るため，本問をとおして行政裁量の基本的事項について改めて検討してもらいたい。

■ 論点 ■

1　行政裁量の有無
2　行政裁量の限界
3　社会観念審査

■ 答案作成上の注意点 ■

① 行政裁量の有無について

　まずは，本件不許可処分の根拠条文である，法21条 3 項を確認してください。「更新を適当と認めるに足りる相当の理由」という文言から，在留期間更新許可につき法務大臣Yに行政裁量，ここでは要件裁量が認められないか検討する必要があります。

1　行政裁量の有無についての判断基準

　行政裁量の有無をどのようにして判断するかですが，主に①根拠条文の文言，②処分の性質を考慮して行います。

　①については，「適当」や「相当の」というような不確定概念や，「〜できる。」という文言がある場合，具体的な判断基準や例示がない場合に，行政裁量が認められる場合が多いです。ここで注意してほしいのは，以上のような根拠条文の文言があるからといって，必ずしも行政裁量が認められるわけではないということです。「〜できる。」と文末にあっても，行政機関の処分の権限を定める趣旨であって，効果裁量が認められず，処分をすることが羈束（きそく）される場合もあります。根拠条文の文言のみを指摘して，行政裁量があると結論づける初学者が多いと思います。あくまで考慮要素のひとつにすぎない，という認識をもっておいてください。

　②については，国民に給付金を付与したり，通常国民に認められない権利を付与したりする授益的行為の場合には，広い行政裁量が認められる傾向にあります。国民に特別な地位を与えることから，行政庁の適切な判断が必要になるためです。したがって，通常国民に認められない権利を付与しなかったとしても，それは裁量の範囲内として適法になりえます。一方，本来国民が自由に行うことのできる行為の規制を解除する許可的処分については，そのような行為の規制は最小限度にとどめる必要があるため，行政裁量は狭いあるいは認められない傾向にあります。本来自由に行えるはずなのに，さまざまな行政上の必要性からその規制の解除が認められないとなれば，国民の権利を大きく制約することになりかねないからです。したがって，本来国民が自由に行うことのできる行為の規制を解除しなかった場合には，それは裁量権の範囲を逸脱するものであるとして違法になりえます。これは，行政裁量の有無を判断するに際して，重要な観点です。

　②については，「専門技術的判断」や「政治的判断」という文言を，よく答案に書くと思います。これらは使い勝手のよい文言で，行政裁量の問題ではつい使いがちになってしまいます。しかし，安易にこれらを使うのではなく，事案に即した文言を使うべきです。

　以上， 2 つの考慮要素をあげました。これらを総合的に考慮して，行政裁量の有無を判断しま

しょう。

2　本問の場合

　　本件不許可処分の根拠条文は，法21条3項です。「更新を適当と認めるに足りる相当の理由」
があるかという要件について，要件裁量の有無が問題となります。この文言はかなり抽象的なも
ので，なおかつ「相当の理由」についての判断基準や例示がまったくありません。そこで，①の
観点からは，要件裁量が認められる方向に傾きます。また，マクリーン事件（最大判昭和53年10
月4日民集32巻7号1223頁〔判例シリーズ19事件〕）は，「憲法上，外国人は，……在留の権利ない
し引き続き在留することを要求しうる権利を保障されているものでもないと解すべきである。」
としていることから，在留期間更新許可処分は，在留外国人に特別な地位を付与するものという
ことになります。さらに，前掲最大判昭和53年は，「法務大臣は，在留期間の更新の許否を決す
るにあたっては，外国人に対する出入国の管理及び在留の規制の目的である国内の治安と善良の
風俗の維持，保健・衛生の確保，労働市場の安定などの国益の保持の見地に立って，申請者の申
請事由の当否のみならず，当該外国人の在留中の一切の行状，国内の政治・経済・社会等の諸事
情，国際情勢，外交関係，国際礼譲など諸般の事情をしんしゃくし，時宜に応じた的確な判断を
しなければならないのであるが，このような判断は，事柄の性質上，出入国管理行政の責任を負
う法務大臣の裁量に任せるのでなければとうてい適切な結果を期待することができないものと考
えられる」ことを理由に，法21条3項は「法務大臣に一定の期間ごとに当該外国人の在留中の状
況，在留の必要性・相当性等を審査して在留の許否を決定させようとする趣旨に出たものであり，
そして，在留期間の更新事由が概括的に規定されその判断基準が特に定められていないのは，更
新事由の有無の判断を法務大臣の裁量に任せ，その裁量権の範囲を広汎なものとする趣旨からで
あると解される。」と結論づけています。そこで，②の観点からも，要件裁量が認められる方向
に傾きます。

　　以上①と②の観点から，法務大臣Yに要件裁量が認められることになります。前掲マクリーン
事件の文言をそのまま答案に書くことは難しいですが，判示の要点を理解して自分の言葉で答案
を書くことが重要です。

2　行政裁量の限界について

　　まず，裁量処分の適法性判断の枠組みにつき，行政事件訴訟法30条を指摘することが第一歩です。
もっとも，同条は抽象的なため，更に具体化された判断枠組みを示すことが必要です。その際，答
案例で示した判例による類型化を意識した論述ができれば，ほかの受験生に大きく差をつけること
ができるでしょう。そのため，判例を読む際には，その判例がどのような事例でどのような判断枠
組みによって事案を解決しているのかを意識するとよいでしょう。

　　次に，本件不許可処分の適法性の判断については，問題文の事情を使った具体的なあてはめが求
められます。問題文の事情を自分なりに評価し，本件不許可処分は，Yの不誠実な対応によるもの
であり，信義則違反として裁量権を逸脱・濫用したものであるという認定をしてください。その際，
Xの意に反して一方的に在留資格変更許可処分がなされたという事情がまず目につくでしょう。し
かし，いきなりその事情に飛びつくのではなく，あくまで訴訟追行のために認められた短期滞在と
いう在留資格に基づく在留期間申請を不許可とした処分が適法であるかを検討しているという点を
忘れず，答案例のように，形式的・原則的判断がなされた際にどのような問題点があるかを考える
姿勢を忘れないでください。

【参考文献】
試験対策講座3章2節②【2】(3)，4章3節②【3】(2)(a)。判例シリーズ5事件，19事件。

Xはマンションの建築を計画し，Y市に対して，マンションを建築（以下「本件建築」という）するために必要な建築基準法上の建築確認を得るために，建築確認の申請（以下「本件申請」という）をした。しかし，近隣住民は日照障害等をおそれ，本件マンションの建築に反対していた。もっとも，Y市に対して本件建築に反対する旨の陳述書の提出や反対運動までは行われていなかった。Y市職員AはXに対して，本来建築確認の要件として求められていないのに，近隣住民と話し合うように指導するとともに近隣住民の同意書を添付するように求め（以下「本件行政指導」という），Y市の建築主事Bは建築確認の要件を備えているにもかかわらず，建築確認を留保した。Xは本件行政指導に応じて，十数回にわたり近隣住民との話し合いをしようと努めた。しかし，近隣住民はこれに応じず，解決の見込みがないうえに，これ以上建築確認の留保が続けば重大な損害が生じるおそれがあるので，Xは，Bに本件行政指導に従わないことを伝えたうえで，建築確認の留保が違法であるとして建築審査会に審査請求を行った。しかし，BはXが本件行政指導に従わないことを理由に，建築確認の留保を継続した（以下「本件留保」という）。

　　Y市による本件留保の適法性を論じなさい。

　　なお，処分の留保が継続した場合にXに重大な損害が生じること，本件行政指導がY市の行政手続条例上の行政指導にあたることを前提としてよい。

【参照条文】
○Y市行政手続条例
（申請に関連する行政指導）
第33条　申請（法律に基づくものを含む。）の取下げ又は内容の変更を求める行政指導にあっては，行政指導に携わる者は，申請者が当該行政指導に従う意思がない旨を表明したにもかかわらず当該行政指導を継続すること等により当該申請者の権利の行使を妨げるようなことをしてはならない。

【解答へのヒント】
1　Xは建築留保を違法として審査請求を行いましたが，それでも処分の留保を継続することは許されるのでしょうか。行政処分の性質から考えてみましょう。
2　また，Xは行政指導に従って近隣住民との話し合いを行っているうえ，留保が継続すればXに重大な損害が生じることになります。それでも，Xは行政指導に従い続けなければならないのでしょうか。

1 本件行政指導は，地方公共団体であるY市の職員Aが行う
ものである。そのため，行政手続法3条3項により，同法33
条の適用はなく，Y市行政手続条例33条の適用を受ける。
そこで，本件留保が，Y市手続条例33条に違反しないかが，
問題となる。 5

(1) まず，本件行政指導は，近隣住民との話し合いや，近隣
住民の同意書の添付を求めるなど，本来，建築確認の申請
の要件となっていないことを求めているので，「申請……
の取下げ又は内容の変更を求める行政指導」にあたる。

(2) 次に，本問において申請者であるXが「当該行政指導に 10
従う意思がない旨を表明した」といえるか。「当該行政指
導に従う意思がない旨を表明した」の意義が問題となる。

ア まず，当該要件の趣旨は，行政指導が相手方の任意の
協力をもとに行うものであることから，任意性を確保す
る必要がある一方で，行政指導を行う公益上の必要性も 15
あるので，両者の調和を図ることにある。また，相手方
が単に不服従の意思を示すだけで行政指導が許されない
とすると，行政指導の機能が果たされないことになる。
そこで，「当該行政指導に従う意思がない旨を表明し
た」とは，確固たる不服従の意思が明確になった場合， 20
つまり，相手方が行政指導には応じられないとの意思を
真摯かつ明確に表明しているような場合をいうものと解
する。

イ 本問で，Xは十数回にもわたり近隣住民との話し合い
をしようと努めたが，近隣住民がこれに応じず，解決も 25
見込めないことから，Bに対して本件行政指導に従わな
いことを伝え，その意思を表明したといえる。これは，
Xが単なる一時的な感情のもつれや，交渉上の駆け引き
のために本件行政指導に従わない方針を決めたのではな
く，重大な損害を避けるためという真摯な理由により行 30
政指導に従わないことを決定したものと評価できる。ま
た，Xは，本件行政指導に従わないことをBに伝えたう
えで，建築審査会に審査請求しているのであるから，X
は自己の意思を明確に表明したと評価できる。
そのため，Xは本件行政指導には応じられないとの意 35
思を真摯かつ明確に表明したといえる。

ウ したがって，Xが「当該行政指導に従う意思がない旨
を表明した」といえる。

(3) では，本問において「行政指導を継続すること等により
当該申請者の権利の行使を妨げ」たといえるか。「行政指 40
導を継続すること等により当該申請者の権利の行使を妨げ
る」の意義が問題となる。

ア 建築確認は，基本的に裁量の余地のない確認的行為な
ので，要件をみたした場合は，建築主事はすみやかに確

論「当該行政指導に従う意思が
ない旨を表明した」の意義
➡問題提起

➡規範

➡あてはめ

➡結論

論「行政指導を継続すること等
により当該申請者の権利の
行使を妨げ」の意義
➡問題提起

認処分をしなければならない。   45
　　本問では，Y市の建築主事Bは，Xが建築確認の要件
を備えているにもかかわらず，建築確認を留保した。
　　したがって，本件留保はXの本件申請についての申請
権の行使を妨げているので，原則として「行政指導を継
続すること等により当該申請者の権利の行使を妨げるよ   50
うなこと」にあたる。

　　もっとも，行政指導を行う公益上の必要性の観点から，　　　➡規範
当該行政指導に対する申請者の不協力が，当該申請者が
受ける不利益と行政指導の目的とする公益上の必要性と
を比較衡量し，社会通念上正義の観念に反するものとい   55
えるような特段の事情が存在する場合には，例外的に，
違法とならないと解する。

　イ　本問では，確認処分の留保が継続すると，Xに重大な　　　➡あてはめ
損害が生じるおそれがあるので，本件行政指導に従うこ
とをこれ以上求めることは，Xにとって過大な負担を強   60
いることになる。また，Xは，本件行政指導に従い，十
数回にもわたり積極的に近隣住民との話し合いの場をも
とうとしているので，真摯な対応をしていたといえる。
　　さらに，Xが行政指導に従わない方針を決めたのは，近
隣住民がXとの話し合いに応じなかったことにより，住   65
民との間で解決が見込めず重大な損害が生じるおそれが
あったからであり，正当な理由に基づく。
　　他方で，近隣住民は反対運動などをして，本件建築に
対して激しく反対していたとの事情はない。したがって，
行政指導を継続する公益上の必要性は大きくない。   70
　　以上の事情を考慮すると，Xが行政指導に不協力であ
ることが社会通念上正義の観念に反するものといえるよ
うな特段の事情が存在するとはいえない。
　ウ　したがって，本件留保の違法性は否定されない。
2　よって，本件留保は，Y市行政手続条例33条に違反し違法   75   ➡結論
となる。

　　　　　　　　　　　　　　　　　　　　　　　以上

                                          80

                                          85

　本問は行政指導の継続と処分の留保の限界について問うものである。行政指導の継続と処分の留保の限界の論点は，品川マンション事件（最判昭和60年7月16日民集39巻5号989頁〔判例シリーズ33事件〕）があるので受験生であればおさえているところではある。もっとも，当時とは異なり行政手続法33条が新設されたので，この機会に行政手続法との関係を整理してほしい。また，司法試験2008（平成20）年公法系第2問および2011（平成23）年公法系第2問でも行政指導をテーマとした問題が出題されており，今後も出題される可能性がある。

■■ 論点 ■■

行政手続法33条の要件

■■ 答案作成上の注意点 ■■

1 行政指導の定義と特徴

　行政手続法2条6号は，行政指導を「行政機関がその任務又は所掌事務の範囲内において一定の行政目的を実現するため特定の者に一定の作為又は不作為を求める指導，勧告，助言その他の行為であって処分に該当しないもの」と定義しています。

　行政指導は，行政行為のように正式な行為形式ではなく，法的手段がない場合に行う，いわば非公式な手段です。このような性質から，以下のような特徴があります。

　行政指導は，強制力のない，単なる事実上の協力要請であって，非権力的な事実行為です。したがって，行政指導に法律の根拠は必要ないとされます。そして，法律の根拠が必要とされないということは，行政需要の変化に素早く反応し，法の不備を補いながら臨機応変な対応をすることができるということであり，この点が行政指導の長所といえます。

2 行政指導の限界

　行政指導に法律の根拠が必要ないとしても，行政指導には以下のような限界があると解されます。

　第1に，行政指導は，当該行政機関の組織法上の権原（所掌事務の範囲）内でなされなければなりません。この点について，行政手続法は「当該行政機関の任務又は所掌事務の範囲を逸脱してはならない」（32条1項）と規定しています。

　第2に，行政指導といっても，法律優位の原則に服します。すなわち，制定法の趣旨や目的に反するような行政指導は許されません。また，憲法上の一般原則である平等原則や比例原則等に反することも許されません。

　第3に，私人が自由意思で放棄することができない類の権利や利益の制限を求めることは許されません。たとえば，人身の自由や精神の自由は，人間の根幹に関わる権利であり，容易に放棄しうるものではないため，これらの自由に法定外の制限を求めることは，違法となります。

　第4に，行政指導は，強制にわたることがあってはなりません。行政指導はあくまで法的拘束力のない事実上の協力要請行為であって，要請内容は相手方の任意の協力で実現されるべきものです。したがって，制裁を伴うなど，行政指導が強制にわたる場合には，違法となります。

　第4の限界については，行政指導に不協力・不服従の意思を表明している建築業者につき建築計画の確認処分を留保した事案である品川マンション事件や，同様に行政指導に従わない意思を明確に示した建設会社との給水契約の締結を留保・拒否した事案である武蔵野マンション事件（最決平成元年11月8日判時1328号16頁〔判例シリーズ32事件〕）等，多数の判例が蓄積されています。判例の基本的な規範は，①行政指導が行われていることを理由に処分の留保などを行うことは，それだけでただちに違法にはならないが，②相手方が指導に従わない意思を明確に示した場合には，③特段

の事情がないかぎりその時点以降違法となる，というものです。裁判所がこのような判断をしてきたことをふまえて，行政手続法32条から34条までの規定が定められているので，確認しておきましょう。

　本問では，この第4の限界に関わる問題，特に②と③の要件について，詳しく検討することになります。

③　本問全体について

　まず，本件行政指導は地方公共団体が行う行為なので，行政手続法3条3項により同法33条が適用されず，同法33条と同旨のY市行政手続条例33条が適用されることを確認します。また，「申請……の取下げ又は内容の変更を求める行政指導」といえなければY市行政手続条例33条は適用されないので，簡潔にこの要件に触れたうえで，ほかの要件を確認していく必要があります。そして，Y市行政手続条例33条と同趣旨の行政手続法33条は，品川マンション事件をもとに定められたため，この判例を意識した解釈が求められるでしょう。

④　「当該行政指導に従う意思がない旨を表明した」について

　品川マンション事件判決では，確認処分の留保が違法となる場合のひとつとして，「行政指導にはもはや協力できないとの意思を真摯かつ明確に表明し」たことをあげています。この趣旨は，行政指導は本来相手方の任意の協力に基づくので，相手方の任意性が求められる一方で，行政指導によって実現される社会的価値の重要性から，両者の調和を図ることにあります。そして，「当該行政指導に従う意思がない旨を表明した」とは，判例のこの要件に対応して規定されたので，上記趣旨を示したうえで，判例と同様の判断基準を用いるとよいでしょう。

　あてはめでは，Xが近隣住民との話し合いを求めたが近隣住民がこれに応じなかったことや，XがBに本件行政指導に従わないことを伝えたこと，建築審査会に審査請求をしたことを考慮することが求められます。

⑤　「行政指導を継続すること等により当該申請者の権利の行使を妨げ」について

　まず，建築確認は基本的に裁量の余地のない確認的行為なので，要件をみたした場合は，建築主事はすみやかに確認処分をしなければいけません。

　しかし，本問では，Y市の建築主事Bは，Xが建築確認の要件を備えているにもかかわらず，建築確認を留保しています。

　したがって，本件留保はXの本件申請についての申請権の行使を妨げているので，原則として「行政指導を継続すること等により当該申請者の権利の行使を妨げるようなこと」にあたるといえるでしょう。このことをまずは，答案に示すべきです。

　もっとも，品川マンション事件は違法となる場合として，「当該建築主が受ける不利益と右行政指導の目的とする公益上の必要性とを比較衡量して，右行政指導に対する建築主の不協力が社会通念上正義の観念に反するものといえるような特段の事情が存在しない限り」と述べています。

　この趣旨は，相手方が少しでも不協力の姿勢を示した場合に，それ以後の行政指導の継続がいっさい許されなくなるとするのは，臨機応変に行政需要に応じるという行政指導の機能を発揮する余地があまりにも狭くなってしまい，妥当でない点にあると考えられます。しかも，行政指導は公益という行政需要を実現するためになされる行政活動であるため，相手方が不協力の姿勢を明確に示したとしても，その不協力の態様によっては，公益実現の必要性を優先し，行政指導を継続すべき場合もあるでしょう。以上のような観点から，判例は上記特段の事情があれば違法性が認められないとした，と考えられます。

　そうだとすれば，上記のような事情があれば違法性が否定されます。そこで，上記趣旨を示したうえで判例と同様の判断基準を用いるとよいでしょう。

　あてはめでは，建築確認が留保されるとXに重大な損害が生じることや，Xが近隣住民との話し合いを求めたが近隣住民がこれに応じなかったこと，反対運動等までは行われなかったことを考慮

することが求められます。

【参考文献】
試験対策講座4章4節②【4】。判例シリーズ33事件。

第8問 A   公表と法律留保の原則

　XはY町において温泉施設（以下「本件温泉施設」という）を開設した。Y町は全国的に有名な温泉街であり，本件温泉施設の利用者は1日あたり200人程度と経営は好調であった。ところが，Xの本件温泉施設開設の2か月後に行われたY町上水道企業団の調査により，地下水の塩素イオン濃度が急激に上昇していることが明らかとなり，町民の間に不安が広がった。そのため，Y町はXに対し，温泉排水の地下浸透処理を中止して，Y町を流れる甲川の流域外に処理するよう要請（以下「本件要請」という）したが，Xは，塩素イオン濃度上昇の原因が本件温泉施設の地下浸透処理によるとの科学的根拠がないとして，これを拒否した。そこで，Y町の保健所長Aは，甲川流域における塩素イオン濃度の上昇を防ぎ，町民に早急に情報の提供をする必要があると考えたことから，塩素イオン濃度上昇の原因が温泉排水の影響による可能性があること，および今後の影響の拡大が懸念されるという旨をホームページ上に公開した。町民の間で，塩素イオン濃度の上昇の原因は本件温泉施設の温泉排水によるものだという噂が広がり，売上げが落ち込んだことから，Xは地下浸透処理を中止する設備の変更を余儀なくされた。しかし，その後，塩素イオン濃度上昇の原因は台風による風送塩であることが判明したため，Aは上記公表内容をホームページから削除した。なお，Aの行った公表には法律の根拠がなかった。

　Aが行った公表の適法性について，本件要請の法的性質を明らかにしたうえ，法律留保の原則の観点から論じなさい。

【解答へのヒント】

　問題文には「公表には法律の根拠がなかった」という記述がありますが，そもそもどのような場合に法律の根拠は必要でしょうか。この点，法律の留保の原則の適用範囲につき学説は多岐に分かれていますが，侵害的な行政活動につき法律留保の原則が及ぶことについては一致しています。そこで，侵害的行政活動の定義を確認し，本問の公表が侵害行政にあたるかどうかを検討してみてください。

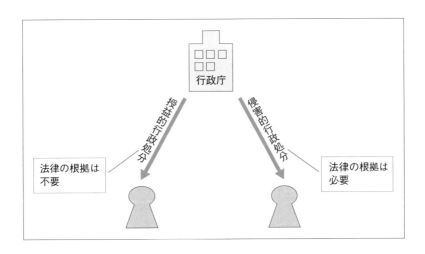

1　温泉排水が地下水の塩素イオン濃度上昇の原因となっている可能性があることを，Aは法令上の根拠なくY町のホームページ上に公表している。そこで，この公表（以下「本件公表」という）は法律留保の原則に反し，違法ではないか。法律留保の原則の及ぶ範囲が問題となる。　　　　　　　　　5

論公表と法律の留保

2　この点について，行政活動のすべてについて法律留保の原則が及び，法律の根拠が必要であると考えると，円滑な行政運営を害し妥当ではない。

そこで，円滑な行政運営と自由主義の調和の見地から，国民の権利を制限し，義務を課す侵害的な行政活動についてのみ法律の留保が及び，法律の根拠が必要となると考える（侵害留保説）。　　　　　　　　　　　　　　　10

そうすると，公表は事実を伝える非権力的な事実行為にすぎず，国民の権利を制限し義務を課すものであるとはいえないため，法律留保の原則が及ばないとも思える。　　　　15

もっとも，公表には，①情報提供を主たる目的として行われるものと，②違反行為や行政指導への不服従等に対する制裁を主たる目的として行われるものがある。そして，行政指導への不服従等に対する制裁としてなされる場合，国民に公表による社会的信用の失墜や経済的損失等を回避するため行　　20政指導への服従を間接的に強制させるに等しい。これは，実質的に国民の権利を制限し義務を課すものといえるから，法律留保の原則を及ぼすべきである。

そこで，行政指導に従わない場合に，制裁を目的として公表が行われたときには，当該公表に法律の留保が及び，法律　　25の根拠が必要であると考える。

➡規範

➡規範

3　では，本件公表に法律留保の原則が及ぶか。

まず，本件要請はY町上水道企業団という「行政機関」が，Y町の地下水の保全・管理という「所掌事務の範囲内において」，温泉排水の地下浸透処理の中止という「不作為」を求　　30める行政指導にあたる（行政手続法2条6号）。

そうすると，本件公表は，行政指導に対するXの不服従を受けてなされたものであるといえる。

しかし，Aが本件公表をした目的は，あくまでも塩素イオン濃度の上昇を防ぐこと，町民に早急に情報の提供をするこ　　35とにある。また，本件公表は本件温泉施設を特定したものではなく，本問でAが公表を行うにあたってXに対し制裁を与えようとしていた事情はうかがえない。

そうだとすると，Aが行った公表は，②制裁を目的としたものではなく，塩素イオン濃度の上昇を防ぐために①情報提　　40供を主たる目的として行われたものであるといえる。したがって，Aが行った公表には法律留保の原則は及ばない。

よって，Aが行った公表は適法である。

以上

➡あてはめ

➡結論

　本問は，那覇地判平成20年9月9日判時2067号99頁を題材にした。公表は事実行為であり，国民に対する情報提供という観点からは望ましいものである。しかし，公表内容によっては，私人の名誉や信用を損なうおそれがあり，また行政指導の実効性を確保する手段として行政指導と結合して用いられることも多いため，法令による統制の必要も考えられる。そこで，公表制度に関する知識・理解を確認してもらうため出題した。なお，公表に関する問題は司法試験2008（平成20）年公法系第2問でも出題されているため，公表制度の問題点について，本問を素材にしっかりと考えてほしい。

論点

公表と法律留保の原則

答案作成上の注意点

1　はじめに

　問題文に「法律留保の原則の観点から論じなさい。」との指定があるので，まずは法律留保の原則の及ぶ範囲について論証する必要があります。この点，学説は多岐に分かれていますが，答案においてそれらの学説について逐一触れる必要はありません。予備試験や司法試験においては，答案の結論を導くのに必要な範囲で学説に言及すれば十分です。したがって，法律留保の原則が及ぶ範囲については，自説を積極的な理由づけとともに論じられるようにしてください。この点，実務は侵害留保説なので，答案上もこの立場に立てばよいでしょう。

　なお，近時は，侵害行政プラスαの範囲についても法律の授権を必要とする範囲を広げる学説が増えています。そのなかでも有力なのが重要事項留保説です。この理論は，①自由主義的見地から多様な見解を統合できる国会での審議過程が自由主義的見地から要請される事項，②公開性に優れた国会において審議・決定されるにふさわしい事項について，法律留保の原則を及ぼすべきという考え方であり，①の例としては，国民に事実上の重大な不利益を及ぼす制裁的氏名公表，②の例としては，国民の将来を規定する国土計画があげられます。しかし，本問では氏名自体を公表しているわけではないため重要事項留保説を展開する実益もないですし，また重要事項留保説自体，基準としての明確性に欠けるといった指摘もなされているため，答案上はこの説によらないほうが無難でしょう。

2　本問について

　侵害留保説に立ったうえで，公表が侵害的行政活動に該当するのであれば，本件公表は法律の留保の原則に反し違法となります。そこで，公表の法的性質について検討してみると，信用喪失による経済的不利益といった公表に伴う効果は，法的なものではなく事実上のものにすぎないため，公表は非権力的な事実行為です。そこで，公表には法律留保の原則が及ばず，何の違法性もないということになりそうです。しかし，公表によって実際に私人は不利益を被るのに，行政が法律の根拠なしに好き勝手に公表できるというのでは，自由主義的見地からあまりに問題があります。そこで，いわゆる「制裁的公表」の場合には法律留保の原則が及ぶことを論証していくことになります。制裁的公表の論点について思いつかなかったならば，東京高判平成15年5月21日判時1835号77頁を参照してみてください。当該裁判例は，行政庁の行った公表について，「関係者に対し，行政上の制裁等，法律上の不利益を課すことを予定したものでなく，これをするについて，明示の法的根拠を必要としない」としています。このことから逆に，行政上の制裁を目的とした公表については法的根拠が必要だという規範を導くことができます。この点，公表は，違反行為等や行政指導への不服

従に対する制裁として，違反行為の抑止や行政指導の実効性確保のために行われることがよくあります。このような場合の公表は，国民に公表による社会的信用の失墜や経済的損失等を回避するため行政活動への服従を間接的に強制させるに等しく，実質的に国民の権利を制限し義務を課すものといえるので，理論的にも法律の根拠が必要だということになります。

　そのうえで，本件公表が制裁を目的とするものであるか，問題文の事実に照らして検討してみましょう。まず，問題文の指示に従って本件要請の法的性質を明らかにする必要がありますが，要請との文言からしても行政指導にあたることは明らかであるので，行政手続法2条6号の要件に従って端的にその該当性を検討しましょう。

　本件要請が行政指導にあたることを述べたうえで，本件公表が行政指導の実効性確保のための制裁を目的とするものであった場合には，本件公表は法律留保の原則に反して違法となります。しかし，問題文でも記載されているとおり，本件公表の目的は，塩素イオン濃度の上昇を防ぐこと，および町民に早急に情報の提供をすることにあります。また，本件温泉施設の名前を特定して公表したわけではないことからも，本件公表は制裁を主たる目的とするものではなく，情報の提供のために行われたものであるとするのが筋です。本件温泉施設が町民によって，問題となっている温泉排水の原因施設として事実上特定されてしまったという事実は，公表の仕方が不適切であったとして公表の違法性を認めうる事情にはなりますが，公表が制裁を目的とするものであったという方向には必ずしも傾かないでしょう。実際に前掲東京高判平成15年も，法律留保の原則は及ばないとしたうえで，私人の営業利益の侵害を容易に予測することができたのにもかかわらず，国民の誤解を招くような誤った方法で公表を行ったことについて，国家賠償法上は違法と評しています。

　なお，行政指導に従う義務はないことから，行政指導に従わないことを理由としてなされる公表は，厳密には義務履行確保の場面ではないことに注意しましょう。

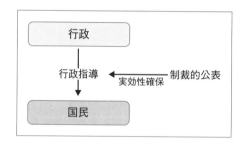

【参考文献】
試験対策講座3章1節，4章4節②【1】，5章2節④。

第9問 A 理由の提示

　　Xは、Y県A市所在の自己所有地につき、温泉採掘の許可をY県知事に申請した。温泉法第4条第1項第3号は「申請に係る掘削が公益を害するおそれがあると認めるとき」には知事が温泉採掘の許可を拒否できることを定めているところ、Y県知事はXの申請した掘削は同号に該当すると判断した。

　　そこで、Y県知事は、Xに対し「温泉法第4条第1項第3号に基づき不許可とする。」との理由を付記したうえで、申請に対して不許可処分（以下「本件処分」）を行った。

　　これに対して、Xが、Y県知事の手続的瑕疵を理由に本件処分の取消訴訟を提起した場合、取消事由は認められるか。

【解答へのヒント】

1　Y県知事の付記した理由に不十分な点がないか検討してみましょう。

2　理由の提示の趣旨を考え、どの程度の理由が示されるべきであったのかを、判例を想起しながら考えてみましょう。

3　手続的瑕疵があるとき、どのような場合に取消事由となるかを考えてみましょう。

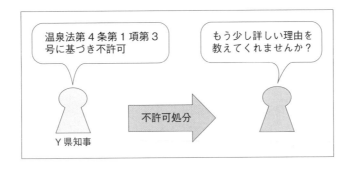

1 理由提示の瑕疵

　本件処分は，Xの申請に対する拒否処分なので，行政手続法8条1項により，当該処分の理由の提示が求められる。しかし，Y県知事は，Xに対し「温泉法第4条第1項第3号に基づき不許可とする。」との理由のみを付記して，Xの申請を拒否している。このような理由のみでは不十分ではないか，理由提示の程度が問題となる。

　　(1)　一般に，どの程度の理由の提示をすべきかは，処分の性質と理由付記を命じた各法律の規定の趣旨・目的に照らしてこれを決定すべきである。

　　　同項が理由の提示を定めた趣旨は，行政庁の判断の慎重性・合理性を担保し恣意を抑制するとともに，処分の理由を被処分者に知らせ，不服申立て等で争う場合の便宜を与える点にある。

　　　そこで，理由の提示の程度としては，いかなる事実関係に基づいて，いかなる法規を適用して処分を行ったのかということが，被処分者において，その記載自体から了知しうる程度に具体的に記載されていることが必要であるといえる。

　　(2)　本問において，Y県知事の提示した理由は，「温泉法第4条第1項第3号に基づき不許可とする。」というものであるところ，これではいかなる事実関係に基づいて温泉法4条1項3号が適用されたのかが不明である。

　　　また，同号の基準は「申請に係る掘削が公益を害するおそれがあると認めるとき」というものであって，数量的指標その他の客観的事情により明確に定められている基準ではないため，行政手続法8条1項ただし書の適用はない。

　　　したがって，Y県知事の示した理由では不十分であり，Xに対する本件処分には，行政手続法8条1項違反の瑕疵があるといえる。

2 取消事由該当性

　　(1)　では，上記理由提示の瑕疵は本件処分の取消事由となるか。

　　　これについて，行政処分の安定性の観点から，行政手続法の規定する重要な手続を履践しないで行われた処分は，特段の事情のないかぎり，取消事由があると解する。

　　(2)　理由の提示は，上述のとおり，行政庁の恣意抑制および不服申立便宜を図る重要な手続である。また，本問において，特段の事情はない。

　　　したがって，Y県知事の理由提示の瑕疵は，Xに対する本件処分の取消事由となるといえる。

以上

（論）申請に対する理由の提示の瑕疵

➡規範

➡あてはめ

➡結論

（論）手続の瑕疵と行政処分の効力

➡規範

➡あてはめ

➡結論

　行手法は，処分における手続を明確に定めている。なかでも，審査基準の設定や理由の提示は重要な手続であり，典型的な論点でもある。理由の提示は，確立した判例法理のあるところであり（最判昭和60年1月22日民集39巻1号1頁〔百選Ⅰ121事件〕参照），試験との関係ではその理解が必須である。出題歴としては，予備試験2012（平成24）年および2016（平成28）年があげられる。

　本問は，温泉採掘の許可を題材に，上記判例法理を十分に理解しているか，また取消事由との関係を理解しているかを問う趣旨で出題した。

論点

1　申請に対する理由の提示の瑕疵
2　手続の瑕疵と行政処分の効力

答案作成上の注意点

① はじめに

　今回問題となっているのは，温泉採掘の許可申請に対する知事の拒否処分ですが，これは「申請に対する処分」（行政手続法第2章）に該当します。第10問で登場する「不利益処分」（行政手続法第3章）ではありません。適用条文が変わってくるため，この点についてはっきり区別をしておきましょう。

　また，知事の処分の手続に瑕疵があるかという問題と，瑕疵が取消事由になるかという問題は異なるものです。これについてもはっきり区別しておく必要があります。

② 理由の提示の瑕疵

1　判断基準

　行政手続法8条1項は，申請に対して許否処分をする場合には，申請者に対し，処分の理由を示さなければならないとしていますが，どの程度の理由を示さなければならないのかについては明確にしていません。

　これについて，前掲最判昭和60年は，「どの程度の記載をなすべきかは，処分の性質と理由付記を命じた各法律の規定の趣旨・目的に照らしてこれを決定すべきである」と述べています。そして，旅券法が一般旅券発給許否通知に拒否の理由を付記すべきとしているのは，①処分庁の判断の慎重・合理性を担保してその恣意を抑制する（恣意抑制）とともに，②処分の理由を相手方に知らせて不服の申立てに便宜を与える（不服申立便宜）趣旨にあるとしたうえで，このような趣旨にかんがみれば，「いかなる事実関係に基づきいかなる法規を適用して一般旅券の発給が拒否されたかを，申請者においてその記載自体から了知しうるものでなければならず，単に発給拒否の根拠規定を示すだけでは，それによって当該規定の適用の基礎となった事実関係をも当然知りうるような場合を別として，旅券法の要求する理由付記として十分でない」としています。

　この判例が示している法理は，行政手続法制定前に確立された判例法理ですが，行政手続法8条がこのような判例の法理を一般化したものであることから，行政手続法制定下においても，この判例は妥当するといえます。また，不利益処分の理由提示に関する行政手続法14条についても，この法理は妥当すると解されています。

2　あてはめ

　前掲最判昭和60年は，「旅券法13条1項5号の規定を根拠に一般旅券の発給を拒否する場合には，申請者に対する通知書に同号に該当すると付記するのみでは足りず，いかなる事実関係を認定して申請者が同号に該当すると判断したかを具体的に記載することを要する」と述べたうえで，

「旅券法13条1項5号に該当する。」との理由を付した通知書は理由付記の要件を欠くとしています。

　本問において，Y県知事は，Xに対し「温泉法第4条第1項第3号に基づき不許可とする。」との理由しか付しておらず，上記判例に従えば理由付記の要件を欠き，行政手続法8条1項に違反することになります。

　なお，温泉法4条1項3号は「申請に係る掘削が公益を害するおそれがあると認めるとき」と定めるのみで，基準が数量的指標その他の客観的指標により明確に定められているとはいえないため，行政手続法8条1項ただし書の適用はありません。

③ 手続の瑕疵と行政処分の効力

1　判断基準

　行政処分において手続の瑕疵があった場合，いかなる瑕疵でも処分の取消事由になるとしてしまうと，あまりにも行政処分の安定性を害してしまいます。そこで，重要な手続を履践しないで行われた処分は，特段の事情のないかぎり，取消事由があると解されます（東京高判平成13年6月14日判時1757号51頁参照）。

　ここで，「重要な手続」とは何かが問題となるところ，理由付記の不備については，判例がただちに処分の取消事由となるとしているため（最判平成23年6月7日民集65巻4号2081頁〔百選Ⅰ120事件〕参照），「重要な手続」といえます。その他の手続の瑕疵については判例がありませんが，学説上は，①告知・聴聞，②理由の提示，③文書閲覧，④審査基準の設定・公表という，いわゆる適正手続4原則について，行政手続法において明確に行政庁の作為義務として認められた「重要な手続」と考えるのが有力です。

2　あてはめ

　本問における手続の瑕疵は理由付記の不備であるため，判例に従えばただちに処分の取消事由になると考えられます。また，このような判断を覆すような特段の事情も本問ではみあたりません。

【参考文献】
試験対策講座5章2節②【4】。

第10問 A　理由の提示と処分基準の関係

　　国土交通大臣Yは，当時の建築士法第10条第1項第2号および第3号に基づき，一級建築士であったXの一級建築士免許取消処分（以下「本件免許取消処分」という）を行った。本件免許取消処分は処分基準として定められた「建築士の処分について」に従ってなされたものであるが，その処分要件は抽象的で，処分基準は多様な事案に対応すべくかなり複雑につくられており，また，どの処分がなされるのかも処分庁に委ねられていた。このような状況のもとで，本件免許取消処分に提示された理由に原因となる事実関係と処分基準の適用関係が示されていなかった場合，Xは本件免許取消処分が行政手続法第14条第1項本文に反し違法であると主張できるか。

【解答へのヒント】

　　処分基準が定められていることに注意して，理由の提示がどの程度求められるのか，規範を立てたうえで，本問の事実関係に沿ってあてはめてみましょう。その際，処分基準が抽象的・複雑であることや行政庁に裁量があることがどのように影響を与えるのかを丁寧に考えてみましょう。

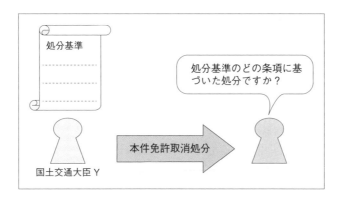

答案例

1　Xの主張は認められるか。行政手続法14条1項本文は，不利益処分をする場合に，名宛人に対して処分の理由を示すことを求めているところ，どの程度の理由を示すべきかが問題となる。

論 理由の提示と処分基準の関係

(1)　これについて，行政手続法14条1項が理由提示を求めている趣旨は，名宛人に直接義務を課しまたはその権利を制限するという不利益処分の性質にかんがみ，行政庁の判断の尊重と合理性を担保してその恣意を抑制するとともに，処分の理由を名宛人に知らせて不服の申立てに便宜を与える点にあると解される。そこで，どの程度の理由を提示すべきかは，当該処分の根拠法令の規定内容，当該処分にかかる処分基準の存否および内容ならびに公表の有無，当該処分の性質および内容，当該処分の原因となる事実関係の内容等を総合考慮して決定すべきである。

➡規範

(2)　本問において，当時の建築士法10条1項2号および3号の定める処分要件はいずれも抽象的であるうえ，これらに該当する場合に同項所定のいずれの処分を選択するかも処分行政庁の裁量に委ねられている。しかも，本問の処分基準である「建築士の処分について」（以下「本件処分基準」という）の内容は多様な事案に対応すべくかなり複雑なものとなっている。そうすると，建築士に対する懲戒処分に際しては，処分の原因となる事実および処分の根拠法条に加えて，本件処分基準の適用関係が示されなければ，処分の名宛人において，いかなる理由に基づいてどのような処分基準の適用によって当該処分が選択されたのかを知ることは困難である。

➡あてはめ

しかし，本問では原因となる事実関係と本件処分基準の適用関係が示されておらず，いかなる理由に基づいてどのような処分基準の適用によって免許取消処分が選択されたのかを知ることはできないといわざるをえず，理由提示を要求する行政手続法14条1項の趣旨は害される。

したがって，このような本問の事情のもとにおいては，行政手続法14条1項本文の趣旨に照らし，同項本文の要求する理由提示としては不十分であり，本件免許取消処分は同項本文の定める理由提示の要件を欠いた違法な処分である。

2　よって，Xの主張は認められる。

➡結論

以上

5

10

15

20

25

30

35

40

第9問で述べたとおり，理由の提示は典型かつ重要な論点である。

本問は，不利益処分の理由の提示の判例として著名な最判平成23年6月7日民集65巻4号2081頁（百選Ⅰ120事件）の事案をもとに，処分基準と理由の提示の関係の理解を問う趣旨で出題した。この論点は，第9問で扱ったテーマと並んで，理由提示に関するもうひとつの重要テーマであり，試験との関係において必ずマスターしておく必要がある。

論点

理由の提示と処分基準の関係

答案作成上の注意点

① はじめに

行政手続法14条1項は，8条1項と同様に，不利益処分について理由の提示を求めています。

理由の提示に関しては，第9問で示したとおり，確立した判例理論があります。すなわち，①理由の提示の趣旨は，処分庁の判断の慎重・合理性を担保してその恣意を抑制する（恣意抑制）とともに，処分の理由を相手方に知らせて不服の申立てに便宜を与える（不服申立便宜）点にあること，②どの程度の記載をすべきかは，処分の性質と理由付記を命じた各法律の規定の趣旨・目的に照らしてこれを決定すべきであること，③①と②によれば，いかなる事実関係に基づきいかなる法規を適用して処分がなされたかを，相手方がその記載自体からはっきりと理解できるものであることです。

それでは，審査基準や処分基準がある場合に，そういった基準の適用関係まで示す必要があるのでしょうか。上記判例理論は行政手続法制定前に確立したものであり，行政手続法によって新たに審査基準の制定が法的義務（5条1項），処分基準の制定が努力義務となったため（12条1項），理由の提示と処分基準の関係という論点が生じてきました。

② 理由の提示の瑕疵

1 判断基準

前掲最判平成23年は，本問と同様の事案において，「行政手続法14条1項本文が，不利益処分をする場合に同時にその理由を名宛人に示さなければならないとしているのは」「行政庁の判断の慎重と合理性を担保してその恣意を抑制するとともに，処分の理由を名宛人に知らせて不服の申立てに便宜を与える趣旨に出たもの」としたうえで，「どの程度の理由を提示すべきかは，上記のような同項本文の趣旨に照らし，当該処分の根拠法令の規定内容，当該処分に係る処分基準の存否及び内容並びに公表の有無，当該処分の性質及び内容，当該処分の原因となる事実関係の内容等を総合考慮してこれを決定すべきである。」としています。

これは，上記判例法理のうち，①の妥当性を確認したうえで，②③を処分基準に対応するように再構成したものであり，理由の提示と処分基準の関係を示す基準となるといえます。したがって，答案においても，この判例に沿った基準を定立することが求められます。

なお，行政手続法上，審査基準と処分基準が同様の機能を果たすことからすると，この判例が示した基準は，理由の提示と審査基準の関係を示す基準としても妥当すると解されます。

2 あてはめ

前掲最判平成23年は，建築士法の定める処分要件が抽象的であるうえ，要件に該当する場合にどの処分を選択するかも処分行政庁の裁量に委ねられていること，処分基準が定められているところ，当該基準は，意見公募手続など適正を担保すべき手厚い手続を経たうえで定められて公に

されており，その内容は多様な事例に対応すべくかなり複雑なものとなっていることを事情として考慮しています。

　そのうえで，「建築士に対する上記懲戒処分に際して同時に示されるべき理由としては，処分の原因となる事実及び処分の根拠法条に加えて，本件処分基準の適用関係が示されなければ，処分の名宛人において，上記事実及び根拠法条の提示によって処分要件の該当性に係る理由は知り得るとしても，いかなる理由に基づいてどのような処分基準の適用によって当該処分が選択されたのかを知ることは困難であるのが通例」と述べ，結論として，処分基準の適用関係が示されていない免許取消処分に理由提示の瑕疵があるとしています。

　したがって，本問においても，判例に従った事情の考慮をしたうえで，理由提示の瑕疵があるとするのが妥当です。

【参考文献】
試験対策講座5章2節③【3】。

第11問 B 諮問機関の審理手続の瑕疵と行政処分の効力

　　Xは運輸大臣Yに対し，道路運送法第5条により一般乗合旅客自動車運送事業の免許の申請をした。Yは運輸省設置法第6条に基づき運輸審議会にこれを諮問したところ，同審議会は公聴会（以下「本件公聴会」という）を開催し，Xおよび利害関係人の意見を聴取したうえで，申請は却下するのが相当である旨の答申をした。Yはこれに基づき，Xの申請を却下した。

　　本件公聴会の審理においては，Xの事業計画やその根拠資料における問題点を具体的に明らかにし，Xにこれらの補充資料や釈明を提出させるための措置はとられていなかったが，かりにそのような措置がとられていたとしても，Xが提出できる資料や釈明はなかった。

　　申請の却下を受けて，Xは，本件公聴会の審理に瑕疵があることから，Yによる申請却下処分には取消事由があると主張し，取消訴訟を提起した。取消事由は認められるか。

　　なお，運輸審議会一般規則第1条によれば，運輸審議会は，事案に関し，できるかぎり公聴会を開き，公平かつ合理的な決定をしなければならないとされている。

【資料】
○旧運輸省設置法（昭和24年法律第157号）（抜粋）
第6条　運輸大臣は，左に掲げる事項について必要な措置をする場合には，運輸審議会にはかり，その決定を尊重して，これをしなければならない。
　　一～六　（略）
　　七　自動車運送事業の免許若しくはその取消又は事業の停止

＊　現在は，運輸省および運輸省設置法は廃止されているが，問題の都合上そのまま掲載した。

【解答へのヒント】
1　公聴会の開催が求められている趣旨を考えながら，本件公聴会の審理に瑕疵があるかどうかを考えてみましょう。
2　諮問の趣旨を考えながら，公聴会の審理に瑕疵がある場合に，それが申請却下処分の効力にどのような影響を与えるかを考えてみましょう。

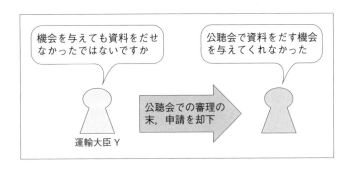

1 本件公聴会の審理の瑕疵の有無

本件公聴会の審理に瑕疵があるといえるか。

論 諮問機関における審理手続
の瑕疵

運輸審議会において，公聴会の審理が要求されている趣旨
は，免許の許否に関する運輸審議会の客観性のある適正かつ
公正な決定を保障することにある。この趣旨にかんがみると，5
運輸審議会の公聴会における審理手続もまた，当該趣旨に沿
って，決定の基礎となる諸事項に関する諸般の証拠その他の
資料と意見を十分に提出してこれを審議会の決定に反映させ
ることを実質的に可能ならしめるようなものでなければなら
ない。10

→ 規範

本問についてこれをみるに，Xの申請についての運輸審議
会において，本件公聴会の審理では，Xの事業計画やその根
拠資料における問題点を具体的に明らかにし，Xにこれらの
補充資料や釈明を提出させるための措置はとられていなかっ
た。15

→ あてはめ

したがって，この点で，本件公聴会の審理には瑕疵がある
といえる。

→ 結論

2 申請却下処分の取消事由の有無

もっとも，運輸審議会の公聴会の審理は行政手続法で明確
に定められている重要な手続とはいえず，あくまで処分の内 20
容の適正さを担保するための手続にすぎないところ，上記瑕
疵はYによる申請却下処分の取消事由となるか。

論 諮問機関の審理手続の瑕疵
と行政処分の効力

一般に，行政庁が行政処分をするにあたって，諮問機関に
諮問し，その決定を尊重しなければならない旨を法が定めて
いるのは，当該行政処分の客観的な適正妥当と公正を担保す 25
るためである。そこで，行政処分が諮問を経ないでなされた
場合や，これを経ていても，当該諮問機関の審理，決定の過
程に重大な法規違反があり，その決定自体に法が当該諮問機
関に対する諮問を経ることを要求した趣旨に反すると認めら
れるような瑕疵があるときは，これを経てなされた処分に取 30
消事由があると解すべきである。

→ 規範

本問において，たしかにXに対しては補充資料や釈明を提
出させる措置はとられていない。しかし，かりにそのような
措置がとられていたとしても，Xが提出できる資料や釈明は
なく，審理の結果に影響を及ぼす可能性はなかった。よって，35
運輸審議会の審理，決定の過程に重大な法規違反があったと
はいえず，審理の結果に基づく運輸審議会の答申自体に行政
処分の客観的な適正妥当と公正を担保するという，公聴会審
理を要求する法の趣旨に反する瑕疵があるということはでき
ない。40

→ あてはめ

したがって，当該答申に基づきなされたYによる申請却下
処分に，取消事由はないといえる。

以上

→ 結論

　本問は，群馬中央バス事件（最判昭和50年5月29日民集29巻5号662頁〔判例シリーズ40事件〕）をベースに，諮問機関における審理手続の瑕疵と行政処分の効力についての理解を問う趣旨で出題した。この論点は，諮問手続の趣旨や公聴会の趣旨を考える点で行政法の根本の理解に関わる論点であり，重要なテーマといえる。また，司法試験の2021（令和3）年公法系第2問においても出題されており，試験との関係においても重要度が増している。

　なお，運輸省および運輸省設置法は現在では廃止されているが，問題の都合上そのまま掲載した。

■■ 論点 ■■

1　諮問機関における審理手続の瑕疵
2　手続の瑕疵と行政処分の効力

■■ 答案作成上の注意点 ■■

1　はじめに

　第9問で述べたとおり，行政処分の手続に瑕疵があるかという問題と，瑕疵が取消事由になるかという問題は別であり，はっきり区別する必要があります。そこで，本問では，諮問機関たる運輸審議会の審理手続に瑕疵があるかという問題と，このような瑕疵が申請却下処分の取消事由となるかという問題に分けて考えていきましょう。

2　諮問機関における審理手続の瑕疵

1　判断基準

　群馬中央バス事件は，「公聴会の審理を要求する趣旨が，前記のとおり，免許の許否に関する運輸審議会の客観性のある適正かつ公正な決定（答申）を保障するにあることにかんがみると……運輸審議会の公聴会における審理手続もまた，」このような趣旨に沿って，「決定の基礎となる諸事項に関する諸般の証拠その他の資料と意見を十分に提出してこれを審議会の決定（答申）に反映させることを実質的に可能ならしめるようなものでなければならない」と述べています。

　答案でもこの基準を示す必要がありますが，判例の文言をただ一字一句暗記して記述するのではなく，公聴会の審理が要求されているのはなぜなのか，どの程度の手続保障が必要となるのかという要点を理解して示すことが重要です。

2　あてはめ

　群馬中央バス事件は，公聴会審理において，申請者の事業計画ならびにその根拠資料に関する問題点または難点を具体的に明らかにし，申請者にこれらの点についての補充資料や釈明を提出させるための措置がとられていなかったことについて，公聴会審理が主張立証の機会を与えるにつき必ずしも十分でないところがあったと判断しています。

　答案では，このような判断に従って，審理手続に瑕疵があったと評価するのが妥当です。

3　諮問機関の審理手続の瑕疵と行政処分の効力

1　判断基準

　第9問でも述べたとおり，行政処分において手続の瑕疵があった場合，いかなる瑕疵でも処分の取消事由になるとしてしまうと，あまりにも行政処分の安定性を害してしまいます。そこで，重要な手続を履践しないで行われた処分は，特段の事情のないかぎり，取消事由があると解されます（東京高判平成13年6月14日判時1757号51頁参照）。

　そして，「重要な手続」とは何かについて，学説上は，①告知・聴聞，②理由の提示，③文書

閲覧，④審査基準の設定・公表という，いわゆる適正手続4原則を，行政手続法において明確に行政庁の作為義務として認められた「重要な手続」と考えるのが有力です。

　この学説に従うと，本問で瑕疵があったとされる諮問機関の審理手続は，行政手続法において行政庁の作為義務として定められていない手続であり，あくまで処分の内容の適正さを担保するための手続にすぎないため，「重要な手続」ではないということになります。したがって，瑕疵があったからといって，ただちに処分に取消事由があるということにはならず，その瑕疵が処分の結果に影響を与える場合にのみ，処分に取消事由があるということになります。

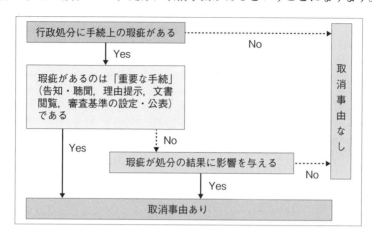

　群馬中央バス事件は行政手続法制定前の判例ですが，「一般に，行政庁が行政処分をするにあたって，諮問機関に諮問し，その決定を尊重して処分をしなければならない旨を法が定めているのは，処分行政庁が，諮問機関の決定（答申）を慎重に検討し，これに十分な考慮を払い，特段の合理的な理由のないかぎりこれに反する処分をしないように要求することにより，当該行政処分の客観的な適正妥当と公正を担保することを法が所期しているためである」としたうえで，①行政処分が諮問を経ないでなされた場合はもちろん，②これを経た場合においても，当該諮問機関の審理，決定の過程に重大な法規違反があることなどにより，その決定自体に法が当該諮問機関に対する諮問を経ることを要求した趣旨に反すると認められるような瑕疵があるときは，これを経てなされた処分も違法として取消しを免れないこととなるものと解するのが相当と判断基準を示しており，瑕疵が処分の結果に影響を与える場合に，処分の取消事由になるという考え方を示したとされています。

　これについても，丸暗記するのではなく，諮問の趣旨や，どの程度の瑕疵があれば処分の取消事由となるかを理解したうえで，答案に書く必要があります。

2　あてはめ

　群馬中央バス事件は，運輸審議会が，公聴会審理においてより具体的に申請者の申請計画の問題点を指摘し，この点に関する意見および資料の提出を促したとしても，運輸審議会の認定判断を左右するに足る意見および資料を追加提出しうる可能性があったとは認めがたいとしたうえで，「運輸審議会の審理手続における上記のごとき不備は……公聴会審理を要求する法の趣旨に違背する重大な違法とするには足りず，右審理の結果に基づく運輸審議会の決定（答申）自体に瑕疵があるということはできないから，右諮問を経てなされた運輸大臣の本件処分を違法として取り消す理由とはならない」と判断しており，瑕疵が処分の結果に影響を与える程度のものではないため処分に取消事由がないとしています。

　したがって，本問でも，審理手続に瑕疵はあるが，申請却下処分の取消事由とはならないと判断するのが妥当です。

【参考文献】
試験対策講座4章2節④【3】(2)。判例シリーズ40事件。

第12問 A 通達の処分性と実質的当事者訴訟

　Y県青少年保護育成条例（以下「本件条例」という）は，図書類を販売する自動販売機について届出義務を課している（本件条例第4条第2号，第8条）。

　Xは，Y県内に多数設置した無人小屋の内部に通信制御販売システムにかかる商品販売用機械（以下「本件機械」という）を複数設置し，その内部に有害図書類を収納して販売している。Xは，本件機械は本件条例第4条第2号の「自動販売機」にあたらないと解釈して，本件機械について届出をしなかった。

　他方，Y県は，本件機械は本件条例第4条第2号の「自動販売機」にあたると解釈しており，Y県知事は，Y県内各所属長に対して，本件機械を含む「遠隔監視装置付き自動販売機」が「自動販売機」に該当する旨の通達（以下「本件通達」という）を発した。

　Xは，本件機械につき本件条例第8条の届出義務を負わないことを主張するため，本件通達の取消訴訟を提起した。この事例について，以下の各小問に答えなさい。

1　本件通達は，抗告訴訟の対象となる処分にあたるか。
2　本件通達が抗告訴訟の対象となる処分にあたらない場合，Xは行政事件訴訟法上いかなる訴訟を提起することができるか。

【参照条文】
○Y県青少年保護育成条例（抜粋）
第4条　この条例において，次の各号に掲げる用語の意義は，それぞれ当該各号に定めるところによる。
　一　青少年　18歳未満の者をいう
　二　自動販売機　（略）
（有害図書類の販売等の禁止）
第6条　知事は，書籍，雑誌，絵画，写真又は映写用のフィルム，録音盤，磁気テープ，磁気ディスクその他の映像若しくは音声が記録されている物（以下「図書類」という。）の内容が次の各号のいずれかに該当するため，これを青少年に閲覧させ，視聴させ，又は聴取させることがその健全な育成を阻害すると認めるときは，当該図書類の全部又は一部を有害図書類として指定することができる。
　一～三　（略）
2，3　（略）
第8条　自動販売機により図書類を販売しようとする者は，使用する自動販売機ごとに，あらかじめ次に掲げる事項を知事に届け出なければならない。
2　（略）
第29条　1～6　（略）
7　次の各号のいずれかに該当する者は，10万円以下の罰金に処する。
　一　（略）
　二　第8条の規定による届出をせず，又は虚偽の届出をした者

【解答へのヒント】
1　小問1について
　はじめに処分性の公式を示して，論じましょう。通達は行政機関内部の行為であるということが，ある要件との関係で重要になります。

2 小問2について

　処分性が否定される場合，実質的当事者訴訟（行政事件訴訟法4条後段）の提起が考えられます。確認訴訟である以上，確認の利益が必要となるので，確認の利益3要件を検討しましょう。

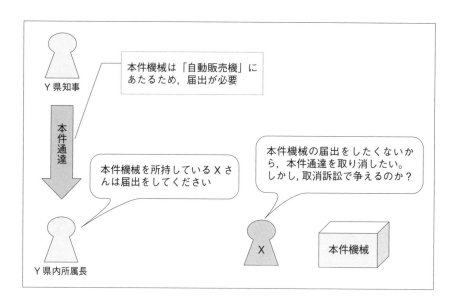

答案構成用紙

答案例

第1　小問1について

1　本件通達は「処分」にあたるか。　　　　　　　　　　　　　　論通達の処分性

抗告訴訟の対象となる「処分」（行政事件訴訟法3条2　　　　→規範
項）とは，公権力の主体たる国または公共団体が行う行為
のうち，その行為によって，直接国民の権利義務を形成し，5
またはその範囲を確定することが法律上認められているも
のをいう。具体的には，①公権力性および②直接具体的法
効果性により判断する。

(1)　本件通達は，Y県知事が優越的な地位に基づき一方的に
行うものであるから，①公権力性が認められる。　　　　　10

(2)ア　通達は原則として法規の性質をもつものではなく，　　　→あてはめ
上級行政機関が関係下級行政機関に対してその職務権
限の行使を指揮し，職務に関して命令するために発す
るものであり，行政組織内部における命令にすぎない。
したがって，一般の国民は直接通達に拘束されるも　15
のではない。このことは，通達の内容が，法令の解釈
や取扱いに関するもので，国民の権利義務に重大な関
わりをもつようなものである場合においても別段異な
るところはない。
そうだとすれば，本件通達は，本件条例4条2号の　20
解釈運用について各所属長を拘束するにとどまり，X
は本件通達に直接拘束されない。
よって，本件通達は，直接に本件条例4条2号およ
び8条に基づくXの届出義務（以下「届出義務」とい
う）を生じさせるものとはいえない。　　　　　　　　25

イ　また，裁判所は，法令の解釈適用にあたっては，通
達に示された法令の解釈とは異なる独自の解釈をする
ことができ，通達に定める取扱いが法の趣旨に反する
ときは，通達に基づいてなされた行為について独自に
その違法を判定することもできる。　　　　　　　　　30
そうだとすれば，本件条例29条7項2号に関しても，
裁判所は本件通達における法律解釈に拘束されないか
ら，本件条例4条2号の「自動販売機」該当性の判断
にあたっては，本件通達に示されている事情以外の事
情をも考慮することができる。　　　　　　　　　　　35
したがって，本件通達が発せられたからといって，
ただちにXにおいて刑罰を科せられるともいえない。

ウ　よって，本件通達には②直接具体的法効果性がない。

2　以上より，本件通達は，抗告訴訟の対象となる「処分」　　　→結論
にあたらない。　　　　　　　　　　　　　　　　　　　40

第2　小問2について

1　本件通達が「処分」にあたらない場合，Xが提起するこ
とのできる行政事件訴訟法上の訴訟としては，実質的当事
者訴訟（行政事件訴訟法4条後段）が考えられる。

本件通達の内容に従うと，本件機械が本件条例4条2号 45
の「自動販売機」にあたる以上，Xは，本件機械にこのよ
うな届出を刑罰（本件条例8条，29条7項2号）の威嚇を
もって強制されていることとなる。
　　そこで，Xは，営業の自由（憲法22条1項）の侵害を理
由とし，本件通達が違法・無効であることを前提に，本件 50
機械に当該届出義務不存在の確認を求める訴訟を提起する
ことが考えられる。

2　実質的当事者訴訟としての確認訴訟を提起するためには，論 実質的当事者訴訟の訴えの利益
確認の利益が認められることが必要であるところ，本問で
は確認の利益があるといえるか。 55

　　確認の利益の有無は，⑦即時確定の現実的必要性，⑦確 ➡規範
　認対象選択の適切性，⑦確認訴訟という方法選択の適切性
　を基準に判断される。

(1) 本問では，XとYとの間に，Xが現にY県に設置して ➡あてはめ
　いる本件機械について，本件条例4条2号の「自動販売 60
　機」にあたるか否か，ひいてはXが本件条例8条の届出
　義務を負うか否か，という点について見解の相違が生じ
　ている。すなわち，届出義務の存否という現在の公法上
　の法律関係について，XとYとの間に現実かつ具体的な
　紛争が生じているといえる。 65
　　そのうえで，かりに届出義務が存在する場合，Xは，
　本件条例29条7項2号による刑罰という具体的な不利益
　を受けるおそれがあるから，Xの権利または法的地位に
　対する危険，不安が現に存在しているといえる。
　　したがって，⑦Xの届出義務の不存在について即時確 70
　定の現実的必要性が認められる。
(2) また，Xは本件機械について届出をしていないから，
　届出義務の存否によっては本件条例29条7項2号の刑罰
　を甘受せざるをえないという現実的な不利益を受けてい
　る。よって，Xの届出義務の不存在を確認することは抜 75
　本的な紛争解決のために必要かつ適切といえる。
　　したがって，⑦確認対象選択の適切性が認められる。
(3) さらに，本件通達が抗告訴訟の対象となる「処分」に
　あたらない以上，Xはこれを対象とする抗告訴訟を提起
　できない。また，本件条例29条7項2号の刑に先立ち，80
　なんらかの処分が予定されているわけではないから，そ
　れを対象とする抗告訴訟を提起して争うこともできない。
　　したがって，⑦届出義務不存在確認訴訟という方法選
　択の適切性も認められる。
(4) よって，届出義務不存在確認訴訟について確認の利益 85 ➡結論
　が認められる。
3　以上より，Xは実質的当事者訴訟としての届出義務不存 ➡結論
　在確認訴訟を提起することができる。　　　　　　　以上

　処分性に関する問題は司法試験および予備試験でこれまで何度も出題されており，事前に十分な検討を要する論点である。行政法を勉強していると，処分性を肯定することこそが国民の権利救済に資するという誤った考え方にとらわれ，無理やり処分性を肯定しようとする悪い癖がついてしまいがちである。処分性が否定される行為については，2004（平成16）年の行政事件訴訟法の改正により当事者訴訟を活用するという考え方が有力になってきている。処分性の肯否を検討するとともに，処分性が否定されることを前提として，実質的当事者訴訟の提起の可否を検討してもらいたいと思い，本問を出題した。

論点

1　通達の処分性
2　通達を争うための訴訟（実質的当事者訴訟）

答案作成上の注意点

① 小問1について

　処分性の検討を求める問題にあたっては，何よりもまず，東京都ごみ焼却場事件（最判昭和39年10月29日民集18巻8号1809頁〔判例シリーズ44事件〕）に示された処分性の公式を示すことが求められます。

　ここで，通達とはそもそも何かということを理解しておきましょう。通達とは，法律の授権によらないで行政機関が定立する行政規則のうち，上級機関が下級機関の権限行使について発する命令であって，書面の形式をとるものをさします。通達は原則として下級行政機関を拘束しますが，法律による行政の原則から，国民や裁判所を拘束する効果は認められません。

　通達の処分性は一般的に否定されていますが，そのことを示した代表的な判例は，最判昭和43年12月24日民集22巻13号3147頁（判例シリーズ12事件）です。同判例は，①通達は一般国民を直接拘束するものではないこと，②行政機関が通達の趣旨に反する処分をしても処分の効力が左右されないこと，③裁判所は通達とは異なる独自の法解釈をすることができ，通達が違法との判断もできること，を理由に通達の外部的効力を否定して，通達の処分性を否定しています。この判決にならって本問の事案を検討すれば，答案例のように，本件通達は直接具体的法効果性を欠き処分性が否定される，との結論になるでしょう。

② 小問2について

　本件通達が処分にあたらないとすると，Xは本件通達を対象とした抗告訴訟を提起することができません。そうすると，なお本件通達の違法を争いたいXとしては，実質的当事者訴訟（行政事件訴訟法4条後段）としての確認訴訟を提起することが考えられます。確認対象としてはさまざまなものが考えられるところであり，答案例のような届出義務の不存在のほかにも，本件通達の違法自体などとすることもありえます。そのうえで，「いかなる訴訟を提起することができるか」という問いですから，具体的な訴訟をあげるだけでなく，訴訟要件も検討しなければ，問いに答えたことにはなりません。

　確認訴訟を提起するには，確認の利益が必要です。最初に設定した確認対象に則して，即時確定の利益，対象選択の適否，方法選択の適否について，自分なりに検討することが求められます。

【参考文献】
試験対策講座4章1節④【2】，6章2節③【1】(2)(a)・⑩【2】。判例シリーズ12事件，44事件。

第13問 A⁺ 戒告の処分性

> Xは，15階建てのマンションを建設するため，A市建築主事に建築確認の申請を行った。これに対して，A市建築主事は，建築計画が建築基準関係規定に適合していないとして，却下した。しかし，Xはその建設を止めなかったため，A市建築主事は当該建築物の除却命令を行った。それでもなお，Xは，当該建物の建築計画が建築基準関係規定に適合していると思い，建設を続行したところ，A市はXに対して，代執行をなす旨の戒告（行政代執行法〔以下「法」という〕第3条第1項）を行った（以下「本件戒告」という）。
> Xは，本件戒告について，取消訴訟を提起しようと考えている。Xは取消訴訟を提起できるか，本件戒告の処分性の有無にかぎって検討しなさい。

【解答へのヒント】

1 処分性について

東京都ごみ焼却場事件の規範を，端的に書きましょう。

2 戒告の処分性について

戒告に処分性が認められるかが問題となります。代執行の段階で取消訴訟を提起すればよいのではないか，という問題意識をもちましょう。

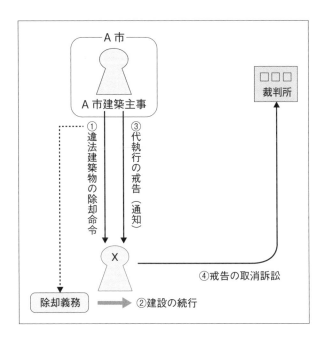

答案例

1　Xは本件戒告の取消訴訟を提起できるか，Xの訴えにおいて本件戒告に処分性が認められるかが問題となる。 　　　　論戒告の処分性

　　この点，処分性とは，取消訴訟の対象とされた行政行為が「行政庁の処分その他公権力の行使」（行政事件訴訟法3条2項）にあたることをいい，取消訴訟の訴訟要件のひとつである。　　　　　　　　　　　　　　　　　　　　　5

　　では，いかなる場合に行政行為に処分性が認められるか，処分性の意義が問題となる。

(1)　取消訴訟の意義は，不当な行政行為により形成された国民の権利義務を解消し，国民の正当な利益を保護することにある。　　　　　　　　　　　　　　　　　　　　　　　　　10

　　そうだとすれば，国民の権利義務を形成せず，その利益を害さない行為は，取消訴訟の対象とする必要がない。

　　そこで，処分性は，行政庁の法令に基づく行為のすべてではなく，公権力の主体たる国または公共団体が行う行為　　規範のうち，その行為によって，直接国民の権利義務を形成し，15またはその範囲を確定することが法律上認められているものをいう。具体的には，①公権力性および②直接具体的法効果性により判断する。

(2)ア　戒告は，A市建築主事が，優越的地位に基づき一方的に行うものであるから，①公権力性が認められる。　　　　20　　あてはめ

　　イ　ここで，行政代執行の戒告とは，相手方が代替的作為義務を履行しない場合に，行政代執行の手続として，相当の履行期間を定め，その期限までに履行がなされないときに代執行をなすべき旨を，あらかじめ文書で伝える25ものである（行政代執行法3条1項）。

　　　　そうすると，戒告自体は国民に新たな義務を付加するものではない以上，②直接具体的法効果性がないと思える。

　　　　もっとも，戒告は，それにより代執行が適法に開始・30進行するという法的効果をもつものである。

　　　　そうだとすれば，戒告は後に続く代執行と一体であり実質的には国民生活を一方的に規律し，国民に現実に不利益を及ぼすおそれのある行政行為といえ，実質的に直接具体的法効果性が認められるといえる。　　　　　　　35

　　　　また，代執行の段階に入れば執行はただちに終了してしまい，代執行の段階で実効的な救済を求めることは困難であるため，戒告の段階で取消訴訟を提起することを認めるべきである。

　　　　よって，行政代執行の戒告には，②直接具体的法効果40性が認められる。

2　したがって，本件戒告に処分性が認められるから，Xは，　　結論本件戒告の取消訴訟を提起できる。

以上

　戒告の処分性についての問題である。代執行手続の流れを確認しつつ，戒告に処分性が認められるか検討してほしい。

　代執行手続では戒告がなされた後に実際の代執行が行われるところ，代執行に処分性が認められるのは明らかであるため，その段階で取消訴訟を提起すれば十分なのではないかという点が問題の肝となる。これについての最高裁判例はないが，裁判例（大阪高決昭和40年10月5日判時428号53頁）は戒告の処分性を認めた。

論点

戒告の処分性

答案作成上の注意点

① 処分性の定義

　本問は，Xが本件戒告について取消訴訟を提起する場合，本件戒告に処分性が認められるかどうかを問うものです。

　戒告の処分性について検討する前に，処分性の定義をする必要があります。本来であれば，行政法における定義は簡潔に書くことが鉄則ですが，解答例では定義を導く過程を少し論じました。なぜなら，処分性がそのように定義される理屈を知っておいてほしいからです。ある程度学習が進んだら，定義を導く過程の部分をカットして答案例を短くしてもかまいません（第12問参照）。

　処分性とは，取消訴訟の対象とされた行政行為が「行政庁の処分その他公権力の行使」（行政事件訴訟法3条2項）にあたることをいいます。東京都ごみ焼却場事件（最判昭和39年10月29日民集18巻8号1809頁〔判例シリーズ44事件〕）は処分性を，「公権力の主体たる国または公共団体が行う行為のうち，その行為によって，直接国民の権利義務を形成しまたはその範囲を確定することが法律上認められているもの」と定義します。さらに，答案例では①公権力性および②直接具体的法効果性とする2分類説によりました。教科書によっては4分類説で処分性を論じているものもありますが，こちらのほうがわかりやすいと考え，本書では2分類説を採用しました。これに従って，戒告の処分性を検討しましょう。

② 戒告の処分性について

　行政代執行の戒告は，相手方が代替的作為義務を履行しない場合に，行政代執行の手続として，相当の履行期限を定め，その期限までに履行がなされないときに代執行をなすべき旨をあらかじめ文書で伝えるものです（行政代執行法3条1項）。このように，戒告は通知にすぎず，すでに発生している相手方の義務に新たな義務を付加するものではありません。

　しかし，前掲大阪高決昭和40年は，戒告は後に続く代執行と一体をなすものであり公権力の行使にあたる，として処分性を認めました。戒告がなされれば代執行が行われることはほぼ確実ですし，代執行の段階にいたれば，ただちに執行は終了してしまい，被執行者の実効的な救済は困難になります。そのために，戒告に対する取消訴訟を認める必要があるのです。答案例では実効的な権利救済の観点から，一見処分性が認められない場合に，原則を修正し処分性を肯定しました。この手法は覚えておいてください。第32問は，この手法を使った代表的な判例を参考にしている問題なので，そちらとあわせて本問を解けば更に効果的でしょう。

【参考文献】
試験対策講座6章2節③【1】(1)(c)。判例シリーズ44事件。

第14問 A　行政計画の処分性

1　A県Y₁市は，B駅を通る鉄道の高架化とあわせて駅周辺の整備をするため，土地区画整理事業（以下「本件事業」という）を計画した。そして，Y₁市は，令和3年11月7日，土地区画整理法第52条第1項の規定に基づき，A県知事に対して，本件事業の事業計画において定める設計の概要について許可を申請し，同月17日，A県知事からその認可を受けた。同月25日，Y₁市は，同項の規定により，本件事業の事業計画の決定（以下「本件事業計画の決定」という）をし，同日，その公告がされた。

　一般に，土地区画整理事業は，①事業計画の決定・公告，②仮換地指定，③建物移転・工事，④換地処分の順で進むが，法のしくみによれば，①がなされると，計画が途中で変更されるなど特段の事情がないかぎり，換地処分まで行われることとなっている。また，①がなされると，④の公告にいたるまで，当該地域で建築制限等が課されることになる。

　本件事業の施行地区内に土地を所有するXは，本件事業に不満をもち，Y₁市による本件事業計画の決定の取消しを求めて本件訴訟を提起した。本件事業計画の決定は，取消訴訟の対象たる「処分」（行政事件訴訟法第3条第2項）といえるか。

2　Xは，Y₂県内で病院を経営しており，Y₂県C地区に病院拡張を予定していたところ，Y₂県知事はC地区を工業地域に指定することを内容とする広域都市計画用途地域の決定（以下「本件決定」という）をした。

　Xは，本件決定によりC地区において病院等の建築物の建築ができなくなることに不満をもち，本件決定の取消訴訟を提起した。本件決定は，取消訴訟の対象たる「処分」（行政事件訴訟法第3条第2項）といえるか。

　なお，用途地域の決定は，都市計画法第8条第1項第1号に基づきなされるものであり，当該決定により，該当地域は建築基準法による建築物に関する制限を受ける。これは，特定の個人に対して課される制限ではなく，該当地域において建築しようとする者すべてに課される制限である。

【解答へのヒント】

1　小問1について

　事業計画の決定があった段階で，Xの法的地位に変動があったといえるでしょうか。また，かりに換地処分の段階でXが争ったとしたら，どのような結果になるでしょうか。

2　小問2について

　用途地域の性質にかんがみると，処分性の要件である直接具体的法効果性はあるでしょうか。小問1との違いを意識しながら考えてみましょう。

答案例

第1　小問1について
　　本件事業計画の決定に処分性は認められるか。

　1　判断基準

> 「処分」（行政事件訴訟法3条2項，以下法名省略）とは，公権力の主体たる国または公共団体が行う行為のうち，その行為によって，直接国民の権利義務を形成し，またはその範囲を確定することが法律上認められているものをいう。具体的には，①公権力性および②直接具体的法効果性により判断する。

　2　あてはめ
　⑴　①公権力性
　　　本件事業計画の決定は，土地区画整理法52条1項に基づき，Y₁市が一方的になすものであり，①公権力性が認められる。
　⑵　②直接具体的法効果性
　　　たしかに，土地区画整理事業計画の決定は，後に換地処分等の具体的な処分が予定されているものであり，あくまで土地区画整理事業の基礎的事項を一般的，抽象的に決定するものにすぎないとも思える。
　　　もっとも，法のしくみからすれば，いったん土地区画整理事業計画の決定がなされると，特段の事情のないかぎり，計画に従った具体的な事業が進められた後，換地処分が当然に行われることになる。
　　　また，施行地区内の宅地所有者等は，換地処分の公告まで，法的強制力を伴った建築行為等の制限を継続的に課されることからすると，施行地区内の宅地所有者等は，事業計画の決定によって，建築行為等の制限を伴って換地処分を受けるべき地位に立たされるものということができ，その意味で，その法的地位に直接的な影響が生ずるものというべきである。
　　　さらに，かりに換地処分がされた段階で換地処分の取消訴訟を提起したとしても，すでに工事や換地計画が進捗していて，事業全体に著しい混乱をもたらすことを理由に事情判決（31条1項）がなされる可能性が相当程度あるため，宅地所有者等の実効的な権利救済が図られないことになりかねず，処分性を認める合理性がある。
　　　よって，②直接具体的法効果性があるといえる。
　⑶　以上より，本件事業計画の決定は，3条2項にいう「処分」にあたる。

第2　小問2について
　　小問1で述べた基準により，本件決定が，「処分」にあたるかどうかを判断する。
　1　公権力性
　　　本件決定は，Y₂県知事が都市計画法8条1項1号に基

右側注釈：
論 事業計画決定の処分性
➡ 規範
➡ あてはめ
➡ 結論
論 用途地域決定の処分性
➡ あてはめ

行番号：5, 10, 15, 20, 25, 30, 35, 40

づき一方的になすものであり，①公権力性が認められる。　45

2　直接具体的法効果性

　　本件決定により，C地区は建築基準法による建築物に関する制限を受けるため，本件決定はC地区内の土地所有者等に建築基準法上新たな制約を課し，その限度で一定の法効果性を有するものといえる。　50

　　しかし，この効果は，新たにこのような制約を課す法令が制定された場合と同様の，C地区内の不特定多数の者に対する一般的抽象的なものにすぎない。よって，このような効果をもってC地区内の個人に対する具体的な権利侵害が発生したものということはできない。　55

　　したがって，②直接具体的法効果性は認められない。

3　以上より，本件決定は，3条2項にいう「処分」にはあ　　　　➡結論
たらない。

　　　　　　　　　　　　　　　　　　　　　　　　以上

60

65

70

75

80

85

　都市計画に関する処分性の判例は重要なものが多く，いずれもしっかり理解しておく必要がある。本問はそのなかでも特に重要である，最大判平成20年9月10日民集62巻8号2029頁（判例シリーズ53事件）および盛岡用途地域指定事件（最判昭和57年4月22日民集36巻4号705頁〔判例シリーズ54事件〕）を題材に，処分性に関する具体的な事案の解決を問う趣旨で出題した。

　上記判例は，司法試験2020（令和2）年公法系第2問および2012（平成24）年公法系第2問でも題材とされており，試験との関係で必ずおさえておくべきである。

論点

1　事業計画決定の処分性
2　用途地域決定の処分性

答案作成上の注意点

①　はじめに

　土地利用計画には，完結型の計画と，非完結型の計画があるとされています。「完結型の計画」とは，その計画に基づく具体的な事業等が後に予定されていないものをいい，小問2の用途地域の決定はこれにあたります。一方，「非完結型の計画」とは，後に具体的な事業等が予定されていて，いわば中間段階に位置づけられるものをいい，後に換地処分が予定されている点で，小問1の土地区画整理事業の決定はこれにあたります

　判例は，完結型の計画については処分性を否定し，非完結型の計画については処分性を肯定する傾向にあります。

②　小問1について

1　土地区画整理事業計画における判例の流れ
(1)　最大判昭和41年2月23日民集20巻2号271頁
　　この判例は，その説示内容から，「青写真判決」と称されていました。
　　土地区画整理事業の事業計画の決定の処分性については，これを否定する見解が青写真判決によって示されていました。青写真判決が処分性を否定した論拠を要約すると次のとおりになります。
　　①事業計画の決定は，当該土地区画整理事業の基礎的事項を一般的，抽象的に決定するものであって，いわば当該土地区画整理事業の青写真たる性質を有するにすぎず，これによって利害関係者の権利にどのような変動を及ぼすかが，必ずしも具体的に確定されているわけではないこと（事業計画の一般的，抽象的青写真性），②事業計画が公告されることによって生じる建築制限等（土地区画整理法76条1項3号，85条5項参照）は，法が特に付与した公告に伴う付随的な効果にとどまるものであって，事業計画の決定や公告そのものの効果として発生する権利制限とはいえないこと（付随的効果論），③事業計画の決定や公告の段階でその取消しまたは無効確認を求める訴えの提起を許さなければ，利害関係者の権利保護に欠けるところがあるとはいいがたく，そのような訴えは，争訟の成熟性あるいは具体的事件性を欠くこと（争訟の成熟性，具体的事件性の欠如），です。
(2)　前掲最大判平成20年
　　しかし，前掲最大判平成20年は，青写真判決を変更し，処分性を肯定しました。
　　同判例は，事業計画決定がされると，施行地区全体での減歩の程度や施行後の公共施設の位置・形状等がわかり，施行地区内の宅地所有者等の権利にいかなる影響が及ぶかについて，一

定の限度で具体的に予測することが可能になる旨述べています。

　そして，法のしくみからすれば，いったん土地区画整理事業計画の決定がなされると，特段の事情のないかぎり，計画に従った具体的な事業が進められた後，換地処分が当然に行われることになります。また，施行地区内の宅地所有者等は，換地処分の公告まで，法的強制力を伴った建築行為等の制限を継続的に課されることからすると，施行地区内の宅地所有者等は，事業計画の決定によって，建築行為等の制限を伴って換地処分を受けるべき地位に立たされるものということができます。「その意味で，その法的地位に直接的な影響が生ずるものというべきであり，事業計画の決定に伴う法的効果が一般的，抽象的なものにすぎないということはできない」と述べています（①および②の否定）。

　さらに，後続する換地処分がされた段階で換地処分の取消訴訟を提起したとしても，すでに工事や換地計画が進捗していて，事業全体に著しい混乱をもたらすことを理由に事情判決（行政事件訴訟法31条1項）がなされる可能性が相当程度あるため，宅地所有者等の「実効的な権利救済」が図られない旨述べています。つまり，事業計画決定の段階でも，紛争の成熟性が認められるということです（③の否定）。

　この判例は，青写真判決に代わる新たなリーディングケースとなっているため，答案でもこの判例に従った論述が求められます。

2　答案上の注意点

　答案では，前掲最大判平成20年が示した「法的地位」への「直接的な影響」および「実効的な権利救済」という2つの観点を丁寧に示すことが重要です。「法的地位」への「直接的な影響」については，後続する処分との連動関係に着目して，換地処分が当然に行われてしまうこと，および建築行為の制限が継続的に課されることの2点をあわせて述べる必要があります。「実効的な権利救済」については，論証の補強として終盤に述べるのが適切です。この「実効的な権利救済」を，公権力性，直接具体的法効果性と並ぶ第3の要件としてあげる説もありますが，答案例では直接具体的法効果性のなかで論じる説を採用しています。

③　小問2について

1　判例

　盛岡用途地域指定事件（前掲最判昭和57年）は，本問とほぼ同様の事案において，用途地域の決定は，その効力が生ずると，当該地域内では，建築物の用途，容積率，建ぺい率等につき従前と異なる基準が適用され，これらの基準に適合しない建築物については，建築確認を受けることができず，ひいてその建築等をすることができないこととなるから，「当該地域内の土地所有者等に建築基準法上新たな制約を課し，その限度で一定の法状態の変動を生ぜしめるものであることは否定できないが，かかる効果は，あたかも新たに右のような制約を課する法令が制定された場合におけると同様の当該地域内の不特定多数の者に対する一般的抽象的なそれにすぎず，このような効果を生ずるということだけから直ちに右地域内の個人に対する具体的な権利侵害を伴う処分があったものとして，これに対する抗告訴訟を肯定することはできない」として，処分性を否定しています。

　そして，「右地域内の土地上に現実に前記のような建築の制限を超える建物の建築をしようとしてそれが妨げられている者が存する場合には，その者は現実に自己の土地利用上の権利を侵害されているということができるが，この場合右の者は右建築の実現を阻止する行政庁の具体的処分をとらえ」，用途地域指定が「違法であることを主張して右処分の取消を求めることにより権利救済の目的を達する途が残されている」から，このような解釈をとっても格別の不都合は生じないとしています。

2　答案上の注意点

　答案では，この判例に従い，直接具体的法効果性がないとして処分性を否定するのがよいでしょう。

　その際，判例のいう「あたかも新たに右のような制約を課する法令が制定された場合における

と同様の当該地域内の不特定多数の者に対する一般的抽象的なそれにすぎず」という部分をキーフレーズとして入れておくと印象がよくなります。

　また，①で述べたとおり，用途地域の指定は「完結型の計画」なので，後続する処分との連動関係に着目することが難しく，上記の最判平成20年の射程を及ぼすことはできないと考えられるため，同判例のロジックを本問で用いることは避けたほうがよいでしょう。

【参考文献】
試験対策講座4章4節①【4】(2)。判例シリーズ53事件，54事件。

第15問 A　違法性の承継

　株式会社Aは，みずからを建築主とする建築物（以下「本件建築物」という）の建築をY県において計画した。Y県建築安全条例（以下「本件条例」という）第4条第1項によれば，本件建築物には接道規制が適用されるが，本件条例第4条第3項により，安全認定を受ければこの接道規制は適用されないこととされていた。AはY県から違法に安全認定（以下「本件安全認定」という）を受け，その後Y県から建築基準法第6条第1項に基づく建築確認（以下「本件建築確認」という）を受けた。

　安全認定は，申請者以外の者に通知されないため，本件建築物の周辺住民であるXは，本件安全認定の存在を知らないまま，その取消訴訟の出訴期間を徒過した。このとき，Xは，Y県に対して本件建築確認の取消訴訟を提起し，そのなかで先行行為である本件安全認定の違法を根拠に，後行行為である本件建築確認の違法を主張することはできるか。なお，答案を作成するにあたっては，本件安全認定および本件建築確認がいずれも処分であること，ならびに，本件安全認定の瑕疵は違法にとどまることを前提としてよい。また，Xの原告適格については問題としなくてよい。

【参照条文】

○建築基準法（昭和25年法律第201号）（抜粋）

（目的）

第1条　この法律は，建築物の敷地，構造，設備及び用途に関する最低の基準を定めて，国民の生命，健康及び財産の保護を図り，もって公共の福祉の増進に資することを目的とする。

（建築物の建築等に関する申請及び確認）

第6条　建築主は，第1号から第3号までに掲げる建築物を建築しようとする場合……においては，当該工事に着手する前に，その計画が建築基準関係規定……に適合するものであることについて，確認の申請書を提出して建築主事の確認を受け，確認済証の交付を受けなければならない。（略）

　　一～三　（略）

（敷地等と道路との関係）

第43条　（略）

2　（略）

3　地方公共団体は，次の各号のいずれかに該当する建築物について，その用途，規模又は位置の特殊性により，第1項の規定によっては避難又は通行の安全の目的を十分に達成することが困難であると認めるときは，条例で，その敷地が接しなければならない道路の幅員，その敷地が道路に接する部分の長さその他その敷地又は建築物と道路との関係に関して必要な制限を付加することができる。

　　一～三　（略）

　　四　延べ面積……が1000平方メートルを超える建築物

　　五　（略）

○Y県建築安全条例

（趣旨）

第1条　建築基準法（以下「法」という。）……法第43条第3項による建築物の敷地及び建築物と道路との関係についての制限の付加……については，この条例の定めるところによる。

（建築物の敷地と道路との関係）

第4条　延べ面積……が1000平方メートルを超える建築物の敷地は，その延べ面積に応じて，次の表に掲げる長さ以上道路に接しなければならない。

表 （略）	
2 （略）	
3 前2項の規定は，建築物の周囲の空地の状況その他土地及び周囲の状況により知事が安全上支障がないと認める場合においては，適用しない。	

【解答へのヒント】

　いわゆる違法性の承継が認められるか問題となります。まず，原則論を書き，例外的に違法性の承継が認められないかを検討します。最判平成21年12月17日民集63巻10号2631頁（判例シリーズ18事件）を意識して規範を立ててみましょう。

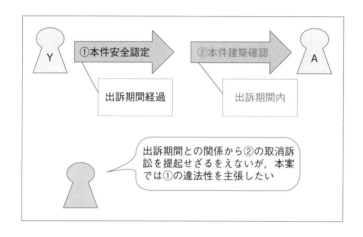

答案例

1　Xの主張は認められるか。先行処分たる本件安全認定については既に出訴期間が経過しているところ，いわゆる違法性の承継が認められるか問題となる。

論 違法性の承継

2(1)　行政事件訴訟法14条の趣旨は，行政上の法律関係を早期に確定し，安定させることにある。

　　　それにもかかわらず，後行行為の取消訴訟において先行行為の違法性を自由に争えるとすると，先行行為について出訴期間が経過した後も，後行行為の取消訴訟において実質的に先行行為の違法性を争うことになり，法律関係の早期確定・安定という趣旨に反する。

　　　そこで，違法性の承継は原則として認められないと解する。

→規範

(2)　もっとも，複数の行政行為が一連のものとしてなされている場合，先行行為の段階では処分がなされたことに気がつかず，取消訴訟の提起が困難な場合が多い。

　　　そうだとすれば，このような場合には，国民の権利救済のため，先行行為につき出訴期間が経過した後も先行行為の違法を主張する機会を確保する必要がある。

　　　また，複数の行政行為が一連のものとしてなされている場合は，後行行為の段階のほうがより争点が明確になるから，違法性の承継を認めて後行行為の段階で争わせたほうが妥当な結論を導きやすいといえる。

(3)　そこで，①連続する複数の行為が結合して1つの法効果の発生をめざしており，②先行処分の段階で処分を争う手続保障が十分に与えられていない場合には，違法性の承継が認められると考える。

→規範

3(1)　本問についてみると，本件条例4条3項に基づく本件安全認定は，建築主に対し建築確認申請手続において本件条例4条1項所定の接道義務の違反がないものとして扱われるという地位を与えるものである。また，安全認定と建築確認はともに避難または通行の安全確保という同一目的を達成するために行われるものである。とすれば，①安全認定と建築確認は結合して1つの法効果の発生をめざしているといえる。

→あてはめ

(2)　さらに，安全認定については申請者以外の者に通知することは予定されていない等，②先行処分の段階でその適否を争うための手続保障がこれを争おうとする者に十分に与えられているというのは困難である。

(3)　したがって，本件安全認定と本件建築確認には，違法性の承継が認められる。

4　よって，Xは，本件建築確認の取消訴訟を提起し，そのなかで本件安全認定の違法を根拠に，建築確認の違法を主張することができる。

→結論

以上

　いわゆる違法性の承継が認められるかを問うものである。違法性の承継で大切なのは，原則論をしっかり書くことである。本問では問題とならないが，この論点を展開するにあたっては，先行行為が処分性を有すること，先行行為の瑕疵が無効事由ではなく取消事由にとどまっていること，および先行行為に対する取消訴訟の出訴期間を徒過していることが前提になっていることを理解してほしい。

　次に，例外的に違法性の承継が認められないかを検討する。最判平成21年12月17日民集63巻10号2631頁（判例シリーズ18事件）の規範を立てて，端的にあてはめることを意識してもらいたく出題した。

 ┃┃ 論点 ┃┃

違法性の承継

 ┃┃ 答案作成上の注意点 ┃┃

① 問題の所在

　行政過程において，複数の行政行為が連続して行われることが多くあります。それらは，それぞれ出訴期間制限（行政事件訴訟法14条1項）にかかります。

　ここで，先行する行政行為に違法性の瑕疵があったとき，その出訴期間が徒過した後に，後行する行政行為の取消訴訟でその違法性を主張することで，後行行為の取消しを求めることができるかが問題となります。これが，違法性の承継の問題です。

　本問では，先行する行政行為たる本件安全認定がY県よりなされ，それに続いて後行する行政行為たる本件建築確認が行われており，Xは本件安全認定の違法を理由として本件建築確認の取消訴訟を提起したいので，違法性の承継が問題となります。

② 原則について

　行政処分に対する取消訴訟（行政事件訴訟法3条2項）は，正当な理由がなければ，それがなされたことを知ったときから6か月またはそれがなされてから1年以内に提起する必要があります。このような出訴期間を同条が設けているのは，行政処分によって形成された行政上の法律関係を，できるだけ早期に確定し安定させる必要があるからです。

　このような出訴期間を設けた趣旨から，先行する行政行為の瑕疵を後行の行政行為の取消訴訟で主張することを認めるべきではありません。つまり，原則として，行政行為の瑕疵はそれぞれ独立して処理すべきであるといえます（違法性の不承継の原則）。

　なお，行政行為が2つ登場するとき，違法性の承継を論じる前に次の3点について確認してください。1点目は，先行行為が「処分」（行政事件訴訟法3条2項）にあたるということです。先行行為がそもそも処分性を有しない場合には，先行行為の瑕疵は後行処分の取消訴訟において当然に争うことができるため，違法性の承継は問題になりません。2点目は，先行行為の瑕疵が違法にとどまっているということです。その瑕疵が違法を超えて無効の場合は，違法性の承継を論じるまでもなく，当然に後行行為の取消訴訟で先行行為の瑕疵を主張できます。行政行為が無効の場合には，公定力がはたらかず，違法性の不承継の原則の趣旨たる行政上の法律関係の早期確定・安定の要請がはたらかないからです。3点目は，先行行為の出訴期間が経過した後であるということです。それが経過していなければ，先行行為の取消訴訟を提起してその違法を主張することができるため，後行行為で先行行為の瑕疵を主張する必要がないからです。

3 例外について

　ただ，行政行為のように取消訴訟の排他的管轄に服する行為については，出訴期間が経過するともはや国民は争うことができなくなるため，違法性の不承継の原則を貫徹すると後続の行政行為の展開を阻止できなくなります。先行行為の性質や，先行行為と後行行為の関係によっては，国民の権利義務を十分保護することができない場合もあります。そこで，このような不合理を解決するために，例外的に違法性の承継を認める場合があります。

　判例（前掲最判平成21年）は，違法性の承継を認めるための一般的な要件を提示せず，実体法上の観点と手続上の観点という2つの観点から，違法性の承継を認めました。答案例では，①連続する複数の行為が結合して1つの法効果の発生をめざしており，②先行処分の段階で処分を争う手続保障が十分に与えられていない場合，という規範を立てました。これをただ暗記するのではなく，一度判示を読んでみて自分で理解するようにしてください。

　なお，判例は，②の手続上の観点として，後行処分の段階まで争訟を提起しないという判断をすることが合理的か，という観点も考慮しています。先行処分の段階でただちに不利益を受けることなく，後行処分の段階にいたってはじめて不利益が現実化するという場合に，必ず先行処分の段階で取消訴訟を提起しなければならないというのでは私人にとって酷でしょう。したがって，国民の権利救済の実効性という観点から検討できると，なおよいです。余力があれば，この点もふまえて，しっかり判例を理解しておいてください。

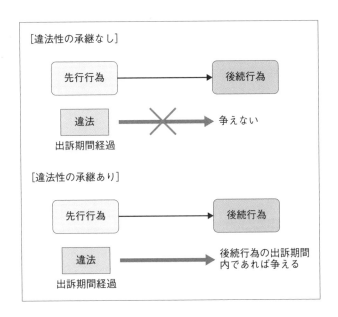

4 あてはめについて

　まず，①連続する複数の行為が結合して1つの法効果の発生をめざしているか否かの観点（実体法的観点）についてです。本件条例第4条1項の接道義務は知事が，安全に支障がないと判断し，安全認定を行えば排除されます。この意味で本件安全認定は本件建築確認において接道義務の違反がないものとして扱われるという地位を与えるものといえます。また，本件安全認定の目的は，避難または通行の安全確保であるといえますし，本件建築確認の目的は，本件条例第4条3項から避難または通行の安全確保であるといえます。したがって，本件安全認定および本件建築確認の目的はいずれも避難または通行の安全確保です。そのため，本件安全認定が接道義務の違反がないものとして扱われるという地位を与える点，および両者が同一の目的の達成を図るという点からすれば，両者は1つの法効果の発生をめざしているものといえます。

次に，②先行処分を争う手続保障が十分に与えられていないかの観点（手続法的観点）について
です。本件安全認定においては，申請者以外の者に通知されません。そのため，申請者でないXに
は本件安全認定について知る機会が法的に準備されていなかったといえます。ですから，先行処分
を争う手続保障が十分に与えられてはいなかったといえます。

　したがって，実体法的観点，手続法的観点のいずれからも違法性の承継が認められるという結論
になります。

【参考文献】
試験対策講座 4 章 2 節④【4】。判例シリーズ18事件。

　　旧動力炉・核燃料開発事業団は，福井県敦賀市に高速増殖炉「もんじゅ」の建設・運転を計画し，内閣総理大臣Yは，核原料物質，核燃料物質及び原子炉の規制に関する法律（以下「法」という）第23条第1項，第24条第1項に基づき原子炉設置許可処分（以下「本件許可処分」という）を行った。このため，半径1キロメートル圏内に住む住民であるXら40名が，Yを被告として，原子炉設置許可に際しての安全審査に違法な瑕疵があるとして，原子炉設置許可処分の取消訴訟を提起した。

　　Xらには，本件許可処分の取消訴訟につき，原告適格が認められるかを検討せよ。

【参照条文】
○核原料物質，核燃料物質及び原子炉の規制に関する法律（昭和32年法律第166号）
（設置の許可）
第23条　発電用原子炉以外の原子炉（以下「試験研究用等原子炉」という。）を設置しようとする者は，政令で定めるところにより，原子力規制委員会の許可を受けなければならない。
2　（略）
（許可の基準）
第24条　原子力規制委員会は，第23条第1項の許可の申請があった場合においては，その申請が次の各号のいずれにも適合していると認めるときでなければ，同項の許可をしてはならない。
　一　（略）
　二　その者（試験研究用等原子炉を船舶に設置する場合にあっては，その船舶を建造する造船事業者を含む。）に試験研究用等原子炉を設置するために必要な技術的能力及び経理的基礎があり，かつ，試験研究用等原子炉の運転を適確に遂行するに足りる技術的能力があること。
　三　試験研究用等原子炉施設の位置，構造及び設備が核燃料物質（使用済燃料を含む。第43条の3の5第2項第7号を除き，以下同じ。）若しくは核燃料物質によって汚染された物（原子核分裂生成物を含む。以下同じ。）又は試験研究用等原子炉による災害の防止上支障がないものとして原子力規制委員会規則で定める基準に適合するものであること。
　四　第23条第2項第9号の体制が原子力規制委員会規則で定める基準に適合するものであること。
2　（略）

【解答へのヒント】
　　もんじゅ訴訟（最判平成4年9月22日民集46巻6号571頁〔判例シリーズ61事件〕）を題材にした問題です。問題となるXらの法益が，生命・身体の安全であることに注意して，同判例を意識して書いてみてください。

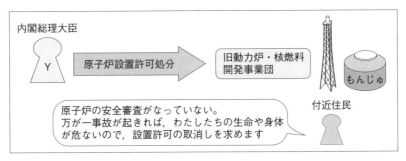

答案例

1　処分の取消訴訟の原告適格が認められるのは，当該処分の取消しを求めるにつき「法律上の利益」を有する者である（行政事件訴訟法９条１項，以下法名省略）。そこで，「法律上の利益」の意義が問題となる。

論「法律上の利益」（行政事件訴訟法９条１項）の意義

(1)　この点，「法律上の利益」を法的な保護に値すると考えられる利益と解する見解がある。しかし，このような抽象的な基準では，原告適格を明確に判断できない。

(2)　そこで，裁判所の判断に客観的な基準を与え，法的安定性を保障するため，「法律上の利益」とは，処分の根拠法規によって法律上保護された利益であると解する。よって，「法律上の利益」を有する者とは，当該処分により自己の権利もしくは法律上保護された利益を侵害され，または必然的に侵害されるおそれのある者をいう。

➡規範

そして，当該処分を定めた行政法規が，不特定多数者の具体的利益をもっぱら一般的公益のなかに吸収解消させるにとどめず，それが帰属する個々人の個別的利益としてもこれを保護すべきものとする趣旨を含むと解される場合には，このような利益もここにいう法律上保護された利益にあたると解する。

2　Xらに本件許可処分の取消訴訟の原告適格が認められるためには，Xらが，本件許可処分の取消しを求めるにつき「法律上の利益」を有することが必要である。

(1)　上記のように，Xらが「法律上の利益」を有する者と認められるためには，本件許可処分により自己の権利もしくは法律上保護された利益を侵害され，または必然的に侵害されるおそれのあることを要する。

そして，当該利益は，処分の根拠規定が，一般的公益に吸収解消させることなく，個々人の個別的利益として保護しているものでなくてはならない。Xらは，本件許可処分の「相手方以外の者」であるため，以下，９条２項の考慮事項に従い，検討する。

(2)ア　法は，試験研究用等原子炉の設置につき許可制をとっている（法23条１項）。また，法24条１項２号は，申請者に設置に必要な技術的能力および運転を適確に遂行するに足りる技術的能力を要求し，同項３号は，試験研究用等原子炉施設の位置，構造および設備が，汚染物または試験研究用等原子炉による災害の防止上支障がないものとして原子力規制委員会規則で定める基準に適合するものであることを求めている。

➡あてはめ

これらの規定の趣旨は，原子炉を設置しようとする者が原子炉の設置・運転に必要な技術能力を欠く場合や，原子炉施設の安全性が確保されないときには，当該原子炉施設の周辺住民に重大な危害を及ぼす可能性があるため，それを未然に防ぐことである。

よって，本件許可処分の根拠規定は，高速増殖炉「も 45
　んじゅ」の周辺住民の生命・身体の安全を，少なくとも
　一般的公益として保護しているといえる。
イ　では，Ｘらの生命・身体にかかる利益は，本件許可処
　分の根拠規定によって，一般的公益に吸収解消させるこ
　となく，個々人の個別的利益としても保護されていると 50
　いえるか。
　　　本件許可処分によって周辺住民が侵害されうる利益は，
　Ｘらの生命・身体にかかる利益であり，高次の法益であ
　る。しかも，このような利益は，いったん侵害されれば
　金銭賠償等による事後的な回復が困難な性質のものであ 55
　る。また，原子炉の事故が起こった場合には，原子炉に
　近い住民ほど直接的かつ重大な被害を受ける可能性があ
　る。
　　　このような被害の性質等にかんがみると，同項各号は，
　単に公衆の生命・身体の安全を一般的公益として保護し 60
　ようとするにとどまらず，原子炉施設付近に居住し，事
　故等がもたらす災害により直接的かつ重大な被害を受け
　ることが想定される範囲の住民の生命・身体の安全等を
　個々人の個別的利益としても保護すべきものとする趣旨
　を含む，と解される。 65
(3)　Ｘらは，高速増殖炉「もんじゅ」の半径１キロメートル
　圏内に居住しているため，事故等がもたらす災害により直
　接的かつ重大な被害を受けることが想定される。
　　　したがって，Ｘらは，本件許可処分につき，「法律上の
　利益」を有するといえる。 70
　　　　　　　　　　　　　　　　　　　　　　　　　➡結論
　　　よって，Ｘらには，本件許可処分の取消訴訟における原
　告適格が認められる。
　　　　　　　　　　　　　　　　　　　　　　以上

　　　　　　　　　　　　　　　　　　　　　　　　75

　　　　　　　　　　　　　　　　　　　　　　　　80

　　　　　　　　　　　　　　　　　　　　　　　　85

　もんじゅ訴訟（最判平成4年9月22日民集46巻6号571頁〔判例シリーズ61事件〕）を題材に，原告適格の基本を学ぶ問題である。問題となるXらの法益が，生命・身体の安全という高次の法益であることをまず確認し，小田急高架訴訟大法廷判決（最大判平成17年12月7日59巻10号2645頁〔判例シリーズ64事件〕）の規範を用いて，原告適格の有無を検討することが求められる。その際，行政事件訴訟法9条2項の理解も問われるところである。

論点

1　「法律上の利益」（行政事件訴訟法9条1項）の意義
2　行政事件訴訟法9条2項の規定構造

答案作成上の注意点

1 原告適格について

　行政事件訴訟では，「当該処分又は裁決の取消しを求めるにつき法律上の利益を有する者」に原告適格が認められます（行政事件訴訟法9条1項）。行政庁から処分を受けた者はその処分により直接法律上の効果を受けるので，処分の直接の名宛人に原告適格が認められるのは明らかです。もっぱら原告適格の有無が問題となるのは，それ以外の第三者についてです。その際に，「法律上の利益」の意義が問題となります。
1　学説の対立
　「法律上の利益」の解釈については，①法律上保護された利益説，および，②法的な保護に値する利益説という大きく2つの考え方があります。
　法律上保護された利益説とは，「法律上の利益」を法律上保護された利益と解する見解です。すなわち，「法律上の利益」の有無を当該処分の根拠法令の規定の解釈により決定しようとする考え方で，国民の権利保護に重点をおいた見解といえます。この説は，後述するように，現在の判例および学説の通説的な見解です。
　これに対し，法的な保護に値する利益説とは，「法律上の利益」を，法的な保護つまり裁判上の保護に値すると考えられる利益と解する見解です。「法律上の利益」の範囲を，実定法の解釈ではなく，原告が現実に侵害される利益の程度など利害の実態に着目して，当該利益が裁判上保護に値するか否かによって判断する点に特徴があります。この見解は，法律上保護された利益説よりも原告適格を広く認め，取消訴訟のもつ適法性維持機能を重視するものですが，基準が抽象的で原告適格の有無が明確に判断できないおそれがあるとの批判が存在します。
2　判例の考え方
　判例は，一貫して法律上保護された利益説に立っています。もんじゅ訴訟（前掲最判平成4年）は，「法律上の利益を有する者」について，「当該処分により自己の権利若しくは法律上保護された利益を侵害され又は必然的に侵害されるおそれのある者をいう」としたうえで，「当該処分を定めた行政法規が，不特定多数者の具体的利益を専ら一般的公益の中に吸収解消させるにとどめず，それが帰属する個々人の個別的利益としてもこれを保護すべきものとする趣旨を含むと解される場合には，かかる利益も右にいう法律上保護された利益に当た」ると定式化しました。この論証は，必ずおさえておいてください。

2 行政事件訴訟法9条2項について

　多くの問題では，原告の主張する利益が「権利」とは断定できない結果，「法律上保護された利益」といえるかが問題となります。よって，まずは①原告の主張する利益を設定し，②「当該処分

を定めた行政法規が，……個々人の個別的利益としてもこれ（＝原告の主張する利益）を保護すべきものとする趣旨を含む」といえるかどうかを検討し，これを肯定した場合には，③原告の主張する利益が「侵害され又は必然的に侵害されるおそれ」があるといえるかどうかを検討する，という議論の流れとなります。

　その際の解釈指針としては，前掲小田急高架訴訟大法廷判決を明文化した９条２項が機能します。

　これは，９条２項の構造を図式化したものです。第三者の原告適格を判断する際には，これらの要素を考慮して，「法律上の利益を有する者」に該当するかどうかを判断していくことになります。注意しなければならないのは，９条２項はもっぱら上記②の判断にあたって機能するということです。②の要件は，②―１処分の根拠法規が当該利益を保護しており，かつ，②―２その保護は個別的利益としての保護である，という２つの要件に分解されます。

　以上のように，原告適格の有無の判断は，①利益確定作業━━▶②―１保護法益性のテスト━━▶②―２個別的利益性のテスト━━▶③侵害現実性のテストの手順をたどることになります。答案例を見て，この手順が守られていることを確認し，どのようなあてはめがなされているかを参考にしてください。この手順をマスターしておけば，頻出分野である原告適格の問題を得意にすることができるでしょう。

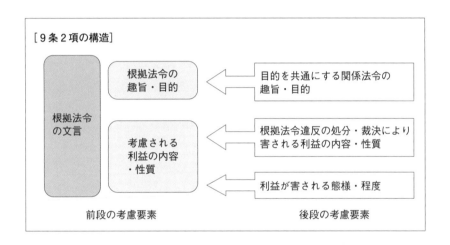

③　本問におけるあてはめ

　本問において，Ｘらが主張する法益は，生命・身体の安全という利益であると考えられます（①利益確定作業）。

　そして，本件許可処分の根拠法規たる法23条１項は，試験研究用等原子炉の設置につき許可制をとっています。また，法24条１項２号は，申請者に設置に必要な技術的能力および運転を適確に遂行するに足りる技術的能力を要求し，同項３号は，試験研究用等原子炉施設の位置，構造および設備が，汚染物または試験研究用等原子炉による災害の防止上支障がないものとして原子力規制委員会規則で定める基準に適合するものであることを求めています。これらの規定が設けられた趣旨を考えてみると，原子炉を設置しようとする者が原子炉の設置・運転に必要な技術能力を欠く場合や，原子炉施設の安全性が確保されないときには，当該原子炉施設の周辺住民に重大な危害を及ぼす可能性があるため，それを未然に防ごうとする趣旨であると考えることができます。したがって，本件許可処分の根拠法規は，高速増殖炉「もんじゅ」の周辺住民の生命・身体の安全を，少なくとも一般的公益として保護しているということができます（②―１保護法益性のテスト）。

　さらに，この生命・身体の安全という利益は，高次の利益であり，いったん侵害されれば金銭賠償等による事後的な回復が困難な性質のものです。また，万が一原子炉の事故が起こった場合には，原子炉に近い住民ほど直接的かつ重大な被害を受ける可能性があります。この「直接的かつ重大」という文言はキーワードとして覚えておくとよいです。こういった被害の性質からすると，本件許

可処分の根拠法規は，単に周辺住民の生命・身体の安全を一般的公益として保護しようとするにとどまらず，原子炉の事故により直接的かつ重大な被害を受けることが想定される範囲の住民の生命・身体の安全を個別的利益としても保護する趣旨を含むものと解することができます（②―2 個別的利益性のテスト）。

　そして，実際に，Xらは高速増殖炉「もんじゅ」の半径1キロメートル圏内に住む住民であることから，原子炉の事故により直接的かつ重大な被害を受けることが想定され，Xらの主張する利益が個別的利益として保護されているという結論になります（③侵害現実性のテスト）。

　このように，ステップに分けて丁寧に論じることが大事です。

【参考文献】
試験対策講座6章2節③【2】。判例シリーズ61事件，64事件。

公正取引委員会（Y）は社団法人日本果汁協会らの申請に基づき，昭和46年3月5日，果汁飲料等の表示に関する公正競争規約の認定処分（以下「本件処分」という）をした。ところが，同規約では，果汁含有率が5パーセント未満あるいは果汁を含まない飲料についても，その旨を記載する必要がなく，「合成着色飲料」または「香料使用」等と表示すればよいとされていた。これに対して，主婦連合会と同会会長Xらが，この認定は果汁を含有していない旨を一般消費者に誤りなく伝えるものではなく，不適正な表示であるから，不当景品類及び不当表示防止法（以下「景表法」という）第10条第2項第1号から第3号までの要件に該当せず違法であるとして，同法第10条第6項に基づき，Yに対して本件処分の不服申立てを行った。

　これに対し，Yは，昭和48年3月14日，Xらには不服申立人適格がないとして，この不服申立てを却下する審決をした。

　そこで，Xらはこの審決の取消しの訴えを提起した。

　景表法第10条第6項に基づく不服申立てについて，Xらに不服申立人適格が認められるか。なお，当時の景表法には独自の不服申立て手続が設けられており（景表法第11条），行政不服申立ての一般法が排除されているが，本問においては景表法上の不服申立てと一般の行政処分についての不服申立てを同様に解してよい。

○不当景品類及び不当表示防止法（昭和37年法律第134号）（抜粋）※昭和46年当時のもの
（目的）
第1条　この法律は，商品及び役務の取引に関連する不当な景品類及び表示による顧客の誘引を防止するため，……公正な競争を確保し，もつて一般消費者の利益を保護することを目的とする。
（公正競争規約）
第10条　事業者又は事業者団体は，……景品類又は表示に関する事項について，公正取引委員会の認定を受けて，不当な顧客の誘引を防止し，公正な競争を確保するための協定又は規約を締結し，又は設定することができる。（以下略）
2　公正取引委員会は，前項の協定又は規約……が次の各号に適合すると認める場合でなければ，同項の認定をしてはならない。
一　不当な顧客の誘引を防止し，公正な競争を確保するために適切なものであること。
二　一般消費者及び関連事業者の利益を不当に害するおそれがないこと。
三　不当に差別的でないこと。
四　（略）
3〜5　（略）
6　第1項……による公正取引委員会の処分について不服があるものは，……公正取引委員会に対し，不服の申立てをすることができる。この場合において，公正取引委員会は，……当該申立てを却下し，又は当該処分を取り消し，若しくは変更しなければならない。

【解答へのヒント】
　景表法は何を保護する趣旨なのでしょうか。消費者の個別的な利益を保護する趣旨なのでしょうか。あくまで公益を保護するだけと考えられないでしょうか。

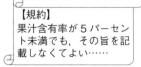
【規約】
果汁含有率が5パーセント未満でも，その旨を記載しなくてよい……

Y

規約の認定処分
（本件処分）

日本果汁協会

不適正な表示だから，規約の認定処分は違法だが，わたしたちには不服を申し立てる資格があるのか……？

主婦連合会

1 　行政庁の処分についての不服申立ての場合，不服申立人適 論原告適格の意義
　格はいかなる者に認められるか。

　　行政不服申立ての当事者適格の範囲と，取消訴訟における
　原告適格の範囲を同様に解するのが判例・通説である。
　　そうだとすれば，景表法10条6項にいう「第1項……によ 5
　る公正取引委員会の処分について不服があるもの」とは，一 ➡規範
　般の行政処分についての不服申立ての場合と同様に，当該処
　分について不服申立てをする法律上の利益がある者，すなわ
　ち，当該処分により自己の権利もしくは法律上保護された利
　益を侵害され，または必然的に侵害されるおそれのある者を 10
　いう。
　　そして，当該処分を定めた行政法規が，不特定多数者の具
　体的利益をもっぱら一般的公益のなかに吸収解消させるにと
　どめず，それが帰属する個々人の個別的利益としてもこれを
　保護すべきものとする趣旨を含むと解される場合には，この 15
　ような利益もここにいう法律上保護された利益にあたると解
　する（行政事件訴訟法9条2項参照）。
2 　景表法10条6項に基づく不服申立てについて，一般消費者
　たるXらに不服申立人適格が認められるか。
　　まず，Xらは本件処分の相手方ではないため，「処分…… 20
　の相手方以外の者」にあたり，行政事件訴訟法9条2項が適
　用される。
　　次に，本件処分を定めた行政法規は景表法10条1項である。 ➡あてはめ
　　そして，景表法1条によれば，同法の目的は主として，商
　品および役務の取引に関連する不当な景品類および表示によ 25
　る顧客の誘引を防止するために，公正な競争を確保すること
　にある。そして，「もつて」という書き方からしても，同法
　の規定により一般消費者が受ける期待したとおりの果汁含有
　率の商品を得られるという利益は，公正の競争の確保という
　公益を実現した結果として，反射的にもたらされるものにす 30
　ぎないといえる。
　　また，果汁飲料等の表示に関する公正競争規約の認定が景
　表法に違反するものであった場合であっても，一般消費者は，
　その生命および身体を害されるわけではないから，被侵害利
　益は小さい。 35
　　したがって，景表法は一般消費者が受ける利益を個々人の
　個別的利益としても保護する趣旨を含まないと解される。
　　よって，単に一般消費者であるというだけでは，同法10条 ➡結論
　6項による不服申立てをする法律上の利益を有する者である
　ということはできず，Xらに不服申立人適格は認められない。 40
　　　　　　　　　　　　　　　　　　　　　　　　　以上

　本問は主婦連ジュース事件（最判昭和53年3月14日民集32巻2号211頁〔判例シリーズ58事件〕）を題材にした問題で，一般消費者の不服申立人適格について検討するものである。具体的には，同判例に沿って，反射的利益論を用いてその不服申立人適格を否定することが期待される。通常の取消訴訟における原告適格ではなく，不服申立人適格というあまりなじみのないものを検討させているが，考え方は原告適格と同じである。

　なお，問題作成の都合上，現行の景表法ではなく昭和46年当時のものを掲載した。現行法では，行政不服審査法に基づき，不服申立てを行うことになる。

論点

1　不服申立人適格の意義
2　行政事件訴訟法9条2項の規定構造

答案作成上の注意点

1　はじめに

　一般的な不服申立人適格の意義について問うものです。司法試験や予備試験では，取消訴訟における原告適格を問うことがほとんどで，不服申立人適格が問われることはまずないため，戸惑ったかもしれません。この点につき，行政不服申立ての当事者適格について，取消訴訟における原告適格より拡大して捉えるべきとする見解もありますが，この論点はほとんど知られていないはずです。そこで，試験本番では行政不服申立ての当事者適格と取消訴訟における原告適格を同様に解してしまうのが無難です。不服申立人適格を有する者とは，法律上の利益がある者，すなわち，当該処分により自己の権利もしくは法律上保護された利益を侵害され，または必然的に侵害されるおそれのある者，と定義できます。

　そのうえで，本問は処分の相手方以外の第三者が不服申立てを行っている事案なので，もんじゅ訴訟の規範を論証していくことになります。この規範によれば，反射的利益は法律上の利益に含まれません。不服申立人適格と原告適格を同意義に解するのが通説的見解なので，上記判例が示した反射的利益論は原告適格の解釈にも適用されます。

　なお，反射的利益論は国家賠償訴訟でも問題になることがあるので，しっかりおさえておいてください。

2　本問について

　まず，反射的利益の意味が少しわかりづらいかもしれません。反射的利益とは，法規が本来保護することを想定した権利利益を保護するに伴ってたまたま生じる一般的な利益のことをさし，これは法的利益ではなく事実上の利益にすぎません。そのため，反射的利益は法律上保護された利益にあたることはなく，それをもつにすぎない者に原告適格等は認められないことになります。

　規範にあてはめて原告適格の有無を論じていくにあたっては，行政事件訴訟法9条2項の文言を参考にしてください。同項は，「法律上の利益の有無を判断するに当たつては，当該処分又は裁決の根拠となる法令の規定の文言のみによることなく，当該法令の趣旨及び目的並びに当該処分において考慮されるべき利益の内容及び性質を考慮するものとする」としています。

　本件処分を定めた行政法規たる景表法10条1項の趣旨を解釈する際には，同法1条の目的規定を参考にしてみましょう。それによれば，同法は公正競争を確保することによる消費者一般の利益という公益を保護することを目的としていると考えられます。公正競争規定を適正に認定・運用することで，消費者個人も利益を受けることはあっても，それはまさにその個人がたまたま受けたもの

といえ，反射的利益といわざるをえません。つまり，第16問で解説した②—2個別的利益性のテストをクリアできないのです。

　また，本件処分が景表法に違反するものであった場合にXが受ける被侵害利益の性質に着目してみましょう。本問は第16問と異なり，被侵害利益は生命・身体の安全という高次の法益ではありません。

　以上の理由から，一般消費者にすぎないXらには，不服申立人適格が認められないことになります。

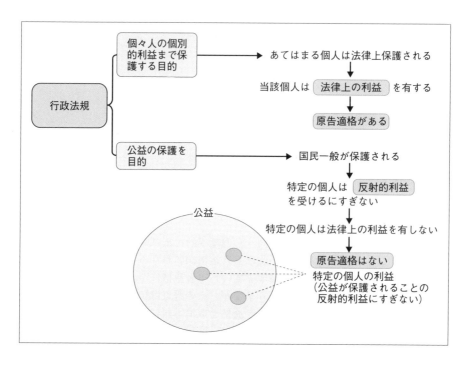

【参考文献】
試験対策講座6章2節③【2】(5)(c)。判例シリーズ58事件。

第18問 A 運転免許停止処分と狭義の訴えの利益

Xは，令和3年3月13日，道路交通法上の違反点数の累積により，Y県公安委員会から，同日から30日間の運転免許停止処分を受けた（以下「本件処分」という）。

しかし，Xは，過去に違反とされた「一時停止違反」の事実はなく，自己の違反点数の合計はまだ運転免許停止処分を受ける点数に達していないため，本件処分は違法であるとして，令和3年9月5日，Y県に対して本件処分の取消訴訟（以下「本件訴訟」という）を提起した。

道路交通法上，運転免許停止処分の日から1年間を無違反・無処分で経過した場合，その免許証の有効期間中は当該処分がされた旨の記載が免許証に残るものの，前歴はないものとみなされ，当該処分を理由に道路交通法上の不利益を受けるおそれはなくなる。また，ほかに不利益に取り扱いうるとする法令も存在しなくなり，本件処分を根拠にXが法令上，不利益に扱われることはなくなる。

そして，Xは本件処分の日から1年間を無違反・無処分で経過したところ，令和4年3月27日に開かれた口頭弁論において，Y県はすでに運転免許停止期間が終了し本件処分から1年が経過したことから，本件処分を根拠に道路交通法上およびほかの法令上不利益に扱われることがないので，Xの訴えの利益は消滅したと主張した。これに対して，Xは，運転免許証には運転免許停止処分がなされた旨の記載が残るので，名誉，感情，信用が損なわれると反論したところ，Y県はかかる利益は単なる事実上の利益にすぎないと再反論した。

以上の事実関係のもとで，本件訴訟におけるXの訴えの利益は認められるか。

【解答へのヒント】

1 運転免許の停止期間はすでに経過していますが，処分を取り消す必要性があるのでしょうか。検討してみましょう。

2 Xは，更に名誉，感情，信用が害されたことも主張しています。このことを根拠に，処分を取り消す必要性はあるのでしょうか。狭義の訴えの利益とは，いかなる利益をいうのか検討してみましょう。

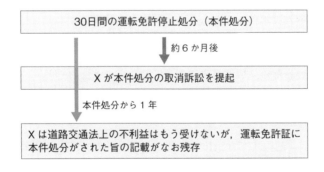

1　Xに対してなされた本件処分は，30日間の運転免許停止処
分であるところ，同期間はすでに経過しているため，本件処
分の本来の効力は消滅している。

　そのため，Xに「回復すべき法律上の利益」（行政事件訴
訟法9条1項括弧書）がなく，本件訴訟は訴えの利益を欠く
のではないかが問題となる。

|論|「回復すべき法律上の利益を有する」の意義

⑴　訴えの利益とは，訴えを提起すべき客観的な必要性をい
う。その趣旨は，無駄な訴訟を省くことにある。

⑵　それでは，取消訴訟における訴えの利益の有無はどのよ
うに判断すべきか。

> ア　取消訴訟は，当該処分を取り消すことで，原告の権利
> 利益の救済を図るものである。そこで，原告の訴えの利
> 益の有無は，処分が判決時において取消判決によって除
> 去すべき法的効果を有しているか否か，処分を取り消す
> ことで回復されうる権利利益が存在するか否かという観
> 点から判断される。

➡規範

イ　そもそも，道路交通法上，Xは，運転免許停止処分の
日から1年間を無違反・無処分で経過したので，前歴は
ないものとみなされる。このため，本件処分を理由に道
路交通法上不利益を受けるおそれはなくなっているし，
ほかに本件処分を理由にXを不利益に取り扱いうること
を認めた法令の規定はないことから，ほかに取消しを求
めるべき付随的な法的効果もいっさい消滅しているとい
える。

➡あてはめ

　たしかに，本件処分の記載のある免許証を所持するこ
とにより，名誉，感情，信用等を損なう可能性があると
いえるが，それは本件処分がもたらす事実上の効果にす
ぎない。

　そうだとすると，本件処分から生じた法的効果はすで
に消滅しているため，取消判決によって除去すべき法的
効果は消滅しており，また本件処分の取消しによって原
告の具体的な権利利益が回復する可能性はないことにな
る。

2　よって，Xには「回復すべき法律上の利益」がないので，
本件訴訟では訴えの利益が認められない。

➡結論

以上

　本問は，最判昭和55年11月25日民集34巻 6 号781頁（判例シリーズ67事件）を参考に出題した。訴えの利益は，司法試験2009（平成21）年公法系第 2 問および2021（令和 3 ）年公法系第 2 問，予備試験2016（平成28）年で出題されており，行政法において重要な論点といえる。どの基本書にも掲載されている基本的な論点ではあるが，今一度確認してもらうために出題した。

■ 論点 ■

運転免許停止処分と訴えの利益

■ 答案作成上の注意点 ■

①　はじめに

　本問は，運転免許停止処分の期間が満了しているので，本件処分の直接的な効果が消滅しています。このような場合にも，本件訴訟には狭義の訴えの利益が認められるかが問われており，「回復すべき法律上の利益を有する」（行政事件訴訟法 9 条 1 項括弧書）の意義が問題となります。

②　「回復すべき法律上の利益を有する」の意義

　訴えの利益とは，訴えを提起すべき客観的な必要性のことをいいます。訴えの利益が訴訟要件として求められるのは，裁判所における物的・人的資源は有限であることから，すべての訴訟を審理するのは困難であるため，裁判所で審理・処理するのに適しない無駄な訴訟をあらかじめ省くためです。

　そして，取消訴訟は，訴訟の対象となった処分を取り消すことで，原告の権利利益を救済するものです。そこで原告の訴えの利益の有無は，処分が判決時において取消判決によって除去すべき法的効果を有しているかどうか，処分を取り消すことで回復されうる権利利益が存在するかどうかという観点から判断されます。

③　あてはめ

　本問では，運転免許停止処分の期間が満了しているので，本件処分の直接的な効果が消滅しているのは明らかです。もっとも，本件処分から無違反・無処分で 1 年経過するまでは，道路交通法上不利益に扱われる可能性があるので，間接的・付随的効果が残存しているといえるでしょう。しかし，本問では，無違反・無処分で本件処分から 1 年がすでに経過しているので，本件処分を根拠に道路交通法上およびほかの法令上，Xが不利益を受ける可能性はなくなりました。このことから，本件処分から生じる間接的・付随的効果は消滅したといえます。そうだとすると，本件処分から生じた法的効果はすでに消滅しているため，取消判決によって除去すべき法的効果は消滅していることになり，また本件処分の取消しによって原告の具体的な権利利益が回復する可能性はないといえます。したがって，Xは「回復すべき法律上の利益を有」しないので，本件訴訟に訴えの利益は認められないことになるでしょう。

　これに対して，Xは本件処分により，名誉，感情，信用が損なわれると主張しています。しかし，名誉，感情，信用が損なわれたとしても，それは本件処分がもたらす事実上の効果にすぎません。

　この点，運転免許停止処分に関する前掲最判昭和55年は，停止期間が満了したことについて，「本件原処分の効果は右処分の日 1 日の期間の経過によりなくなった」と述べています。さらに，「本件原処分の日から 1 年を経過した日の翌日以降，Xが本件原処分を理由に道路交通法上不利益を受ける虞がなくなったことはもとより，他に本件原処分を理由にXを不利益に取り扱いうることを認めた法令の規定はないから，行政事件訴訟法 9 条の規定の適用上，Xは，本件原処分及び本件

裁決の取消によって回復すべき法律上の利益を有しないというべきである」と述べ，訴えの利益を否定しています。また，名誉や信用を損なう可能性がある点に関して，「本件原処分がもたらす事実上の効果にすぎないものであり，これをもってXが本件裁決取消の訴によって回復すべき法律上の利益を有することの根拠とするのは相当でない。」として，これをもって訴えの利益を認めることはできないとしています。

　なお，一般運転者として運転免許の更新処分を受けた者が，優良運転者である旨の記載を求め更新処分取消訴訟を提起した事案において，判例（最判平成21年2月27日民集63巻2号299頁〔判例シリーズ66事件〕）が狭義の訴えの利益を認めたことには注意が必要です。この判例は，優良運転者である旨の記載のある免許証を交付して更新処分を受けることは，単なる事実上の措置にとどめず，法律上の地位として保障されているとしました。

時間が経過した場合の訴えの利益に関する判例

肯　　　定	否　　　定
競願他者の免許処分の取消しを求めたところ，当初の免許処分の有効期間がすでに満了していたとの事案において，当初の免許期間が満了してもその後ただちに再免許が付与されている以上，実質的には当初の免許期間を更新したものと認められるとし，予備免許の取消しについて狭義の訴えの利益を認めた判例（最判昭和43年12月24日民集22巻13号3254頁〔判例シリーズ68事件〕）	○ メーデーにおける皇居外苑の使用不許可処分に関する事案で，メーデーの期間が経過したことにより，狭義の訴えの利益が失われたと判断した判例（最大判昭和28年12月23日民集7巻13号1561頁〔百選 I 65事件〕） ○ 自動車運転免許停止処分につき，停止期間が満了し更に1年が経過した事案において，当該処分を根拠に道路交通法上およびほかの法令において不利益な取扱いを受ける可能性がなくなったとして，狭義の訴えの利益が失われたと判断した判例（前掲最判昭和55年）

【参考文献】
試験対策講座6章2節③【3】(2)(b)・(4)。判例シリーズ66事件，67事件，68事件。

第19問 A　建築確認と訴えの利益

　Aらは，B県C市建築主事Yに対し，建築基準法（以下「法」という）第6条第1項に基づき，共同住宅2棟（以下「本件建築物」という）の計画につき確認申請をなし，Yは，Aらに対してそれぞれ建築確認処分（以下「本件建築確認」という）をした。これに対し，本件建築物の敷地の隣人Xは，本件各建築確認にかかる各建築物の敷地に接する道路が法第42条第2項に定める道路（いわゆる2項道路）に該当しないにもかかわらず，それに該当するものとしてなされたもので違法であると主張し，C市建築審査会に対し，法第94条第1項の規定に基づき本件各建築確認の取消しを求める審査請求をしたが，審査会は，上記審査請求を棄却する裁決をした。

　そこで，Xは，本件各建築確認の取消訴訟を提起した。これにつき，当該取消訴訟の狭義の訴えの利益は存続するか検討せよ。

　なお，本件各建築確認にかかる建築物は，審査会が棄却裁決をする以前にすでに完成していたが，まだ検査済証は交付されていなかった。また，特定行政庁は，法またはこれに基づく命令もしくは条例の規定に違反した建築物または建築物の敷地については，建築主等に対し，違反是正命令をすることができるとされている（法第9条第1項）。

【参考条文】
○建築基準法（昭和25年法律第201号）（抜粋）
（建築物の建築等に関する申請及び確認）
第6条　建築主は，第1号から第3号までに掲げる建築物を建築しようとする場合……においては，当該工事に着手する前に，その計画が建築基準関係規定……に適合するものであることについて，確認の申請書を提出して建築主事の確認を受け，確認済証の交付を受けなければならない。（略）
　一～三　（略）
2～7　（略）
8　第1項の確認済証の交付を受けた後でなければ，同項の建築物の建築，大規模の修繕又は大規模の模様替の工事は，することができない。
9　（略）
（建築物に関する完了検査）
第7条　建築主は，第6条第1項の規定による工事を完了したときは，国土交通省令で定めるところにより，建築主事の検査を申請しなければならない。
2～3　（略）
4　建築主事が第1項の規定による申請を受理した場合においては，建築主事又はその委任を受けた当該市町村若しくは都道府県の職員（以下この章において「建築主事等」という。）は，その申請を受理した日から7日以内に，当該工事に係る建築物及びその敷地が建築基準関係規定に適合しているかどうかを検査しなければならない。
5　建築主事等は，前項の規定による検査をした場合において，当該建築物及びその敷地が建築基準関係規定に適合していることを認めたときは，国土交通省令で定めるところにより，当該建築物の建築主に対して検査済証を交付しなければならない。
（違反建築物に対する措置）
第9条　特定行政庁は，建築基準法令の規定又はこの法律の規定に基づく許可に付した条件に違反した建築物又は建築物の敷地については，当該建築物の建築主，当該建築物に関する工事の請負人（請負工事の下請人を含む。）若しくは現場管理者又は当該建築物若しくは建築物の敷地の所有者，管理者若しくは占有者に対して，当該工事の施工の停止を命じ，又は，相当の猶予期限を付けて，当該建築物の除却，移転，改築，増築，修繕，模様替，

使用禁止，使用制限その他これらの規定又は条件に対する違反を是正するために必要な措置をとることを命ずることができる。

2〜15　（略）

（道路の定義）

第42条　この章の規定において「道路」とは，次の各号のいずれかに該当する幅員4メートル……以上のもの（地下におけるものを除く。）をいう。

　一〜五　（略）

2　都市計画区域若しくは準都市計画区域の指定若しくは変更又は第68条の9第1項の規定に基づく条例の制定若しくは改正によりこの章の規定が適用されるに至つた際現に建築物が立ち並んでいる幅員4メートル未満の道で，特定行政庁の指定したものは，前項の規定にかかわらず，同項の道路とみなし，その中心線からの水平距離2メートル……の線をその道路の境界線とみなす。（略）

（不服申立て）

第94条　建築基準法令の規定による特定行政庁，建築主事若しくは建築監視員，都道府県知事，指定確認検査機関又は指定構造計算適合性判定機関の処分又はその不作為についての審査請求は，行政不服審査法第4条第1号に規定する処分庁又は不作為庁が，特定行政庁，建築主事若しくは建築監視員又は都道府県知事である場合にあつては当該市町村又は都道府県の建築審査会に……対してするものとする。（略）

2〜4　（略）

【解答へのヒント】

　建築確認の効果がどのようなものであるのか，法令から読み解きましょう。また，違反是正命令との関係も検討しましょう。建築確認が取り消されれば，違反是正命令がなされることになるといえるかを考えてみてください。

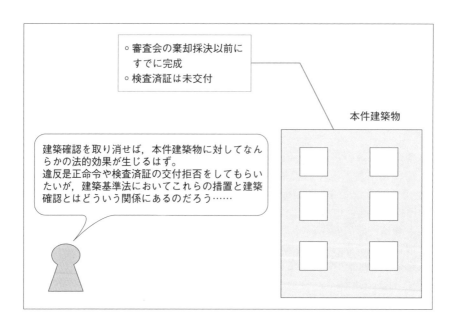

答案構成用紙

1　Xは，本件各建築確認の取消訴訟を提起しているが，本件
各建築確認にかかる建築物は，審査会が棄却裁決をする以前
にすでに完成していた。そこで，建築確認を受けた建築物の
工事が完了した場合であっても，建築確認の取消訴訟につい
て狭義の訴えの利益は存続するのかが問題となる。　　　　　5

囲建築確認と訴えの利益

2　まず，狭義の訴えの利益とは，訴えを提起すべき客観的な
必要性のことをいう。取消訴訟は，当該処分を取り消すこと
で，原告の権利利益の救済を図るものである。そこで，原告
の訴えの利益の有無は，処分が判決時において取消判決によ
って除去すべき法的効果を有しているか否か，処分を取り消　10
すことで回復されうる権利利益が存在するか否かという観点
から判断される。

→規範

⑴　建築主は，法6条1項の建築物の工事をする場合，工事
着手前に，その計画が建築関係規定に適合することについ
て，建築主事の建築確認を受けなければならないとされて　15
おり（法6条1項），この建築確認がなければ建築物の工
事をすることができない（法6条8項）。また，建築主は
工事を完了した場合は，建築主事の検査を申請しなければ
ならず（法7条1項），建築主事がこの申請を受理した場
合には，建築主事等は，当該工事にかかる建築物およびそ　20
の敷地が法またはこれに基づく命令もしくは条例の規定に
適合しているかどうかを検査し（法7条4項），適合する
ときは建築主に対し検査済証を交付しなければならないと
されている（法7条5項）。そして，特定行政庁は，法ま
たはこれに基づく命令もしくは条例の規定に違反した建築　25
物または建築物の敷地については，建築主等に対し，違反
是正命令をすることができるとされている（法9条1項）。
　　これらの一連の規定に照らせば，建築確認は，法6条1
項の建築物の工事着手前に当該建築物の計画が建築関係規
定に適合していることを公権的に判断する行為であって，　30
それを受けなければ工事をすることができないという法的
効果が付与されており，建築関係規定に違反する建築物の
出現を未然に防止することを目的としたものということが
できる。

→あてはめ

⑵　しかし，工事完了後にする建築主事等の検査は当該建築　35
物およびその敷地が建築関係規定に適合しているかどうか
を，特定行政庁の違反是正命令は当該建築物およびその敷
地が法ならびにこれに基づく命令および条例の規定に適合
しているかどうかを基準とするものであり，いずれも当該
建築物およびその敷地が建築確認にかかる計画どおりのも　40
のであるかどうかを基準とするものではない。
　　また，法9条1項の「できる」という文言や，個々の建
築物やその周辺の環境をふまえた地域的・個別的判断を要
することに照らすと，違反是正命令を発するかどうかは，

特定行政庁の裁量に委ねられる。　　　　　　　　　　　45

　そうだとすれば，建築確認の存在は，検査済証の交付を
拒否しまたは違反是正命令を発するうえで法的障害となる
ものではなく，また，たとえ建築確認が違法であるとして
判決で取り消されたとしても，検査済証の交付を拒否しま
たは違反是正命令を発すべき法的拘束力が生ずるものでは　50
ないといえる。

　したがって，建築確認は，それを受けなければこの工事
をすることができないという法的効果を付与されているに
すぎない。よって，工事が完了した場合においては，建築
確認の取消判決によって除去されるべき法的効果は失われ　55
ると解する。

3　以上より，本件各建築確認にかかる建築物が，審査会が棄　　■➡結論
　却裁決をする以前にすでに完成していたことから，Xが提起
　した本件各建築確認の取消訴訟の狭義の訴えの利益は消滅す
　る。　　　　　　　　　　　　　　　　　　　　　　　　60

　　　　　　　　　　　　　　　　　　　　　　　　以上

　　　　　　　　　　　　　　　　　　　　　　　　　　　65

　　　　　　　　　　　　　　　　　　　　　　　　　　　70

　　　　　　　　　　　　　　　　　　　　　　　　　　　75

　　　　　　　　　　　　　　　　　　　　　　　　　　　80

　　　　　　　　　　　　　　　　　　　　　　　　　　　85

建築確認が違法であるとしてその取消訴訟を提起した後，建築確認を受けた建築物の工事が完了した場合であっても，当該取消訴訟について狭義の訴えの利益は存続するのかが問題となる。

建築確認の趣旨・目的ならびに検査済証の交付および違反是正命令との関係を解釈することで，建築確認を取り消すことにより検査済証の交付が拒否され，または違反是正命令がなされるという連続性が認められるか否かを検討することが求められる。

■■ 論点 ■■

建築確認と訴えの利益

■■ 答案作成上の注意点 ■■

① 問題の所在

第18問でみたように，訴えの利益とは，訴えを提起すべき客観的な必要性のことをいい，その有無は，処分が判決時において取消判決によって除去すべき法的効果を有しているかどうか，処分を取り消すことで回復されうる権利利益が存在するかどうかという観点から判断されます。

では，建築確認が違法であるとしてその取消訴訟を提起したが，その判決がでる前に建築確認を受けた建築物の工事が完了した場合であっても，当該取消訴訟について狭義の訴えの利益は存続するのでしょうか。

② 判例の理解

本問の題材となった最判昭和59年10月26日民集38巻10号1169頁（判例シリーズ70事件）は，建築確認を「法6条1項の建築物の建築等の工事が着手される前に，当該建築物の計画が建築関係規定に適合していることを公権的に判断する行為であって，それを受けなければ右工事をすることができないという法的効果が付与されており，建築関係規定に違反する建築物の出現を未然に防止することを目的としたもの」と解釈しました。これを受け，検査済証の交付および違反是正命令は，「建築物及びその敷地が建築確認に係る計画どおりのものであるかどうかを基準とするものでな」く，そのうえ，「違反是正命令を発するかどうかは，特定行政庁の裁量にゆだねられ」るとして，「建築確認の存在は，検査済証の交付を拒否し又は違反是正命令を発する上において法的障害となるものではなく，また，たとえ建築確認が違法であるとして判決で取り消されたとしても，検査済証の交付を拒否し又は違反是正命令を発すべき法的拘束力が生ずるものではない」ことを理由に，狭義の訴えの利益は失われると結論づけました。

つまり，検査済証の交付は，建築確認申請の際の計画に適合していることまでを担保するものではなく，また建築確認が違法であれば必ず違反是正命令がなされるわけではないため，建築確認と検査済証の交付および違反是正命令には法的な連続性はないということです。建築確認の，これを受けなければ工事をすることができないという法的効果は，工事完了時に消滅します。そのため，工事完了後においては，建築確認の取消判決によって除去すべき法的効果はもはや存在しないといえるでしょう。原告としては，工事完了前に工事建築確認の取消訴訟を提起しつつ処分の効力の停止申立て（行政事件訴訟法25条2項ただし書）をしておくか，工事完了後であれば，違反是正命令につき非申請型義務付け訴訟を提起するべきでしょう。

【参考文献】
試験対策講座6章2節③【3】(2)(a)。判例シリーズ70事件。

第20問 A　土地改良事業と訴えの利益

　　A町は町営の土地改良事業（以下「本件事業」という）を計画し，事業計画を定めて，Y県知事に対して本件事業の施行認可の申請をした。これに対して，Y県知事は施行認可（以下「本件認可処分」という）をした。A町は本件認可処分後工事に着手し，換地計画を定め，Yに対して換地計画の認可を申請した。Yは公告，縦覧の手続を経て換地計画を認可した。換地処分の対象となっている土地を所有しているXは，これに不満をもち，本件認可処分の取消訴訟（以下「本件訴訟」という）を提起した。

　　しかし，訴訟係属中にすでに本件事業に関わる工事を完了し，Xに対する換地処分も行われ，登記も完了した。そこで，Y県は本件事業はすでに完了したため，原状回復は社会的，経済的損失の観点からみて社会通念上不可能であるとして，本件訴訟の訴えの利益はすでに消滅したと主張した。本件訴訟について，訴えの利益が認められるか。

【資料　土地改良事業について】

　　換地処分とは，土地改良事業の実施による農用地の区画形質の変更に伴い，工事前の土地に対しその土地に代わる工事後の新たな土地（換地）を定めるものである。この手続および処分は，当該土地改良事業計画の事業認可が有効に存在することを前提とするものである。

　　そして換地処分によって新たに設定された権利関係は，事業が終了しても存続することになる。

【解答へのヒント】

1　本件認可処分を取り消すと，いかなる法的効果が生じるのでしょうか。検討してみましょう。

2　原状回復が社会通念上不可能だとして，訴えの利益にいかなる影響を与えるのかを考えてみましょう。

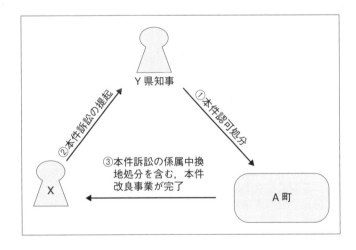

答案例

1　Y県が本件事業に関わる工事を完了し，換地計画に基づく換地処分を行い，登記も完了した場合，取消訴訟（行政事件訴訟法３条２項，以下法名省略）たる本件訴訟の訴訟要件のうち，訴えの利益（９条１項括弧書）が失われることにならないか。 ……5

論 土地改良事業と訴えの利益

2　訴えの利益とは，訴えを提起すべき客観的な必要性のことをいう。取消訴訟は，当該処分を取り消すことで，原告の権利利益の救済を図るものである。そこで，取消訴訟の訴えの利益の有無は，処分が判決時において取消判決によって除去すべき法的効果を有しているか否か，処分を取り消すことで ……10 回復されうる権利利益が存在するか否かという観点から判断される。

➡ 規範

3(1)　これを本問についてみると，工事から登記にいたる事業がすべて完了しているため，本件認可処分の効力がすでに消滅したようにも思える。 ……15

➡ あてはめ

　　しかし，本件認可処分は土地改良事業を適法に行わせるための手続であり，後に行われる換地処分等の一連の手続および処分は，本件認可処分が有効に存在することを前提とするものである。そのため，本件認可処分が取り消されれば後続する換地処分の法的効力は消滅し，換地処分に当 ……20 該土地の元の所有権が復活して，Y県は本件決定に当該事業施行地域を原状に回復する法的義務を負うことになる。したがって，本件認可処分を取り消すことで回復されうる権利利益が認められる。

　　また，換地処分により設定された新たな権利関係が事業 ……25 終了後も存続することからしても，事業の完了は本件認可処分の法的効力を消滅させるものではなく，取消判決によって除去されるべき法的効果を有するといえる。

(2)　そうだとしても，本件認可処分に当該事業施行地域を原状に回復することは社会的，経済的損失の観点からみて社 ……30 会通念上不可能であるから，回復されうる権利利益が存在せず，訴えの利益は失われるようにも思える。

　　しかし，事業施行地域の原状回復が社会通念上不可能であるとしても，このような事情は事情判決（31条１項）の適用に関して考慮するべき事柄である。また，事情判決は，……35 主文で違法であることが宣言されたり，損害賠償等が考慮されたりする点で，原告にとって有利である。

　　したがって，原状回復が困難であることは，訴えの利益の存否に影響しない。

(3)　以上より，本件事業の完了後も，本件認可処分の取消訴 ……40 訟には訴えの利益が認められる。

4　よって，本件訴訟につき，訴えの利益は失われない。

➡ 結論

以上

訴えの利益は，司法試験2021（令和3）年公法系第2問および予備試験2016（平成28）年で出題されており，今後も出題される可能性がある。どの基本書にも掲載されている基本的な論点ではあるが，再度確認してもらうために出題した。

本問は，訴えの利益に関する最判平成4年1月24日民集46巻1号54頁（判例シリーズ71事件）を題材にした問題である。判例百選にも掲載される重要判例であるから，本問を通じて理解を確実なものにしてほしい。また，近時，最判平成27年12月14日民集69巻8号2404頁などの訴えの利益が問題となった重要な判例がでていることから，余裕があれば最新の判例にも目をとおしておくとよいだろう。

論点

土地改良事業と訴えの利益

答案作成上の注意点

① 全体について

本件訴訟の対象は本件認可処分であるところ，本件認可処分の対象となった本件事業はすでに完了しているため，訴えの利益が認められるのかどうかが問題となります。さらに，本問では本件事業の原状回復が困難となっていますが，この事情が訴えの利益に影響するかどうかも問題となります。

② 本件改良事業が完了した場合，訴えの利益は消滅するか

まず，訴えの利益の意義については，第18問を参照してください。

前掲最判平成4年は，「本件認可処分は……土地改良事業施行権を付与するものであり，本件事業において，本件認可処分後に行われる換地処分等の一連の手続及び処分は，本件認可処分が有効に存在することを前提とするものであるから，本件訴訟において本件認可処分が取り消されるとすれば，これにより右換地処分等の法的効力が影響を受けることは明らかである」として，訴えの利益を肯定しています。これは，第19問の建築確認とは異なる結論となっています。建築確認，建築主事等による検査や違反是正命令においては，手続ごとに独立して違反がないかを検討していくことになっており，相互に影響を及ぼす関係にありません。他方で，土地改良事業においては，施行認可の有効性を前提として換地処分などが行われることになるので，施行認可と換地処分は独立したものでなく相互に関連性があります。したがって，施行認可の効力は換地処分の効力にも影響を及ぼします。そして，換地処分により生じた権利関係は，当該事業が完了しても存続しています。以上から，土地改良事業においては，建築確認と異なり当該事業が完了しても訴えの利益は認められます。

③ 原状回復が不可能な場合にも，訴えの利益は認められるか

本問では，本件事業が完了しているため，処分が取り消されても社会的，経済的損失の観点からみて社会通念上原状回復が不可能であるとして，訴えの利益が消滅しないかどうかも問題となります。

この点に関して前掲最判平成4年は，「右のような事情は，行政事件訴訟法31条の適用に関して考慮されるべき事柄であって，本件認可処分の取消しを求めるXの法律上の利益を消滅させるものではないと解するのが相当である」としています。

この点，事情判決について定めている行政事件訴訟法31条によれば，事情判決がなされた場合請

求は棄却されますが，判決の主文で処分の違法が宣言されその宣言に既判力が生じることになります。さらに，損害賠償等も考慮されるので，たとえ原状回復が不可能だとしても，訴えの提起を認めて事情判決をする必要性が認められます。

したがって，この事情は訴えの利益を否定することにはなりません。

4 おわりに

開発許可について，開発行為に関する工事が完了した後に訴えの利益が認められるかどうかに関して，前掲最判平成27年と最判平成5年9月10日民集47巻7号4955頁は異なる判断を示しているので，この機会にぜひ確認してください。前掲最判平成27年は，市街化調整区域における開発工事の事案です。市街化調整区域では，原則として建築物の建築等が制限されているので，開発許可がでると開発工事が可能となります（都市計画法42条1項，43条1項）。そのため，開発許可が取り消されると，開発工事は違法になります。これに対して，前掲最判平成5年は市街化区域における開発工事の事案です。市街化区域では，原則として建築物の建設等が自由なので，開発許可を受けなくても開発工事は可能です。そのため，開発許可を取り消しても，開発工事の適法性は影響を受けません。

処分の完了と訴えの利益に関する判例について

肯定例	否定例
○土地改良事業につき，土地改良工事完了後に当該事業施行認可の取消訴訟を提起した場合において，訴えの利益を肯定した判例（前掲最判平成4年）	○建築等の工事が完了した後に，建築確認の取消訴訟を提起した場合において，訴えの利益を否定した判例（最判昭和59年10月26日民集38巻10号1169頁〔判例シリーズ70事件〕）
○市街化調整区域につき開発工事が完了し検査済証が交付された後に，開発許可の取消訴訟を提起した場合において，訴えの利益を肯定した判例（前掲最判平成27年）	○市街化区域内において開発工事が完了し検査済証が交付された場合，開発許可の取消しの訴えにおいて訴えの利益を否定した判例（前掲最判平成5年）

【参考文献】
試験対策講座6章2節③【3】(2)(a)。判例シリーズ70事件，71事件。

第21問 B　執行停止の申立て

　　Xは，A弁護士会所属の弁護士である。
　　Xは，弁護士職務基本規程第36条，弁護士法第56条第1項に違反したとして，A弁護士会から業務停止3か月の懲戒処分（以下「本件懲戒処分」という）を受け，ただちにその効力を受けることとなった。
　　Xは，この業務停止期間中に期日が指定されているものだけで，31件の訴訟案件を受任していた。日本弁護士連合会（Y）の基準によれば，弁護士会は，1か月以上の業務停止命令を受けた弁護士に対して，受任している依頼者との委任契約を解除し，訴訟代理人を辞任する手続をしなければならないことにつき説明し，その遵守を説示すべきこととなっている。
　　Xは，本件懲戒処分を不服として，日本弁護士連合会に対し，審査請求をした。しかし，Yは，Xの審査請求を棄却する裁決（以下「本件裁決」という）をした。そこでXは，Yに対し，本件裁決の取消訴訟を提起するとともに，本件懲戒処分の効力の停止を求める旨の執行停止の申立てをした。
　　Xの執行停止の申立ては認められるか。なお，取消訴訟が係属していること，および執行停止を求める利益があることについては言及しなくてよい。

【解答へのヒント】

　行政処分の執行停止の申立ては，行政事件訴訟法25条2項に基づき行うことができます。本件裁決の取消訴訟を提起している本問では，行政事件訴訟法29条によって25条が準用されることとなるので，その指摘も忘れないようにしましょう。
　Xによる本件懲戒処分の執行停止の申立てが，「重大な損害」「緊急の必要」等の積極的要件，行政事件訴訟法25条4項の消極的要件をみたすかということについて，順を追ってあてはめをしましょう。

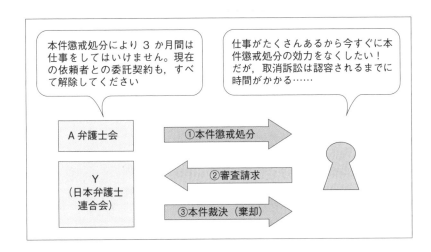

　　Xの執行停止の申立てが認められるためには，行政事件訴訟法（以下法名省略）29条が準用する25条の要件をみたす必要がある。そこで，以下，25条の要件を検討する。

論執行停止の申立ての要件

1　「重大な損害」（25条2項本文）
　(1)　本件懲戒処分によりXが被る「損害」　　　　　　　　　　　　5
　　　弁護士会は，1か月を超える業務停止命令を受けた弁護士に対し，受任している依頼者との委任契約を解除し，訴訟代理人を辞任する手続をしなければならないことにつき説明し，その遵守を説示しなければならない。
　　　したがって，業務停止3か月の本件懲戒処分により，上　　　10
記措置基準に従いXが委任契約の解除の措置を行わなければならなくなる結果，Xの弁護士としての社会的信用が低下するものと考えられる。また，それまでに培われた依頼者との業務上の信頼関係も失われることとなる。

　(2)　それでは，これらの損害が，「重大な損害」といえるか。　15

論「重大な損害」の意義
➡規範

　　　この点について，25条3項の規定に照らして検討する。その際には，本要件の趣旨が，被処分者の権利保護（損害の性質・程度）と，執行停止による公共の福祉や申立人以外の者に与える影響（処分の内容・性質）を比較衡量して，執行停止をすることが適切かを判断する点にあることから，　20
その視点から判断する。

➡あてはめ

　ア　損害の性質
　　　弁護士としての社会的信用や，依頼者との信頼関係は，一度失われるとその回復は困難なものであり，また，それを金銭賠償で填補することも困難である。　　　　　　　　25
　　　したがって，上記損害は，回復が困難な性質の損害ということができる。

　イ　損害の程度
　　　弁護士は高い信用の保持と業務の継続性が求められる職業といえること，業務停止処分は，弁護士としての業　　　30
務活動のすべてを停止させる強度の処分であることにかんがみると，懲戒処分により受ける上記損害は，重大なものということができる。そして，Xは，業務停止期間中に期日が指定されているものだけで，31件もの訴訟案件を受任していたため，本件懲戒処分により，上記信用，　35
信頼関係は重大な影響を受けるといえる。
　　　したがって，損害の程度は多大なものと評価できる。

　ウ　処分の内容・性質
　　　本問では，懲戒処分の執行停止によって，①弁護士に制裁を与えるという懲戒処分の目的を阻害する影響，②　40
被懲戒弁護士による業務の継続により第三者が不利益を受けるおそれがあるという影響を与えることが考えられる。
　　　しかし，①業務停止処分であれば，ただちにこれを行

わず，執行停止の効力が失われた後に行うことによって 45
も，上記目的を達成することができる。また，②本件懲
戒処分は3か月の業務停止処分にすぎず，退会命令等と
異なり，近い将来業務の再開が予定されるものであるか
ら，第三者に与える不利益が執行停止の大きな障害にな 50
ることはないといえる。
　　　　したがって，本件懲戒処分の執行停止をすることは不
　　　適切とはならない。
　⑶　よって，上述の処分の内容・性質を勘案しても，本件懲 ➡結論
　　　戒処分によりXに生ずる社会的信用の低下，業務上の信頼 55
　　　関係の毀損という損害は，いったん生じると回復が困難な
　　　ものであり，またその程度が大きいといえるから，「重大
　　　な損害」にあたる。
2　重大な損害を避けるための「緊急の必要」
　　本件懲戒処分は，Xへの告知によってただちにその効力が
　生じるものであり，これにより上記損害もただちに発生する。60
　したがって，上記損害を避けるための「緊急の必要」も認め
　られる。
3　そして，本件では，処分の執行の停止，手続の続行の停止
　によって目的を達することができる場合にはあたらない（25
　条2項ただし書）。 65
4　また，「公共の福祉に重大な影響を及ぼすおそれ」（25条4
　項前段）は，前記1⑵ウにかんがみれば問題がなく，「本案
　について理由がないとみえる」事情（25条4項後段）もない。
5　よって，Xの執行停止の申立ては認められる。 ➡結論
　　　　　　　　　　　　　　　　　　　　　　　　　　以上 70

本問の素材は，最決平成19年12月18日判時1994号21頁（判例シリーズ76事件）である。これは，最高裁が「重大な損害」要件について柔軟に認めることを，はじめて明示的に判断した判例として，重要な意義を有すると評価されている。「重大な損害」の認定は，司法試験では2007（平成19）年公法系第2問，2008（平成20）年公法系第2問，2009（平成21）年公法系第2問，予備試験では2014（平成26）年に問われている，頻出論点である。執行停止の可否について，「重大な損害」のみならずほかの要件もあわせて検討することは，今後の試験対策上有用であると考えられるため，出題した。

論点

1　執行停止の申立ての要件
2　「重大な損害」の意義

答案作成上の注意点

1　執行不停止の原則と執行停止制度

行政処分に対して取消訴訟が提起されたときに，当該行政処分の効果をどのようにすべきかについては，論理必然的に定まるものではありません。

この点について，行政事件訴訟法は，無闇に訴訟を起こすことによる行政の停滞を防止するため，取消訴訟が提起されても，行政処分の効果は停止せず，訴えの提起は行政処分の効果に影響を及ぼさないという，執行不停止の原則をとっています（行政事件訴訟法25条1項）。他方で，行政庁の公権力の行使に対しては，民事保全上の仮処分の手続は適用されません（行政事件訴訟法44条）。

このような執行不停止の原則を厳格に貫くと，訴訟の継続中に処分の執行がなされ，原告に害が生じて，本案訴訟で勝利しても，原告の権利救済が実現できなくなる場合があります。たとえば，日本に滞在する外国人が不法滞在であるとして退去命令がなされた際に，訴訟においてそれを争っているうちに強制執行されてしまうようなことがありえます。

そこで，一定の要件のもと，裁判所は，申立てにより，決定をもって，処分の効力，処分の執行または手続の続行の全部または一部の停止をすることができると規定し，原告に仮の保護を与えることにしました。これが執行停止制度です（行政事件訴訟法25条2項）。

2　執行停止の要件

執行停止の申立てが認められるためには，3つの積極的要件と，2つの消極的要件をみたす必要があります。

具体的には，積極的要件として，①取消訴訟が係属していること，②執行停止の申立ての利益があること，③「重大な損害を避けるため緊急の必要がある」（行政事件訴訟法25条2項）ことが，消極的要件として，④「公共の福祉に重大な影響を及ぼすおそれ」（行政事件訴訟法25条4項前段）がないこと，⑤「本案について理由がない」（行政事件訴訟法25条4項後段）とみえないことが，それぞれ求められます。

本問では①②に言及することは求められていませんが，執行停止の可否を問う問題では，特段の指示がないかぎり，これらの要件をすべて検討する必要があります。

3　「重大な損害」の判断基準

執行停止の要件を検討するにあたり，主要な争点となるのは「重大な損害」の有無です。その判

断基準については，損害の回復の困難の程度，損害の性質・程度および処分の内容・性質を考慮すると，行政事件訴訟法25条3項が明文で規定しています。もっとも，検討をする際には以下の点に注意が必要です。

　第1に，「損害」の具体的内容を示すことが必要となります。なお，「損害」は，公共の損害や第三者の損害ではなく，申立人個人の損害でなければならない点に注意してください。

　第2に，損害の「程度」の検討を忘れずに行う必要があります。損害の程度をも考慮して，個別具体的事情に即した判断を確保するという2004（平成16）年改正の趣旨にかんがみれば，たとえば，財産的損害にすぎないから重大な損害にあたらない，信用は回復困難だから重大な損害にあたる，と指摘するだけの，具体的な事情を考慮しない抽象的な検討をすべきではありません。

　第3に，「処分の内容及び性質」という勘案事項について，理解しておくことが望ましいです。当該勘案事項の趣旨は，「重大な損害」の判断の際に，執行停止により生ずる，公共の福祉への影響や申立人以外の多数者の権利利益への影響との調整を図る点にあるとされています。

④　その他の要件

　「重大な損害」の検討を終えたところで，ほかの要件の検討を忘れないようにしましょう。特に「緊急の必要がある」ことの検討を忘れがちです。

　なお，「重大な損害」要件は，執行停止の必要性について，具体的事案に応じた総合的・相対的な評価により適切な結論を導くことを要請するものなので，ほかの要件に影響を与えることとなる場合が少なくありません。本問でも，「重大な損害」のうちの処分の性質・内容の判断が，「公共の福祉に重大な影響を及ぼすおそれがある」とはいえないかの判断に影響を与えていることがわかります。

【参考文献】
試験対策講座6章2節④【6】(2)。判例シリーズ76事件。

　　内閣総理大臣Yは，旧動力炉・核燃料開発事業団Aに対し，高速増殖炉「もんじゅ」（以下「本件原子炉」という）の原子炉設置許可（以下「本件設置許可処分」という）を行った。

　　これに対して，周辺住民Xらは，本件原子炉の設置・稼働により，生命・身体を損傷される等重大な被害を受けるとして，Yに対して無効確認訴訟（以下「本件無効確認訴訟」という）を提起するとともに，Aに対して本件原子炉施設の設置・運転の民事差止訴訟を併合提起した。

1　「現在の法律関係に関する訴えによつて目的を達することができない」（行政事件訴訟法第36条）の意義をいかに解するべきか。

2　周辺住民は本件原子炉の設置者Aに対しその建設・運転の差止めを求める民事訴訟を併合提起しているが，このような場合に本件無効確認訴訟を提起することは適法か。

【解答へのヒント】

1　小問1について

　　無効確認訴訟の機能を考慮して規範を立てましょう。判例の立場がお勧めです。

2　小問2について

　　原子炉建設・運転の差止めを求める民事訴訟と原子炉設置許可に対する無効確認訴訟は，どのような関係にあるのでしょうか。前者は，設置許可の無効を前提とするものでしょうか。

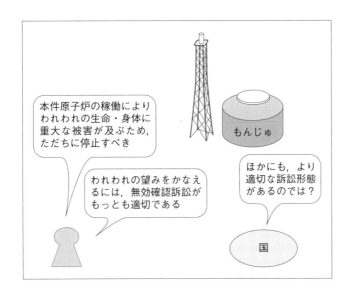

第1　小問1について

「現在の法律関係に関する訴えによつて目的を達することができない」（行政事件訴訟法36条）の意義をいかに解するか。

論「現在の法律関係に関する訴えによつて目的を達することができない」の意義

無効確認訴訟は時機に後れた取消訴訟であるところ，取消訴訟には，原状回復機能のほかに，差止め・再度考慮・法律関係の合一確定という，現在の法律関係に関する訴えでは達成困難な機能もある。そうであれば，原告が，現在の法律関係に関する訴えでは達成困難なこれらの機能に期待して無効確認訴訟を提起した場合にも，訴えの利益を認めるべきである。　　　　　　　　　　　　　　　　　　　　　　　10

そこで，「現在の法律関係に関する訴えによつて目的を達することができない」場合とは，当該処分に基づいて生ずる法律関係に関し，処分の無効を前提とする当事者訴訟・民事訴訟では，その処分のため被つている不利益を排除することができない場合はもとより，当該処分の無効を前提とする当事者訴訟または民事訴訟と比較し，当該処分の無効確認を求める訴えのほうがより直截的で適切な争訟形態であるとみるべき場合をも意味するものと解するのが相当である。

➡規範

第2　小問2について　　　　　　　　　　　　　　　　　　　20

周辺住民はAに対し本件原子炉の建設・運転の差止めを求める民事訴訟を併合提起しているところ，本件無効確認訴訟は前記要件をみたすか。

論無効確認訴訟と民事訴訟の関係

この点，XらはAに対し，人格権等に基づき本件原子炉の建設ないし運転の差止めを求める民事訴訟を提起している。　25

➡あてはめ

しかし，この民事訴訟は，本件原子炉の運転に伴う人格権侵害を理由とするものであり，本件設置許可処分の効力とは無関係に提起されているものである。よつて，行政事件訴訟法36条の「当該処分……の効力の有無を前提とする現在の法律関係に関する訴え」に該当するものとみることはできない。30

また，本件設置許可処分自体の効力を争う本件無効確認訴訟と比較して，人格権侵害の有無を争う民事訴訟は，その目的を異にしており，本件設置許可処分に起因する本問の紛争を解決するための争訟形態としてより直截的で適切なものであるともいえないから，Xらにおいて上記民事訴訟の提起が　35可能であつて現にこれを提起していることは，本件無効確認訴訟が前記要件を欠くことの根拠とはなりえない。

さらに，ほかに本件無効確認訴訟が前記要件を欠くものと解すべき事情もうかがわれない。

以上より，本件無効確認訴訟は前記要件をみたすから，こ　40れを提起することは適法である。

➡結論

以上

　本問は最判平成４年９月22日民集46巻６号1090頁（判例シリーズ74事件）を題材にし，無効確認訴訟の訴訟要件のひとつである補充性について問うものである。「現在の法律関係に関する訴えによつて目的を達することができない」の意義については，学説上さまざまな考えが提唱されているが，判例が示した規範を用いるほうが無難である。

　小問２で具体的なあてはめが求められているところ，本問で併合提起されている訴訟が民事上の差止訴訟であることに注意しなければならない。当該訴訟が，土地収用裁決の無効を前提とする争点訴訟たる所有権に基づく返還請求訴訟とは異なり，そもそも原子炉設置許可の無効を必ずしも前提としていないということに気づけるか否かが，本問の肝である。

論点

1　無効確認訴訟の要件（補充性）
2　無効確認訴訟と民事訴訟の関係

答案作成上の注意点

1　小問１について

　「現在の法律関係に関する訴えによつて目的を達することができない」（行政事件訴訟法36条。無効確認訴訟の補充性）の意義を問うものです。学説では，「現在の法律関係に関する訴えによつて目的を達することができない」という文言を，現在の法律関係に関する訴え（争点訴訟・当事者訴訟）に還元できないことを意味すると解する還元不能説や，争点訴訟や当事者訴訟では権利保護の目的を達成できないことを意味すると解する権利保護目的説があります。

　これらに対して，最判昭和62年４月17日民集41巻３号286頁（百選Ⅱ180事件）は，これを無効確認訴訟のほうがより直截的で適切な訴訟形態である場合，と判示しました。上記学説と比べれば，還元不能説よりは緩和されており，権利保護目的説に近い規範といえます。

　「直截」や「適切」という文言が少し抽象的でわかりづらいと思うので，前掲最判昭和62年を例に，具体的なあてはめをしてみます。この事案は，原告が土地改良法に基づく換地処分が照応原則に反すること，すなわち適正な換地処分がなされていないとして，換地処分の無効を争ったものです。この場合，原告は，争点訴訟として民事訴訟たる所有権確認訴訟を提起し，換地処分の無効を争うことは可能です。しかし，原告は換地処分がなされたこと自体を無効として，土地の所有権を確保したいわけではありません。換地処分自体がなされたことに不満があるわけではなく，適正な換地処分がなされなかったことに不満があるにすぎません。つまり，所有権確認訴訟では，原告の望みをかなえることはできないのです。そこで，無効確認訴訟を提起するほうが，原告の望みをかなえるうえで「より直截的で適切」といえるのです。

2　小問２について

　小問２は，具体的なあてはめを求めるものです。人格権等に基づく本件原子炉の建設ないし運転の差止めを求める民事訴訟を併合提起していることにより，本件無効確認訴訟が不適法却下となる，すなわち補充性要件をみたさないことになるのかが問題となります。

　ここで，民事訴訟としての差止訴訟は，土地収用裁決の無効を前提とする争点訴訟たる所有権に基づく返還請求訴訟とは異なり，原子炉の運転に伴う人格権侵害を理由とするものであり，原子炉設置許可の効力とは無関係に提起されるものも含まれます。すなわち，許可処分が有効であっても現実の運転の仕方が不適切であることから，人格権侵害のおそれが生じることはありうるので，必ずしも許可処分の無効を前提とする争点訴訟とはいえません。よって，そもそも行政事件訴訟法36

条の「当該処分……の効力の有無を前提とする現在の法律関係に関する訴え」に該当するものとみることはできません。

　なお，本件無効確認訴訟と比較して，本件設置許可処分に起因する本問の紛争を解決するための争訟形態としてより直截的で適切なものであるともいえません。両者の目的が共通しているとはいえないためです。

　以上より，人格権等に基づく本件原子炉の建設ないし運転の差止めを求める民事訴訟が「現在の法律関係に関する訴え」にそもそもあたらないため，民事訴訟を提起していることから補充性要件がみたされないとはいえず，本件無効確認訴訟を提起することは適法となります。

【参考文献】
試験対策講座 6 章 2 節⑥【3】(3)。判例シリーズ74事件。

第23問 B 非申請型義務付け訴訟

　　AはY県において，産業廃棄物処分場（以下「本件処分場」という）を操業していた。本件処分場は地下水が汚染されているが，それが本件処分場の外に流出するのを防止するのに十分な施設が備わっていない。本件処分場の南約30メートルの地点には，周辺住民の生活用水や農業用水として利用されているB川があるところ，Aは，本件処分場の地下に浸透している水に含まれる身体に害のある有害物質が，B川において浸透水基準を超えていたとして，令和元年，Y県保健所長から厳重注意を受け，さらに，令和2年にも，浸透水基準を超えているとして，Y県保健環境事務所長から厳重注意を受けた。しかし，それにもかかわらず，Aは何らの措置もとっていない。そこで，周辺住民のXらは，本件処分場において産業廃棄物処理基準に適合しない産廃処分が行われ，生活環境の保全上支障が生ずるおそれがあるとして，Y県知事が上記支障の除去のためになんらかの処分をすることを求めて，訴訟の提起を考えている。

　　Xらは，いかなる訴訟を提起すべきか，また訴訟要件をみたすか。なお，原告適格が認められることは前提としてよい。

【参照条文】
○廃棄物の処理及び清掃に関する法律（昭和45年法律第137号）（抜粋）
第19条の5　産業廃棄物処理基準又は産業廃棄物保管基準（略）に適合しない産業廃棄物の保管，収集，運搬又は処分が行われた場合において，生活環境の保全上支障が生じ，又は生ずるおそれがあると認められるときは，都道府県知事（略）は，必要な限度において，次に掲げる者（略）に対し，期限を定めて，その支障の除去等の措置を講ずべきことを命ずることができる。
一　当該保管，収集，運搬又は処分を行った者（略）
二〜五　（略）
2　（略）

【解答へのヒント】
1　XらはY県知事が，上記支障の除去のためになんらかの処分をすることを求めています。一定の処分を求める訴訟として，いかなる訴訟が考えられるでしょうか。
2　Xらにいかなる損害が生じるのかを検討してみましょう。

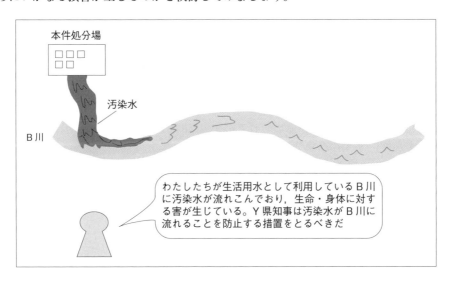

1　Xらは，廃棄物の処理及び清掃に関する法律（以下「法」
　という）第19条の5第1項に基づいて，Y県知事がAに対し
　て，本件処分場の汚染された地下水が本件処分場の外に流出
　するのを防止する措置を命ずること（以下「本件命令」とい
　う）につき非申請型義務付け訴訟（行政事件訴訟法3条6項　　5
　1号，以下法名省略）を提起することが考えられる。上記訴
　訟は認められるか。訴訟要件をみたすかが問題となる。

論 非申請型義務付け訴訟の訴
訟要件

2　本件処分は，Y県知事が，優越的地位を根拠に一方的に行
　うので，公権力性がある。また，本件命令がだされれば，A
　は上記支障の除去等の措置が義務づけられるので，Aの義務　　10
　を直接形成する。したがって，本件命令には「処分」性（3
　条6項1号）がある。

➡ あてはめ

3　また，本件命令は法19条の5第1項に基づき，Y県知事が
　Aに対する上記支障の除去等の措置を命ずることなので，裁
　判所の判断が可能な程度に対象が特定されているといえ，　　15
　「一定の」処分（3条6項1号）といえる。
4　次に，「重大な損害を生ずるおそれがあ」る（37条の2第
　1項）かは，37条の2第2項に従って判断する。
　　本件処分場の地下に浸透している水に含まれる身体に害の
　ある有害物質は，浸透水基準を超えている。しかし，本件処　　20
　分場は，地下水が汚染して本件処分場の外に流出するのを防
　止するのに十分な施設を備えていない。そうだとすれば，地
　下に浸透した有害物質によってB川が汚染される可能性が高
　い。さらに，B川の水は，Xら周辺住民が生活用水として利
　用しているので，汚染したB川の水をXらが使用することに　　25
　より，Xらの生命・身体に危害を生じさせるおそれがある。
　そして，生命・身体に害が生じた場合，その性質上金銭で事
　後的に回復することはできず，損害も重大なものとなるおそ
　れがある。以上からすると，事後的な損害の回復は著しく困
　難である。　　30
　　したがって，「重大な損害を生ずるおそれがあ」るといえ
　る。
5　また，法には，Xらのための特別の権利救済手段は設けら
　れていないので，「損害を避けるために他に適当な方法がな
　いとき」（37条の2第1項）といえる。　　35
6　さらに，Xらに原告適格が認められるので，「法律上の利
　益を有する者」（37条の2第3項）といえる。
7　したがって，上記訴訟は訴訟要件をみたす。

➡ 結論

以上

40

本問は，非申請型義務付け訴訟をテーマとし，福岡高判平成23年2月7日判時2122号45頁を題材にしている。非申請型義務付け訴訟は，司法試験2014（平成26）年公法系第2問および2017（平成29）年公法系第2問，予備試験2013（平成25）年で出題されており，重要な論点であるため，出題した。なお，当該訴訟の訴訟要件として，原告適格が大きな論点となることも多いが，取消訴訟と同じ方法で検討していくので，第16問を参照してほしい。

論点

非申請型義務付け訴訟の訴訟要件

答案作成上の注意点

1 本問前段について

本問では，Xらは，本件処分場において産業廃棄物処理基準に適合しない産廃処分が行われ，生活環境の保全上支障が生じるおそれがあるとして，上記支障の除去のためになんらかの処分をすることを求めています。このように行政機関に一定の処分行為を求める場合は，義務付け訴訟を提起していくことになります。そして，本問においてXらは何ら申請をしていないので，廃棄物の処理及び清掃に関する法律第19条の5第1項に基づき，Y県知事に，Aに対する上記支障の除去等の措置を命ずることを義務づける非申請型義務付け訴訟（行政事件訴訟法3条6項1号）を提起することになるでしょう。

2 本問後段について

本問後段では，上記訴訟の訴訟要件をみたすかを検討していくことになります。非申請型義務付け訴訟の訴訟要件は，①「一定の処分」（3条6項1号）（特定性），②「重大な損害を生ずるおそれ」（37条の2第1項）（重大性），③「損害を避けるため他に適当な方法がない」（37条の2第1項）こと（補充性），④原告適格（37条の2第3項）が主に問題となります。そのほかにも，訴えの利益や被告適格，管轄が訴訟要件としてあげられます。本問では，原告適格が認められることは前提とされているので，①から③までを検討していくことになります。なお，本問では，本案の勝訴要件の検討までは求められていません。

1 ①「一定の処分」について

まず，処分性を有するかを検討していくことになります。処分性の定義については第12問から第14問までを参照してください。本件命令が処分性を有することは明らかなので，答案例のように端的に論じるべきでしょう。

次に，「一定」といえるか，処分の特定性が問題となります。処分が特定されたといえるには，裁判所における判断が可能な程度に特定されていれば足ります。もっとも，国民の権利利益の実効的救済という観点からは，過度に厳格に審査するべきではありません。本件命令は，廃棄物の処理及び清掃に関する法律第19条の5第1項に基づき，Y県知事に，Aに対する上記支障の除去等の措置を命ずるものなので，十分に具体性があるといえ，裁判所の判断が可能な程度に対象が特定されているといえるでしょう。

したがって，「一定の処分」の要件は認められます。

2 ②「重大な損害を生ずるおそれ」

重大な損害を生ずるおそれがあるかは，37条の2第2項に従って判断していきます。つまり，損害の回復の困難の程度が考慮され，損害の性質および程度ならびに処分の内容および性質をも勘案して判断していくことになります。一般的には，経済的な損害は金銭での回復が可能なので，

事後的な救済は困難といえず，重大な損害が否定される方向に傾いていきます。他方で生命・身体に対する損害は，一度侵害されると金銭で回復することは困難なので，事後的な救済が困難であるといえ，重大な損害を肯定する方向に傾きます。もっとも，これらの点から，ただちに結論をだすべきではないでしょう。

　本問においては，本件処分場の地下に浸透している水に含まれる身体に害のある有害物質が，浸透水基準を超えています。ですから，この水が人の体内に入ることで，生命・身体に害を与えるおそれがあるといえます。しかし，本件処分場は，地下水が汚染して本件処分場の外に流出するのを防止するのに十分な施設を備えておらず，地下に浸透した有害物質が，地下水を汚染してB川に流出する可能性があります。さらに，B川の水は，Yら周辺住民が生活用水として利用しているので，B川に流れ込んだ水をYらが飲むおそれがあり，それによってYらの生命・身体に危害が生じるかもしれません。そして，生命・身体に害が生じた場合，その性質上金銭で事後的に回復することはできず，損害も重大なものとなるおそれがあります。以上からすると，事後的な損害の回復は著しく困難といえます。

　したがって，「重大な損害を生ずるおそれ」があるといえます。

3　③「損害を避けるため他に適当な方法がない」

　補充性の趣旨は，法律上別の救済手段による救済が可能な場合，当該別の手段を利用することを求めることにあります。もっとも，民事訴訟による救済が可能であるからといって義務付け訴訟が提起できないと，義務付け訴訟を利用することが困難となります。そこで，個別法において，特別な救済手段が認められていなければ，補充性は認められると解するべきです。

　本問では，廃棄物の処理及び清掃に関する法律には特別な救済手段が認められていないので，補充性が認められます。

4　なお，本問では原告適格の検討が求められていませんが，原告適格を検討する場合には，37条の2第4項が9条2項を準用しているので，取消訴訟と同様の手順で検討していくことになります。もっとも，取消訴訟における原告適格の規範のうち，「当該処分により自己の権利若しくは法律上保護された利益を侵害され，又は必然的に侵害されるおそれのある者をいう」という部分において，義務付け訴訟では処分を求めているので，「当該処分がされないことにより……」となることに注意が必要です。

【参考文献】
試験対策講座6章2節⑧【1】⑵。

第24問 B　仮の義務付けの申立て

　Xの長男Aは，喉の病気のため，カニューレを装着しており，心身に障害のある就学前の幼児を対象にした施設に通園していた。Xは，Y市が設置運営する普通保育所へのAの入園申込みをしたが，処分行政庁であるY市福祉事務所長Zは，Aの病気を考慮した結果，児童福祉法（以下「法」という）第24条第1項ただし書の「やむを得ない事由」が存在すると判断し，不承諾処分（以下「本件処分」という）をした（法第24条第1項のその他の要件充足性については当事者も争っていないものとする）。そこで，Xは，令和3年11月2日，Zの本件処分に際しての判断には裁量権の逸脱濫用があるため違法であるとして，本件処分の取消しを求めるとともに，ZがXに対し，Aの普通保育所への入所を承諾するとの処分をすることの義務付けを求める本案の訴えを提起したうえで，Aの普通保育所への入所をかりに承諾する仮の義務付けを申し立てた。

　なお，Aは上記訴え提起の際5歳であり，年齢的にみれば，通常は令和4年3月には保育所を卒園する。また，Aは，たんなどの機械による吸引と誤えんへの注意の点について，いまだ格別の配慮を要するが，吸引措置に伴う事故の可能性はさほど高くないこと，Aは，当初身体障害者手帳1級であったが，精神身体面で順調な改善があったこと，当該保育所には吸引措置等に対応する看護師の配置があること等が判明している。

〔問題〕

　Xの行った仮の義務付けの申立てが認められるかを論じなさい。なお，本案の訴えについては適法に提起されたこと，Zによる法24条1項ただし書の「やむを得ない事由」該当性判断に際しては，Zに裁量権が認められることを前提としてよい。

【参照条文】
○児童福祉法（昭和22年法律第164号）（抜粋）　※平成28年改正前のもの
第1条　すべて国民は，児童が心身ともに健やかに生まれ，且つ，育成されるよう努めなければならない。
2　（略）
第2条　国及び地方公共団体は，児童の保護者とともに，児童を心身ともに健やかに育成する責任を負う。
第24条　市町村は，……政令で定める基準に従い条例で定める事由により，その監護すべき乳児，幼児……の保育に欠けるところがある場合において，保護者から申込みがあったときは，それらの児童を保育所において保育しなければならない。ただし，保育に対する需要の増大，児童の数の減少等やむを得ない事由があるときは，……適切な保護をしなければならない。
2～5　（略）

【解答へのヒント】
　要件のうち，特に「償うことのできない損害」の意義が問題となります。

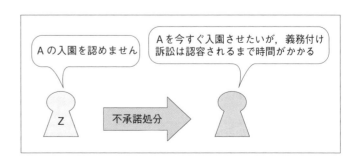

1　Xの申立ては認められるか。行政事件訴訟法37条の5第1
　項，3頁の要件を検討する。

2　まず，「償うことのできない損害」とは，原状回復ないし
　金銭賠償による損害回復が不可能であるか，または社会通念
　上相当に困難といえる程度に達している場合をいう。

Aは，現在5歳であり，保育所への入所が許可されたとし
ても，令和4年3月には保育所を卒園する。そのため，令和
3年11月2日に提起された本案訴訟の判決確定を待っていた
のでは，Aは保育所に入所して保育を受ける機会を喪失する
可能性が高い。また，子供にとって，心身の成長発育のため
に必要な事項を習得する重要な時期である幼児期に，いかな
る環境でいかなる生活を送るかは重要な事柄である。そうす
ると，Aが保育所に入所して保育を受ける機会を喪失すると
いう損害は，原状回復ないし金銭賠償による損害回復が不可
能である。そして，上記損害は，親権者の監護および教育の
権利義務（民法820条）にも影響するから，Xの損害ともい
える。

したがって，Xに「償うことのできない損害」が認められ
る。

3　また，Aは本件処分により現に保育所に入所できない状況
におかれているのであるから，損害の発生が切迫しており，
社会通念上，これを避けなければならない「緊急の必要」性
も認められる。

4　では，「本案について理由があるとみえる」といえるか。
本問における「本案」とは，Aの普通保育所への入所を承諾
するとの処分をすることの義務付けを求める義務付け訴訟で
ある。よって，その勝訴要件である，①本件処分の取消訴訟
「に係る請求に理由があると認められ」ること（行政事件訴
訟法37条の3第5項前段），および，法24条1項ただし書の
該当性判断にはZに裁量が認められることから，②ZがAの
普通保育所への入所を承諾するとの「処分……をしないこと
がその裁量権の範囲を超え若しくはその濫用となると認めら
れるとき」（行政事件訴訟法37条の3第5項後段）の該当性
を検討する。

⑴　法1条1項および2条が，いずれも児童を健やかに育成
　することの重要性を強調していることから，法24条1項に
　基づく保護者から申込みがあった場合，行政庁は，保育所
　における保育を行う際に当該園児が心身ともに健やかに成
　育するうえで真にふさわしい保育を行う義務を負うといえ
　る。そして，上記義務を果たすには，障害のある者である
　ことを理由に一律に障害のない者が通う普通保育所におけ
　る保育を認めないことは許されず，当該園児が普通保育所
　に通う園児と身体的，精神的状態および発達の点で同視で
　き，普通保育所での保育が可能な場合には，同所での保育

5

10

15

20

25

30

35

40

論　仮の義務付けの要件

➡規範

➡あてはめ

を実施すべきである。そこで，上記のような場合にもかか 45
わらず，行政庁が，法24条１項ただし書にいう「やむを得
ない事由」があるとして当該園児に対し普通保育所におけ
る保育を認めないことは，裁量権の逸脱・濫用にあたり違
法となる。

(2) Aは，いまだたん等の機械による吸引と誤えんへの注意 50
の点について格別の配慮を要するが，吸引措置に伴う事故
の可能性はさほど高くないこと，当該保育所には吸引措置
等に対応する看護師の配置があることからすれば，カニュ
ーレを装着することにより発生する保育所の支障は少ない。
また，Aは，当初身体障害者手帳１級であったが，精神身 55
体面で順調な改善があったことからすれば，そもそもカニ
ューレが不要となる可能性もある。これらの事情からすれ
ば，Aは，普通保育所に通う園児と身体的，精神的状態お
よび発達の点で同視でき，普通保育園での保育が可能な場
合といえる。そうだとすれば，Aの普通保育所への入所を 60
認めないというZの判断には裁量権の逸脱・濫用が認めら
れる。

したがって，本件処分は違法であり（①充足），ZがAの
普通保育所への入所を承諾するとの処分をしないことは裁
量権の逸脱・濫用といえる（②充足）。よって，「本案につ 65
いて理由があるとみえる」といえる。

5　さらに，本件において，「公共の福祉に重大な影響を及ぼ
すおそれ」があるといえる事情はない。

6　以上より，Xの申立ては認められる。

➡結論

以上 70

75

80

85

本問は，東京地決平成18年1月25日判時1931号10頁（判例シリーズ77事件）を題材として，仮の義務付けの申立要件について，問題文中の事実を的確に引用しつつ論じることを求めるものである。仮の義務付けについては，論文式試験において非常に重要で，出題可能性は高いといえる。仮の義務付けの要件，特に「償うことのできない損害」について，どのような規範を定立し，どのようにあてはめをすべきかを，本問で学習してほしい。

なお，仮の義務付けの申立てを学習するにあたり，その効果を考慮し，問題文にあげている参考条文は，現行の児童福祉法ではなく，判例がでる前のものとしている。

論点

仮の義務付けの要件

答案作成上の注意点

1 仮の義務付けの要件

仮の義務付けの申立てが認められるためには，積極的要件として，①「義務付けの訴えの提起があった場合」（行政事件訴訟法37条の5第1項）であること，②「償うことのできない損害を避けるため緊急の必要」（同項）があること，③「本案について理由があるとみえる」（同項）こと，消極的要件として，「公共の福祉に重大な影響を及ぼすおそれ」（行政事件訴訟法37条の5第3項）がないことが，それぞれ求められます。行政事件訴訟法の条文をしっかりと引用し，もれなくあてはめるようにしましょう。

2 「義務付けの訴えの提起があった場合」

まず，「義務付けの訴えの提起があった場合」と認められることが要件となりますが，問題文の指示により，本案の訴えについては適法に提起されたことを前提とすることとされています。そのため，同要件をみたすことについては，端的に認定すればよいです。

3 「償うことのできない損害を避けるため」の「緊急の必要」

次に，「償うことのできない損害を避けるため緊急の必要があ」るといえるかについて，検討することになります。

この点について，前掲東京地決平成18年は，「償うことのできない損害を避けるため緊急の必要があ」るといえるためには，「義務付けの訴えに係る処分又は裁決がされないことによって被る損害が，原状回復ないし金銭賠償による填補が不能であるか，又は社会通念上相当に困難であるとみられる程度に達していて，そのような損害の発生が切迫しており，社会通念上，これを避けなければならない緊急の必要性が存在すること」が必要となると判示しています。本問では，問題文中に，同要件を検討するにあたり必要となる事実が複数散りばめられています。同裁判例に従って，問題文中の事実を適切に評価しながら，あてはめることとなります。

4 「本案について理由があるとみえる」

「本案について理由があるとみえる」の該当性については，最終的に「やむを得ない事由」（法24条1項ただし書）の有無を検討することになります。

問題文の指示から，「やむを得ない事由」の判断にあたっては，Zに裁量権が認められることを前提とすることになります。そこで，Zの判断が，裁量権の逸脱・濫用といえるかどうかについて，検討することが求められます。その際には，法1条1項および2条が，児童の健やかなる育成の重

要性を強調していることに着目しつつ，「やむを得ない事由」が認められる場合を限定しつつ，裁量権の逸脱・濫用となる場合について，自分なりの規範を定立すれば十分です。解答例のように，裁量権の逸脱・濫用を認定する際に，法の趣旨・目的を参照することが有用な場合があることは，頭にいれておいてください。

　答案例では，法1条1項，および2条の目的から，法24条1項に基づく保護者から申込みがあった場合，行政庁は，保育所における保育を行う際に当該園児が心身ともに健やかに成育するうえで真にふさわしい保育を行う義務があると論じています。そのうえで，当該園児が普通保育所に通う園児と身体的，精神的状態および発達の点で同視でき，普通保育所での保育が可能な場合には，同所での保育を実施すべきであるとして，裁量権の逸脱・濫用にあたる場合を明確にすることで，あてはめをしやすくしています。

5 「公共の福祉に重大な影響を及ぼすおそれ」がない

　本問では，「公共の福祉に重大な影響を及ぼすおそれ」があるとみえる事情はないので，「公共の福祉に重大な影響を及ぼすおそれ」がないことについて，端的に指摘しておけば十分です。

【参考文献】
試験対策講座6章2節8【3】。判例シリーズ77事件。

第25問 A　差止訴訟

　　Y県教育委員会（以下「Y県教委」という）の教育長は，Y県立学校の各校長宛に，通達（以下「本件通達」という）を発した。その内容は，（ア）入学式，卒業式等の実施にあたっては，国旗を掲揚し，教職員は国旗に向かって起立して国歌を斉唱すること，（イ）教職員がこれらの内容に沿った校長の職務命令に従わない場合は服務上の責任を問われることを教職員に周知することなどを通達するものであった。

　　Y県立学校の各校長は，本件通達をふまえ，その発出後に行われた卒業式や入学式等の式典に際し，その都度，多数の教職員に対し，国歌斉唱の際に国旗に向かって起立して斉唱することを命ずる旨の職務命令を発した（以下，将来発せられるものを含め，「本件職務命令」という）。

　　Y県教委は，本件通達の発出後，Y県立学校の卒業式や入学式等の式典において，所属校の校長の本件職務命令に従わず国歌斉唱の際に起立しないなどの職務命令違反をした多数の教職員に対し，懲戒処分をした。その懲戒処分は，非違行為を繰り返した場合には量定を加重するという方針に従い，おおむね，1回目は戒告，2回目および3回目は減給，4回目以降は停職の処分がなされるというものであった。ただし，免職処分がなされた例は1度もない。

　　Y県立学校の教職員として勤務するXは，「君が代」と過去の日本のアジア侵略との結びつきを理由に，公の場で国旗および国家に対する敬意を表すべきでないという信条を有しており，3か月後に行われる勤務校の卒業式（以下「本件卒業式」という）においても，国歌斉唱の際の起立および斉唱を拒否しようと考えている。そこでXは，Y県を相手として，本件卒業式における国歌斉唱の際に国旗に向かって起立しないこと，または斉唱しないことを理由とするXに対する懲戒処分の差止めを求めようと考えている。

　　Xは，以下の懲戒処分の差止訴訟を適法に提起できるか。なお，本件通達および本件職務命令が抗告訴訟の対象となる処分にあたらないこと，ならびに懲戒処分が処分にあたることを，それぞれ前提としてよい。

1　戒告，減給または停職の懲戒処分
2　免職の懲戒処分

【解答へのヒント】

　差止訴訟の訴訟要件を検討させる問題です。

1　小問1について

　　差止訴訟の訴訟要件は，行政事件訴訟法3条7項，37条の4に規定されています。漏れのないように検討しましょう。

2　小問2について

　　小問1と小問2の対象となる処分には，どのような違いがあるかを意識しましょう。

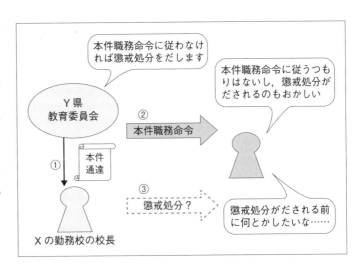

第1　小問1について

1　処分の差止めの訴え（行政事件訴訟法3条7項。以下「行政事件訴訟法」法名省略）の訴訟要件は，①「一定の処分……がされようとしている」（3条7項）こと，②「処分……がされることにより重大な損害を生ずるおそれ」（37条の4第1項本文），③原告適格（37条の4第3項），④「その損害を避けるため他に適当な方法」（37条の4第1項ただし書）がないこと，である。以下，各要件を検討する。

2　①について，「一定の処分」とは，裁判所の判断が可能な程度に対象が特定されている処分をいい，「されようとしている」とは，当該処分の要件がみたされたために当該処分がなされる蓋然性があることをいうと解する。

本問では，Y県立学校の教職員が本件職務命令に違反した場合にY県教委は懲戒処分を行っており，その内容は，おおむね，1回目は戒告，2回目および3回目は減給，4回目以降は停職となっている。そのうえでXは，本件卒業式における起立・斉唱の拒否をもって本件職務命令に違反しようとしている。

よって，Xに対しては，職務命令違反という特定の理由による，停職，減給または戒告という特定の内容の「一定」の各処分が「されようとしている」といえる（①充足）。

3　②について，減給・停職の処分がなされた場合，Xは給与額の減少という財産上の損害を受けることとなる。さらに，教職員として必要な社会的信頼を失うという損害を被るおそれもある。

では，これらの損害が，「重大」といえるか。「重大な損害」の有無の判断にあたっては，損害の回復の困難の程度を考慮するものとし，損害の性質および程度ならびに処分の内容および性質をも勘案するものとされている（37条の4第2項）。

(1)　この点について，司法と行政の権能の適切な均衡という観点からすると，行政庁が処分をする前に裁判所が事前にその適法性を判断して差止めを命ずるのは，そのような判断と措置を事前に行わなければならないだけの救済の必要性が求められる。

よって，「重大な損害を生ずるおそれ」とは，処分がされることにより生ずるおそれのある損害が，処分がされた後に取消訴訟等を提起して執行停止の決定を受けることなどにより容易に救済を受けることができるものではなく，処分がされる前に差止めを命ずる方法によるのでなければ救済を受けることが困難である場合をいうと解する。

(2)　教職員は教育を担う者として高い社会的信頼の保持が

5

10

15

20

25

30

35

40

論　差止訴訟の訴訟要件

→規範

→あてはめ

→結論

論　「重大な損害」の意義

→規範

→あてはめ

求められる職業であるところ，懲戒処分は，そのような 45
信頼を低下させるものである。また，繰り返しなされる
ことによりその程度は大きくなり，もはや教職員として
働けない程度にまでいたった結果，職業選択の自由（憲
法22条1項）が侵害されるおそれがある。よって，懲戒
処分によりXが受ける損害は大きいといえる。 50

　また，卒業式や入学式等の式典は毎年度2回以上開催
されるところ，その度に本件職務命令が繰り返し発せら
れ，その違反に対する懲戒処分が累積し加重される。そ
うすると，取消訴訟の判決確定にいたるまでに相応の期
間を要している間に，懲戒処分が反復継続的かつ累積加 55
重的になされる結果，事後的な損害の回復が著しく困難
になるおそれがある。

　以上をふまえると，本件職務命令への違反を理由とし
て懲戒処分がされることによりXに生ずる損害は，処分
がされた後に取消訴訟等を提起して執行停止の決定を受 60
けることなどにより容易に救済を受けることができるも
のとはいえない。

　よって，「重大な損害を生ずるおそれ」があるといえ ➡結論
る（②充足）。

4　③について，在職中の教職員であるXが懲戒処分の差止 65
めを求める訴えである以上，Xにその差止めを求める法律
上の利益が認められることは明らかである（③充足）。

5　④について，本件通達および本件職務命令は処分にあた
らないから，取消訴訟等および執行停止の対象とはならな
い。また，上述のとおり，懲戒処分の取消訴訟等および執 70
行停止によっても，Xの救済を図ることができない。以上
のほか，懲戒処分の予防を目的とする事前救済の争訟方法
としてほかに適当な方法があるとはいえない。

　よって，補充性の要件をみたす（④充足）。

6　以上より，本小問の差止訴訟は適法である。 75 ➡結論

第2　小問2について

1　①についてY県教委の懲戒処分の内容は，非違行為を繰 ➡あてはめ
り返した場合には量定が加重されている一方で，免職処分
がなされた例はこれまでにない。そのうえで，従来の処分
の程度を超えて更に重い処分量定がされる可能性をうかが 80
わせる事情もない。

　よって，免職処分がされる蓋然性があるとはいえず，①
の要件を欠く。

2　以上より，本小問の差止訴訟は不適法である。 ➡結論

　　　　　　　　　　　　　　　　　　　　　　　以上 85

差止訴訟の訴訟要件は，「重大な損害」，「法律上の利益」といった要件において丁寧な論述が求められることから，受験生の間で差がつきやすい。司法試験では2008（平成20）年公法系第2問，2011（平成23）年公法系第2問，2015（平成27）年公法系第2問に出題されているが，とりわけ，「重大な損害」の判断基準を最高裁がはじめて示した最判平成24年2月9日民集66巻2号183頁（百選Ⅱ207事件）は，必ずおさえておかなければならない。同判例の事例に沿ってその思考過程を学習し，差止訴訟の出題に対応する力を養うために，出題した。

論点

1 差止訴訟の訴訟要件
2 「重大な損害」の意義

答案作成上の注意点

① 差止訴訟の訴訟要件

差止訴訟を適法に提起するためには，積極要件として，①一定の処分がされようとしていること（行政事件訴訟法3条7項，以下法名省略），②重大な損害を生ずるおそれがあること（37条の4第1項本文），③法律上の利益を有する者であること（37条の4第3項）が必要です。消極要件は，④ほかに適当な方法がないこと（37条の4第1項ただし書）です。

①処分等の蓋然性については，本案勝訴要件とする考えもあります。この要件は，処分の「一定」性と，処分の蓋然性という2つの要素を内容とすることに注意してください。

② 「重大な損害」の意義

「重大な損害」について，前掲最判平成24年は，「処分がされることにより生ずるおそれのある損害が，処分がされた後に取消訴訟等を提起して執行停止の決定を受けることなどにより容易に救済を受けることができるものではなく，処分がされる前に差止めを命ずる方法によるのでなければ救済を受けることが困難なものであることを要する」という判断基準を示しています。

検討にあたっては，37条の4第2項に掲げられた要素を勘案する必要があります。

③ 小問1について

①については，処分の一定性と蓋然性が必要です。非違行為の回数に従って戒告・減給・停職というように処分が加重されていくということに照らせば，同要件をみたすという結論が適当でしょう。

②については，前掲最判平成24年の基準を示したうえで，37条の4第2項に従って論述を展開しましょう。本小問では，まずXの被る損害を示したうえで，その損害が事後的な回復が困難なものといえるか，検討する必要があります。前掲最判平成24年と同様に，処分が反復継続的かつ累積加重的にされる危険に着目すると，充実したあてはめができるでしょう。

③については，Xが懲戒処分の名宛人である以上，問題なく認められるでしょう。

④については，本件通達および本件職務命令が処分にあたらないことがポイントです。すでに存在するこれらの行為を抗告訴訟で争えないということが，差止訴訟の補充性を肯定する理由となります。

④ 小問2について

①の要件の検討にあたって，「免職処分がなされた例は1度もない」という事実に着目しましょう。

つまり，これまで１度もなされたことのない処分がなされる蓋然性を認めるためには，その可能性をうかがわせる事情が必要になりますが，本小問ではそのような事情はありません。そのため，①の要件を欠くこととなります。

【参考文献】
試験対策講座６章２節[9]。

以下の問いに答えよ。

1　Xは，Y市立小学校（以下「本件小学校」という）の児童であった。Y市立小学校の前には公道（以下「本件公道」という）があり，本件小学校の関係者や本件小学校に用がある者のために使われていた。

　　本件小学校の図工の授業では，担当教諭Aの監督のもと，児童は本件公道を含む校外で絵を描くことが認められていた。そこで，Xは本件小学校の正門前に停車していた車両の間にしゃがみこんで絵を描くこととした。正門前には当時，本件小学校の児童を迎えに来た保護者の車両が複数台駐車していることが常態化していたところ，本件公道を走行している者からはこれらの車両の間は死角となっていた。また，本件公道を走行する車のほとんどは，児童を迎えに行く目的で正門前に停止するために徐行している場合が多く，小学校の生徒からは本件公道はそれほど危険なものと認識されていなかった。

　　本件公道を走行していたBは，わき見運転の結果，車両の間から出てきたXに気づかずこれに衝突し，その結果Xは頭を強く打ち，重傷を負った（以下「本件交通事故」という）。なお，本件交通事故が起きた当時，Aは職員室でほかの教諭と談笑しており，Xが本件小学校の校外にでていたことに気づいていなかった。

2　Xおよびその両親は，本件交通事故当時のAの監督が違法であるとして，Y市に対して国家賠償法第1条第1項に基づいて損害賠償請求をした。

　　この請求は認められるか。

【解答へのヒント】

　国家賠償法1条1項に基づく損害賠償請求が認められるかを問う問題です。

　各要件を列挙し，事情をあてはめてみましょう。特に違法性の有無については丁寧に検討しましょう。

国家賠償の制度

```
                                                    ┌─ 行政不服申立て
                                    ┌ 行政庁の裁断 ─┤
                    ┌ 行政争訟法 ──┤
                    │ (違法状態の回復)└ 裁判所の裁断 ─┐
                    │                                  └─ 行政事件訴訟
国民の権利を救済 ──┤
                    │                                  ┌─ 国家賠償
                    │ 国家補償法 ──┬ 違法な行為 ────┘
                    └ (金銭的救済) │
                                    └ 適法な行為 ────┐
                                                      └─ 損失補償
```

答案例

1　XのY市に対する国家賠償法1条1項に基づく損害賠償請
求が認められるか。

(1)　まず，Aは本件小学校の教諭であり，「公共団体」であ
るY市の「公務員」にあたる。

(2)　それでは，Aの監督は「公権力の行使」に含まれるか。
　　ア　「公権力の行使」とは，国または公共団体の作用のう
　　　ち，純粋な私経済作用と同法2条にいう営造物の設置ま
　　　たは管理作用を除くすべての作用と考える。
　　イ　本問において，本件小学校の図工の授業におけるAの
　　　監督は，純粋な私経済作用とも営造物の管理作用ともい
　　　えないので，「公権力の行使」にあたる。

(3)　そして，本件小学校の図工の授業におけるAの監督は，
担当教諭であるAの職務行為そのものであるので，「職務
を行うについて」なされたものといえる。

(4)　では，「違法」といえるか。
　　ア　そもそも，違法性の判断基準として，行政活動の法規
　　　適合性が重要であるので，行為に着目すべきである。そ
　　　して，行政事件訴訟と国家賠償請求訴訟とは制度趣旨を
　　　異にしており，それらの訴訟における違法性は別個に判
　　　断されると考えられる。そこで，「違法」とは，職務上
　　　尽くすべき注意義務を尽くさなかったことをいうと解す
　　　る。具体的には，被害者救済の観点から，客観的な注意
　　　義務違反をいうべきである。そして，結果発生について
　　　の予見可能性と結果回避可能性があったにもかかわらず，
　　　結果回避義務を尽くさなかった場合に注意義務違反があ
　　　り，「違法」が認められると解する。
　　イ　本問において，Aは，職務上，本件小学校の教諭とし
　　　て，児童の生命・身体の安全に配慮する義務を有してい
　　　た。
　　　　そして本問では，Aの監督のもと図工の授業において
　　　本件公道を含む校外で絵を描くことが認められていたと
　　　ころ，多くの児童が本件公道を危険なものと認識してい
　　　なかったことから，本件公道沿いで絵を描く児童も出現
　　　することをAは容易に予見できた。そして，本件交通事
　　　故の当時，保護者の車両が本件小学校前に複数台駐車し
　　　ていることが常態化しており，本件公道を走行している
　　　者からはこれらの車両の間は死角となっていたため，こ
　　　れらの車両付近でしゃがみこむなどして絵を描いていた
　　　児童が車両の死角から本件公道にでてくる可能性がある
　　　こともAは容易に予見できたといえる。
　　　　さらに，児童に本件小学校の校外で絵を描くことをA
　　　が許可しなければ，Xの重傷という結果を回避できた。
　　　また，本件交通事故が起きた当時，Aは職員室でほかの
　　　教諭と談笑しており，かりにAが各児童の居場所を把握

5

10

15

20

25

30

35

40

論 「公権力の行使」の意義
➡ 規範

➡ あてはめ

論 「違法」の意義

➡ 規範

➡ あてはめ

して，事故が起きることのないように注意を払っていれ 45
ば，Xの重傷という結果は回避できた。

　　しかし，Aはそのような措置をとることなく，担当教
諭としてなすべき注意義務を尽くさなかったといえるた
め，客観的注意義務違反がある。

　ウ　したがって「違法」があるといえる。 50 　➡結論

　(5)　さらに，上記の注意義務違反から，「過失」も認められ
る。

　(6)　また，Aが児童に本件小学校の校外で絵を描くことを許
可しなければ本件交通事故は起きなかったから，Aの違法
な職務行為とXの損害との間には因果関係も認められる。 55

2　よって，XのY市に対する請求は認められる。 　➡結論

以上

60

65

70

75

80

85

　本問は，横浜地判平成29年９月15日判時2373号70頁を題材にして，国家賠償法１条１項に基づく損害賠償請求の要件を問うものである。国家賠償法の問題が正面から問われたことは司法試験第１回目の2006（平成18）年以降なく，予備試験でもまだ１度もないため，今後の出題が予想される。

　国家賠償法１条１項が問題になった場合に重要なのは，すべての要件を満遍なく検討することである。すべての要件に点数は必ず振られているため，１つでも落とすと痛手となる。長めの規範が求められる要件も少なくないため，日頃から正確に規範を書けるよう練習してもらいたい。

論点

1　国家賠償法１条１項に基づく損害賠償請求における「公権力の行使」の意義
2　国家賠償法１条１項に基づく損害賠償請求における「違法」の意義
3　国家賠償法１条１項に基づく損害賠償請求における「違法」と「過失」の関係

答案作成上の注意点

[1]　はじめに

　国家賠償制度は，公務員の不法な行為に対する国家の賠償責任を認める制度です。明治憲法下で採用されていた国家無答責の原則が日本国憲法の定める人権尊重の理念と法律による行政の原理とそぐわないものであったため，憲法17条によりこの原則を否定したうえで，同条の意を受けて国賠法が制定され，国家賠償制度が確立しました。

　国家賠償法１条１項に基づく損害賠償請求が問題となった場合には，すべての要件を落とさずに検討することを必ず意識しましょう。

　要件は，①公権力の行使にあたる公務員の行為であること，②職務について行われたこと，③公務員に故意または過失があること，④違法な加害行為が存在すること，⑤損害が発生すること，⑥損害と加害行為との間に因果関係があることです。

　Aは本件小学校の教諭であるため，Y市という「公共団体」に所属する「公務員」であることは明らかであり，問題となっているAの行為もその「職務を行うについて」行われたことが明らかです。また，Xは本件事故により重傷を負っており，身体に対して損害が発生していることに加えて，この損害と本件事故との間に因果関係も当然認められます。

　このように，問題とならない要件は端的に認定することを心掛けてください。

　本問において展開すべき要件は①，③，④です。以下，詳しく検討していきましょう。

[2]　「公権力の行使」

　「公権力の行使」の要件との関係で問題となるのが，その意義です。この点，通説は広義説を採っており，「公権力の行使」に含まれる作用は，国または公共団体の作用のうち純粋な私経済作用と国賠法２条によって救済される営造物の設置または管理作用を除くすべての作用であるとしています。

　広義説に立てば，Aが図工の授業において担当教諭としてXを監督する行為は，純粋な私経済作用とも営造物の管理作用ともいえないので，「公権力の行使」の範囲に含まれる作用にあたることになります。

　長い定義ではありますが，しっかり覚えて正確に書けるようにしましょう。

[3]　「違法」

　「違法」の要件との関係で問題となるのが，その意義および「過失」との関係です。まず，「違

法」の意義については，通説は公務員の違法な行為に着目し，侵害行為の態様の側から法に違反する行為をしたことにつき違法性を認定すること（行為不法説）を前提に，職務上尽くすべき注意義務を尽くしたかどうかによって違法性を判断しています（職務行為基準説）。答案では，行為不法説に一言触れたうえで，職務行為基準説を展開できると丁寧です。

一方，「過失」の判断規準については，通説は，公務員が職務上要求される標準的な過失に違反しているかどうかとし，その判断は客観的に行われるとしています。つまり，公務員が損害の加害行為による発生についての予見可能性と結果回避可能性があったにもかかわらず，結果回避義務を尽くさなかった場合に注意義務違反があるといえ，「過失」が認められるということです。

そうすると，「違法」の意義を職務行為基準説に従って考えた場合には，両者は次元を異にする概念ではなくなります。つまり，職務行為基準説によると，「違法」性は職務上尽くすべき注意義務を尽くしたかどうかによって判断されるところ，このような注意義務は「過失」にいう客観的注意義務と同次元の概念となるということです。そうだとすれば，客観的注意義務違反があり「過失」が認定されれば，「違法」性も認定されるということになります。

違法性のあてはめにおいては，刑法で学習した「過失」の認定の仕方を意識してみてください。

Aは本件小学校の教諭である以上，児童の生命・身体の安全に配慮するべき義務を職務上負っているといえます。

本件小学校では図工の授業において本件公道を含む校外で絵を描くことがAにより許可されていて，多くの児童が本件公道を危険なものと認識していなかったという事情があり，Xのように本件公道沿いで絵を描く小学生も出現することをAは容易に予見できたといえます。そして，本件交通事故の当時，保護者の車両が本件小学校前に複数台駐車していることが常態化しており，本件公道を走行している者からはこれらの車両の間は死角となっていたため，これらの車両付近でしゃがみこむなどして絵を描いていた児童が車両の死角から本件公道にでてくる可能性があることもAは容易に予見できたといえます。したがって，AにはXの傷害結果について予見可能性があったといえるでしょう。

さらに，Aは，図工の授業において児童に本件小学校の校外で絵を描くことを許可しなかったとすればXの傷害結果を回避することができたといえます。また，Aは図工の授業中であるにもかかわらず職員室でほかの教諭と談笑しており，見回りをするなどして各児童の居場所を把握して児童の安全確保に努めていれば，Xの傷害結果を回避できたといえます。したがって，AにはXの傷害結果について結果回避可能性もあったといえるでしょう。

しかし，Aはそのような措置をとることなく，結果として本件交通事故によりXに重傷を負わせているため，教諭として尽くすべき注意義務を尽くしておらず，客観的注意義務違反があるといえます。

よって，「違法」が認められます。

なお，かりに違法な行政処分に対して取消訴訟（行政事件訴訟法3条2項）が提起され，同時にそれによる損害について国家賠償請求訴訟も提起された場合には両者の違法性を区別すべきかどうかが問題となります。取消訴訟も国家賠償請求訴訟も要件として違法性があるところ，両訴訟において違法性に関する判断が矛盾することが許されるのかどうかということです。最判昭和36年4月21日民集15巻4号850頁や最判平成22年6月3日民集64巻4号1010頁（判例シリーズ17事件）は，両訴訟において違法性に関する判断が矛盾することは許されるとする違法性相対説に立っていると考えられます。本問では問題となりませんが，重要論点であるため，しっかりと勉強しておきましょう。第3問の小問3も参考にしてください。

4 「過失」

前述したように，「過失」は客観的な注意義務違反と解するところ，「違法」の意義を職務行為基準説に従って考えた場合には，両者の判断内容は実質的に重複します。

本問では，前述したようにAには客観的注意義務違反があり「違法」が認められるため，「過失」も認められます。あてはめでは，これを端的に指摘できれば十分です。

5 おわりに

　国家賠償法1条1項に基づく損害賠償請求が問題になるケースとして，本問のような作為が問題となるものと，不作為が問題となるものとがあります。第37問が不作為のケースの問題であるため，そちらもぜひ挑戦してみてください。

【参考文献】
試験対策講座7章2節②【2】。判例シリーズ17事件。

第27問 A 　　道路の設置管理の瑕疵

　　Y県A号線では北進道路の拡張のための工事が行われており，工事現場（以下「本件工事現場」という）付近には，道路工事中であることを示す工事標識板および赤色灯が設置されていた。Xは某日の夜間に，仕事帰りに県道を走行中，本件工事現場付近に接近した。しかし，工事標識版および赤色灯が倒れて散乱し，赤色灯も消えており，また，本件工事現場周辺は霧が発生しやすい地域であり，実際に当時は霧が発生し見とおしが悪くなっていた。これらの事情から，Xは現場が工事中であることに気づくのが遅れ，手前で急きょハンドルを切って障害物との接触を免れたが，ハンドルを戻すことができずに対向車両に衝突し，全治1か月の重傷を負った。後の調査によって，事故が発生したのが午前0時半ころであったこと，工事標識版および赤色灯が倒れて散乱し，赤色灯が消えていたのは，事故発生の15分前に本件工事現場を通過した他車の運転不注意によるものであることが判明した。

　　XはY県に対して国家賠償法第2条に基づいて損害賠償請求をしたいが，この請求は認められるか。

【解答へのヒント】

　本問は国家賠償法2条が典型的に想定している道路管理の瑕疵の問題ですから，2条の文言に照らしてその要件をみたすかどうかを1つひとつ検討していくことになります。最大のポイントは「瑕疵」があったといえるかどうかにあります。この意義について判例の有名な規範がありますが，あてはめの際にその規範を使いこなすことを意識して答案を組み立ててください。そのうえで，本問では物的安全性を欠いていることは明らかだと思われますが，本当にそれだけで「瑕疵」を認めてよいかどうかを，本問の具体的な事実に照らして考えてみてください。

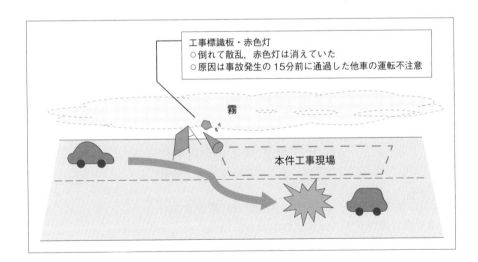

工事標識板・赤色灯
○倒れて散乱，赤色灯は消えていた
○原因は事故発生の15分前に通過した他車の運転不注意

霧

本件工事現場

1　XのY県に対する国家賠償法2条1項に基づく損害賠償請求が認められるか。

2　まず，県道A号線は，「公共団体」であるY県が「管理」する「道路」たる「公の営造物」である。

3　では，「瑕疵」があったといえるか。　　　　　　　　　5　**論**「瑕疵」の意義

(1)　「瑕疵」とは，営造物が通常有すべき安全性を欠いていることをいう。そして，通常有すべき安全性の有無は，①他人に危害を及ぼす危険性，②予見可能性，③回避可能性を基準に判断される。①危険性の有無は当該営造物の構造，用法，場所的環境等，諸般の事情を考慮して判断する。　10

　⇒規範

(2)　これを本問についてみると，工事中であることを知らせる工事標識板および赤色灯が倒れているといった事態は道路の構造上，通常ありえないものといえる。また，Y県A号線の用法は，不特定多数の自動車の通行に供することであり，本件工事現場付近を自動車が頻繁に通過することは　15　あらかじめ想定されている。そして，本件工事現場周辺は霧が発生しやすい地域であり，見とおしの悪さにより利用者に危険が生じるような場所的環境であるから，霧のなかでも目立つような標識を設けておくべきであったにもかかわらず，事故当時は工事標識板および赤色灯は倒れて散乱　20　し，赤色灯は消えていた。

　⇒あてはめ

　　これらの事情を総合考慮すれば，Y県A号線は，①他人に危害を及ぼす危険性のある状態にあったといえる。

(3)　また，工事標識板および赤色灯が倒れたまま放置されているという状態は，他車によって惹起されたものであると　25　ころ，自動車によってそれらが倒されるといった事態はさほど異常な事態ではないから，②予見可能性はなかったとはいえない。

(4)　しかし，それが夜間にしかも事故の15分前という直前に起きたものであり，道路の設置管理者たるY県が原状に復　30　して安全を保つことは時間的に困難であるから，③回避可能性はなかったといえる。

(5)　以上の事情からすれば，Y県の道路管理に瑕疵はなく，Y県A号線は通常有すべき安全性を有していたということができる。　　　　　　　　　　　　　　　　　　　　35

(6)　したがって，「瑕疵」が認められず，Xの請求は認められない。

　⇒結論

以上

40

本問は，最判昭和50年6月26日民集29巻6号851頁を用いて，国家賠償法2条1項の要件について問うものである。国家賠償法2条の設置管理の瑕疵については司法試験および予備試験で出題されたことはないが，重要判例も蓄積されてきたため，今後出題される可能性がある分野である。

国家賠償法の分野では，具体的な事実を要件にあてはめることが重要となり，そのためには，各要件の意義につき正確な理解を示したうえ，事実を適切に摘示・評価しあてはめることができるようになる必要がある。そこで，国家賠償法2条1項の要件の理解を確認してもらうべく出題した。

論点

1 国家賠償法2条1項の要件
2 道路の設置管理の瑕疵

答案作成上の注意点

1 はじめに

国家賠償法に基づく損害賠償請求には，1条によるものと，2条によるものと2種類あります。本問の事案の場合，国家賠償法1条1項の要件に照らして設置管理者の管理対応の「過失」を問題にする筋もないわけではありませんが，国家賠償法2条1項の文言にも記載されている「道路」の「瑕疵」に関する事例と考えるのが素直でしょう。そこで，本問ではあらかじめ2条による検討を指定しました。具体的には，国家賠償法2条1項の文言に問題文の事実をあてはめていくことになります。Y県が公共団体であること，Y県A号線がY県の「管理」する「道路」たる「公の営造物」にあたることは問題なく認められるため，「設置又は管理」の「瑕疵」の有無を厚く論じる必要があります。

2 本問について

1 まず，判例は，「瑕疵」について「営造物が通常有すべき安全性を欠いていること」と定義しました（最判昭和45年8月20日民集24巻9号1268頁〔判例シリーズ90事件〕）。さらに，その後判例は，「瑕疵」の判断基準について「当該営造物の構造，用法，場所的環境及び利用状況等諸般の事情を総合考慮して具体的個別的に判断すべき」とし，「構造」，「用法」，「場所的環境」，「利用状況」などの考慮要素を示しました（最判昭和53年7月4日民集32巻5号809頁）。この2つの判例から「瑕疵」についての規範を正確に導き出してください。そのうえで，実際の答案では，自分が示した規範をあてはめの際にうまく使いこなすことができるかどうかが評価の分かれ目になります。「構造」については，道路に穴があいているなど目に見える危険性を検討します。そして「用法」については，事故の原因が通常の用法や本来の用法に反する使われ方によるものであった場合には，「瑕疵」が否定されやすくなります。さらに「場所的環境」については，見とおしが悪いなどの事故が起こりやすい状況を放置したことが「瑕疵」を肯定する事情となります。また，本問では言及しませんでしたが，「利用状況」については，事故が頻繁に起こっていたにもかかわらず何も対応策を講じていない場合には，「瑕疵」が肯定されやすくなります。具体的なあてはめのイメージをつけておきましょう。

2 以上の観点から問題文の事実を検討すると，Y県A号線には物的瑕疵があることは明らかで，通常有すべき安全性を客観的に欠くといえます。しかし，問題文には，物的瑕疵の発生の原因が他車の運転不注意であること，しかもそれが夜遅くに発生したこと，およびそれが事故発生の僅か15分前に起きたことといった事実があげられています。これらの事情からすれば，事故が発生したことを理由にY県に損害賠償責任を負わせるのは酷であるように思われます。答案を構成す

るにあたっては感情論ではなく，地に足をつけた法的な議論を展開していかなければなりませんが，その際にまず注目してほしいのが，条文の文言です。国家賠償法2条1項をみると，「設置又は管理に瑕疵」と記されています。この条文の文言を素直に解釈すれば，「瑕疵」の有無の判断にあたっては物自体の危険性だけでなく，設置・管理者の「管理」行為の性質を考慮することも許されるということになります。規範も営造物が「通常」有すべき安全性を有するかどうかという文言なので，物的瑕疵があったとしても，設置・管理者の管理行為の性質によっては，「通常」有すべき安全性は有しているといった事態は想定できるでしょう。また，判例・通説も，損害が発生したら，いかなる場合にも設置・管理者は責任を負うべしとの結果責任を国家賠償法2条1項が定めているとは解していません。以上の根拠からすれば，「瑕疵」の有無を判断するにあたって，営造物の客観的状態以外の要素，具体的には管理者の対応を考慮することも許されると考えられます。

　そこで，①前掲最判昭和50年や②最判昭和50年7月25日民集29巻6号1136頁（百選Ⅱ236事件）を参考に，不可抗力による場合ないし管理者に結果回避可能性がない場合には，「瑕疵」は認められないとの規範を定立します。①判例と②判例はともに道路に物的瑕疵が存在したにもかかわらず，「管理」の「瑕疵」の有無について結論が異なった判例です。あてはめの際には，この2つの判例のそれぞれの事案の違いを想起しつつ，問題文中の事実を適切に評価しましょう。他車によって工事標識板および赤色灯が倒れたのが深夜であったという事実は管理者が道路の危険性を発見するのが困難であったという事情，その僅か15分後に事故が発生したという事実は安全策を講ずる余裕がなかったことを示す事情として，それぞれ「瑕疵」を否定する方向にはたらきます。

　なお，前掲最判昭和45年では，無過失責任の原則および予算抗弁の排斥の原則が示されているので，この点も確認しておいてください。

	①最判昭和50年6月26日	②最判昭和50年7月25日
物的瑕疵発生の原因	他車の接触による工事標識板等の転倒・散乱	故障車の道路上の放置
物的瑕疵発生の時刻	午後10時30分ころ	午後3時ころ
事故発生の時刻	物的瑕疵発生の直後	87時間後
結　論	道路管理に瑕疵なし	道路管理に瑕疵あり

【参考文献】
試験対策講座7章3節③。判例シリーズ90事件。

第28問 A 損失補償の要否

以下の場合に，損失補償を要するか。

1 都市計画の決定に基づく都市計画道路の区域内に，土地および1階建てで地階のない木造の住居を所有している者が，都市計画法第53条に基づく建築制限を60年以上にもわたって受けて，そのためにマンションや病院の建築を断念せざるをえなかった場合（なお，個別法に損失補償規定がおかれていない場合には憲法第29条第3項を直接の根拠に損失補償請求ができるという見解を前提としてよい）。

2 道路工事が施工された結果，危険物の保管場所等につき保安物件との間に一定の遠隔距離を保持すべきことを内容とする技術上の基準を定めた警察法規に違反する状態を生じ，危険物所有者がその基準に適合するように工作物の移転を余儀なくされた場合（道路法第70条第1項に損失補償規定がある）

【参照条文】
○都市計画法（昭和43年法律第100号）（抜粋）
（建築の許可）
第53条 都市計画施設の区域又は市街地開発事業の施行区域内において建築物の建築をしようとする者は，国土交通省令で定めるところにより，都道府県知事等の許可を受けなければならない。ただし，次に掲げる行為については，この限りでない。
　一 政令で定める軽易な行為
　二～五 （略）
2・3 （略）
（許可の基準）
第54条 都道府県知事等は，前条第1項の規定による許可の申請があった場合において，当該申請が次の各号のいずれかに該当するときは，その許可をしなければならない。
　一・二 （略）
　三 当該建築物が次に掲げる要件に該当し，かつ，容易に移転し，又は除却することができるものであると認められること。
　　イ 階数が2以下で，かつ，地階を有しないこと。
　　ロ 主要構造部（建築基準法第2条第5号に定める主要構造部をいう。）が木造，鉄骨造，コンクリートブロック造その他これらに類する構造であること。

○都市計画法施行令（昭和44年政令第158号）（抜粋）
（法第53条第1項第1号の政令で定める軽易な行為）
第37条 法第53条第1項第1号の政令で定める軽易な行為は，階数が2以下で，かつ，地階を有しない木造の建築物の改築又は移転とする。

○道路法（昭和27年法律第180号）（抜粋）
（道路の新設又は改築に伴う損失の補償）
第70条 ……道路を新設し，又は改築したことに因り，当該道路に面する土地について，……その他の工作物を新築し，増築し，修繕し，若しくは移転し，又は切土若しくは盛土をするやむを得ない必要があると認められる場合においては，道路管理者は，これらの工事をすることを必要とする者……の請求により，これに要する費用の全部又は一部を補償しなければならない。（後段略）
2～4 （略）

【解答へのヒント】

1　規範について

　　まず，損失補償がどのような場合に必要となるかを論じる必要があります。損失補償の制度趣旨にさかのぼって考えてみましょう。そこから，具体的な規範を立てましょう。

2　小問1について

　　本小問の事実をどう評価するかが問題となります。具体的には，60年という期間をどう評価するか，建築物の建築は都道府県知事の許可を必要とすることをどう評価するかです。

3　小問2について

　　本小問は，小問1と異なり，工作物の移転という強力な制約が課せられています。一方で，警察法規と抵触した結果，そのような制約を受けてしまったという事情もあります。これらを考慮して，判例に従って書いてみてください。

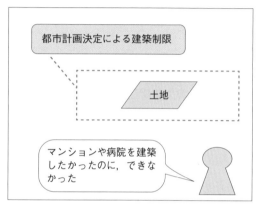

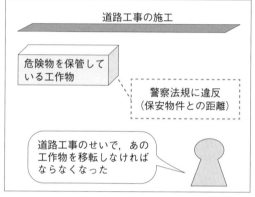

答案構成用紙

1 損失補償の要否の基準
「正当な補償」（憲法29条3項）を必要とする場合とは，どのような場合かが問題となる。

(1) 憲法14条1項は平等原則を定めるところ，公共のために特定人に加えられる経済上の損失は全体において負担すべきである。また，憲法29条1項が個人の具体的な財産を保障しており，財産権補償の見地からそれを徹底する必要がある。

そこで，「正当な補償」を必要とする場合とは，私有財産の制限が特定の個人に対して特別の犠牲を強いる場合のことをいうと解する。

→規範

(2) 特別の犠牲の有無を判断するにあたっては，上記2つの損失補償の制度趣旨から，㋐一般人に対する制約か，特定人に対する制約か（形式的基準），㋑財産権の制約として受忍限度内の制約か，それを超えて財産権の本質的内容を侵すほど強力な制約か（実質的基準）を基準とすべきである。

2 小問1について

(1) ㋐建築制限は，都市計画決定の効力が及ぶ範囲に土地を所有するすべての土地所有者に対して課されるものであり，特定人に対する制約ではなく一般人に対する制約である。

→あてはめ

また，㋑建築制限の法的効果は，60年という長期間にわたっているが，都市計画法54条（以下「法」という）に定める基準の範囲内で都道府県知事の許可を得て建築物を建築することは可能であり，財産権を剥奪するほどの強度な制限ではない。そして，土地上に存在する建築物は，1階建てで地階のない木造の住居であって，これを改築するのには法53条1項本文所定の許可を受けることを要しない（法53条1項ただし書1号，都市計画法施行令37条）。さらに，これと同程度の規模および構造の建築物を再度建築するのについては，法54条3号により許可がされるものと考えられるから，建築制限は財産の従前の利用を侵害するものではない。したがって，これらの事情に照らせば，建築制限は受忍限度内の制約を超えた財産権の本質的内容を侵すほどの強度な制約とはいえない。

(2) よって，この場合特別の犠牲があるとはいえず，損失補償を要しない。

→結論

3 小問2について

(1) ㋐警察法規は，一定の区域内に危険物の保管場所を所有する者には等しく適用されるのであり，特定人に対する制約ではなく，一般人に対する制約である。

→あてはめ

また，㋑そもそも危険物の所有者は道路工事の施工によってその危険が現実化した場合には，危険防止の観点からの警察規制を受忍すべき立場にあり，警察法規に適合する

状態を作出するために損害を被ったとしても，警察規制に 45
基づく損失がたまたま現実化するにいたったにすぎず，当
該規制は受忍限度の範囲を超え，財産権の本質的内容を侵
すほどの強度な制約とはいえない。

(2)　よって，この場合特別の損害があるとはいえず，損失補 ➡結論
償を要しない。 50

以上

55

60

65

70

75

80

85

　本問は，著名な判例を題材にした２つの小問をとおして，損失補償の要否についての判断基準と具体的な事案の処理を学習してもらうことを狙いとしている。判断基準の定立に際しては，平等原則（憲法14条１項）の徹底と国民の財産権保障という損失補償の制度趣旨にさかのぼることが重要である。

　小問１は，最判平成17年11月１日判時1928号25頁（判例シリーズ98事件）を題材にしたものである。当該判例は，特に理由を述べずに損失補償を認めなかった。著名な行政法学者である藤田宙靖裁判官の補足意見が，解答作成に参考となろう。

　小問２は，最判昭和58年２月18日民集37巻１号59頁（判例シリーズ97事件）を題材にしたものである。警察法規による制約という点が，解答作成のうえで重要となる。

■ 論点 ■

1　損失補償の要否の基準
2　損失補償と受忍限度
3　損失補償と警察規制

■ 答案作成上の注意点 ■

① 損失補償の要否の基準

1　損失補償とは，適法な公権力の行使によって加えられた財産上の犠牲に対し，全体的な公平負担の見地から個人の負担を国民の一般的負担に転嫁するために行う財産的補償のことをいいます。損失補償は，憲法29条３項により保障されていますが，「私有財産は，正当な補償の下に，これを公共のために用ひることができる。」と規定するだけで，その要件と内容・程度は明示されていません。そのため，これらについては解釈に委ねられています。本問では，損失補償を要するかが問題となっているため，要件のみ解説します。

　ただし，補償の内容・程度について，完全補償原則説と相当補償説の対立があり，最高裁判例でも判断が分かれているようにみえます。よって，これも重要な論点なので，ぜひ判例を読んで学習を深めておいてください（最大判昭和28年12月23日民集７巻13号1523頁〔百選Ⅱ248事件〕，最判昭和48年10月18日民集27巻９号1210頁〔判例シリーズ100事件〕，最判平成14年６月11日民集56巻５号958頁参照）。

2　「正当な補償」を必要とする場合とは，私有財産の制限が特定の個人に対して特別の犠牲を強いるものである場合と通説は考えています。これは損失補償の制度趣旨が，上記のように平等原則の徹底と国民の財産権保障にあるためです。

　次に，特別の犠牲の具体的内容が問題となりますが，伝統的学説は，①一般人に対する制約か，特定人に対する制約か（形式的基準），②財産権の制約として受忍限度内の制約か，それを超えて財産権の本質的内容を侵すほど強力な制約か（実質的基準）の２要件を総合的に考慮して判断すべきとします（形式・実質二要件説）。これに対して，実質的基準をより重視すべきという異論もあります。実質的基準の判断については，「社会通念に照らし，個々の具体的事例に応じた総合的観点から行わざるを得ない」（櫻井・橋本『行政法』389頁）とされています。具体的には，㋐制限の強弱，㋑規制を受ける側の原因の有無，㋒財産的価値の有無，㋓当該財産自体の規制の有無，㋔規制の目的が警察制限（公共の安全・秩序の維持という消極目的のための制限をいう）か公用制限（公共の福祉の増進という積極目的のための制限をいう）か，㋕従前の利用の固定か侵害か（現状維持か，現状変更か），などの要素が考慮されます。以下，判例を検討しますが，ここでも個々の具体的事案における事実の評価が重要となります。

② 小問1について

1 上記のように，小問1は，前掲最判平成17年を題材にしたものです。まず，都市計画決定は一定の範囲を「第1種住居地域」というように設定するため，その範囲に土地を所有するすべての土地所有者がその効力を受けることになります。よって，①それによる建築制限は，特定人に対する制約ではなく一般人に対する制約といえます。一方，60年という長期間にわたって建築制限を受けたことから，そのような制約が，受忍限度を超えて財産権の本質的内容を侵すほど強力なものといえそうです。

　しかし，都市計画法54条各号に定める基準のいずれかに該当すれば，都市計画法53条1項本文の許可を得て建築物を建築することは可能であり，財産権が剥奪されるわけではありません。つまり，都市計画施行区域内においても建築物を建てようと思えば建てられるわけです。その土地を収用されるようなことはありません。したがって，建築制限による財産権制限の程度は強度ではないといえるでしょう。

　また，本問において，土地の上にすでに存在する建築物は，1階建てで地階のない木造の住居であり，これは「階数が2以下で，かつ，地階を有しない木造の建築物」に該当するので，許可を得ることなく改築することができます（都市計画法53条1項ただし書1号，都市計画法施行令37条）。さらに，この住居と同程度の規模および構造の建築物は，都市計画法54条3号の基準をみたすと考えられるため，許可を得て建築することが可能です。したがって，建築制限は，財産の従前の利用を侵害するものではなく，現状維持にとどまっているという評価をすることができるでしょう。

　以上より，建築制限による制約は，②財産権の制約として受忍限度内のものといえます。よって，小問1では，損失補償を要しないとするのが穏当です。

2 前掲最判平成17年の法廷意見は，特に理由を示さずに「上告人ら〔原告ら〕が受けた上記の損失は，一般的に当然に受忍すべきものとされる制限の範囲を超えて特別の犠牲を課せられたものということがいまだ困難である」として，損失補償を認めませんでした。

　ただ，当該判例には，著名な行政法学者である藤田宙靖裁判官の補足意見が付されています。藤田裁判官は，「公共の利益を理由としてそのような制限が損失補償を伴うことなく認められるのは，あくまでも，その制限が都市計画の実現を担保するために必要不可欠であり，かつ，権利者に無補償での制限を受忍させることに合理的な理由があることを前提とした上でのことというべきであるから，そのような前提を欠く事態となった場合には，都市計画制限であることを理由に補償を拒むことは許されないものというべきである。そして，当該制限に対するこの意味での受忍限度を考えるに当たっては，制限の内容と同時に，制限の及ぶ期間が問題とされなければならない」としています。この記述から，やはり個々の具体的事例に応じた総合的な判断が必要であることがわかります。この引用部分は一部にすぎないので，ぜひすべて読んでみてください。

③ 小問2について

1 小問2は前掲最判昭和58年を題材にしたものです。問題文を読んで気づいてほしいのは，小問1は建築制限という現状維持の制約態様であった一方，本小問は工作物の移転という現状を変更する強力な制約態様であることです。そこで，本小問では，②受忍限度内の制約を超えて財産権の本質的内容を侵すほど強力なものといえそうです。しかし，更に注意すべきことは，この制約が警察法規によるものだということです。

2 前掲最判昭和58年は，「道路工事の施行の結果，警察違反の状態を生じ，危険物保有者が右技術上の基準に適合するように工作物の移転等を余儀なくされ，これによって損害を被ったとしても，それは道路工事の施行によって警察規制に基づく損失がたまたま現実化するに至ったものにすぎ」ないとして，受忍限度の範囲を超えた財産権の本質的内容を侵すほどの強度な制約とはいえないとしました。この判示は，状態責任を根拠としているという学説もあります。状態責任とは，物自体が社会に対する危険性を有している場合には，規制される財産権の側に規制を受ける

原因があり，危険防止の観点からの消極（警察）規制は受忍されるべきであるという考えです。つまり，社会にとって危険な物の所有者は，将来規制を受けることが予測できたのにあえてそれを設置したといえるため，規制を受けたとしても文句はいえない，ということです。

　また，警察規制も特定人ではなく一定の区域内に危険物の保管場所を所有する者には等しく適用されるため，①の観点からも損失補償を要しないといえます。

【参考文献】
試験対策講座7章3節②【2】。判例シリーズ97事件，98事件，100事件。

第2部

応用編

　株式会社X（以下「X社」という）は，養豚業を営む会社である。X社は，Y市において豚舎（以下「本件豚舎」という）を所有して肥育農場（以下「本件農場」という）を直営している。本件農場は，X社が直営する肥育農場4か所のうち最大規模のものであり，本件農場からの出荷が売上げに占める割合は約3割程度である。

　令和2年11月18日，X社は，Y市との間で公害防止協定（以下「本件公害防止協定」という）を締結した。これは，X社およびY市が相互に協力してY市における公害の発生を防止し，市民の健康を保護するとともに生活環境を保全することをその目的とし（第1条），Y市は協定の履行に必要な限度において，X社に対して報告を求め，またはY市の職員に農場に立ち入り，施設その他の物件を検査させることができることとされ（第7条第1項），Xの事業活動に伴い，住民等から公害苦情の申立てがあったときは，X社が，誠意をもってその解決にあたるものとされ（第8条），X社が本件公害防止協定に違反した場合には，Y市は，農場の施設の使用方法，構造の改善，使用の一時停止その他必要な措置を講ずべきことを指示することができ，X社はこの指示に従わなければならないものとされている（第10条）。

　本件農場は，平成30年の建設計画当初の段階から，本件農場周辺のA地区の住民により反対運動が行われていた。また，令和3年1月ころから継続的に，A地区の住民より，本件豚舎から悪臭がするとの苦情が寄せられた。そこで，Y市が調査を行ったところ，X社は悪臭防止のために一定の努力をしていたものの，本件農場の周辺において，悪臭防止法に基づく規制基準である臭気指数12を超えることが度々あったことがわかった。そのため，Y市は，数度にわたり，X社に対して，本件公害防止協定第7条第1項に基づく報告を求め，また本件公害防止協定第10条に基づく改善指示を行った。X社は，そのつど，本件公害防止協定に則って，住民の苦情の解決にあたり，Y市に対しては，求めに応じて報告を行い，指示に従って改善措置を施してきた。そのため，同年5月以降，周辺地域においてはおおむね臭気指数が10を超えない状態が継続していた。

　令和4年1月27日，X社は，国道から本件豚舎に通じる通路（以下「本件通路」という）を敷設するため，Y市公共用財産管理条例（以下「本件条例」という）第5条の定めに従って，本件通路の途上にある，Y市の管理する水路（以下「本件水路」という）を使用することの許可をY市長Bに申請した（以下「本件申請」という）。

　本件申請にいたるまでには，以下の事情があった。国道から本件豚舎に通じる通路はすでに存在していた（以下「既存通路」という）。既存通路は，本件農場と国道を結ぶ唯一の通路であったが，令和2年，既存通路上の一部の土地（以下「別件土地」という）について，X社とCとの間で，所有権および通行権をめぐって訴訟が行われた。なお，Cは，本件農場の建設に反対してきた中心人物であり，かつて既存通路のX社車両の通行を妨害したこともあった人物である。

　この訴訟は，令和4年4月27日，㋐別件土地の所有権がCにあること，㋑CがX社に対し，期間の定めなく別件土地を無償で貸し渡すこと（以下「別件使用貸借」という），㋒X社が本件豚舎から発生する臭気につき規制基準である臭気指数12を一定期間内に2回超えた場合には，X社とCはその対策を協議し，X社はすみやかに改善措置を講じること，㋓改善措置を講じてもなお臭気指数12を一定期間内に2回超えた場合には，Cが本件使用貸借を解除することができること，を内容とする和解（以下「別件和解」という）の成立により終了した。

　令和4年9月，臭気指数12を2回超えたため，X社とCは別件和解㋒に基づき協議を行い，X社は改善措置を講じた。しかし，同年11月15日，Cは，本件豚舎付近の地点において臭気指数12を2回超えたと主張して，X社に対し，悪臭対策を示すよう求め，その対策につき検討したうえで別件使用貸借の解除をするか否かを決定する旨の通知を行った。

　令和5年5月11日，Bは，X社に対し，本件申請を不許可とする処分（以下「本件不許可処

分」という）をした。本件不許可処分の理由は，①既存通路の紛争は別件和解により解決し，支障なく利用されているので，本件申請の目的たる新たな通路の開設はその必要が認められず，②令和4年11月以降の臭気対策が不十分であったと判断されることから，本件申請は，公共の福祉（本件条例第1条）に反すると評価される，というものであった。もっとも，本件不許可処分の時点では，周辺地域においては臭気指数12を超えない状態が継続していた。なお，本件不許可処分の前には，A地区の区長および周辺住民から，Y市に対して，本件申請を許可しないことを求める陳情書が提出され，この陳情書は，Y市議会において全会一致で採択されていた。

　令和5年5月18日，X社は，Y市に対して，本件不許可処分の取消訴訟（行政事件訴訟法第3条第2項）およびBが本件申請を許可すべき旨を求める訴訟（同第3条第6項第2号）を提起すべく，弁護士Pに依頼することにした。これを受けて，同日，当該依頼に関し，弁護士Pと弁護士Qが会議を行った。

　【資料1　法律事務所の会議録】を読んだうえで，弁護士Qの立場に立って，弁護士Pの指示に応じ，以下の問いに答えなさい。

　なお，【資料2　Y市公共用財産管理条例（抄録）】を掲げてあるので，適宜参照しなさい。

〔問い〕

本件不許可処分の適法性について，想定されるY市の反論をふまえて検討しなさい。

【資料1　法律事務所の会議録】

弁護士P：本日は，X社の案件について，取消訴訟における本案での主張を組み立てたいと思います。まず，X社の本件申請および本件不許可処分に関するしくみはどうなっていますか。

弁護士Q：本件水路は，河川法の適用を受けない水路であり，本件条例第2条の「公共用財産」に該当します。そのため，本件申請の内容は，「公共用財産」（本件条例第2条第1項）である本件水路を通路として使用するというものであり，本件条例第5条第1項第3号の目的外使用に該当します。したがって，その使用には本件条例第5条柱書本文に基づく市長の許可が必要になります。

弁護士P：そうですね。ところで，本件条例第5条は，地方自治法第238条の4第7項を受けた規定なのですが，この規定には目をとおしましたか。

弁護士Q：はい。同項は，行政財産の目的外使用の許可は，当該行政財産の「用途又は目的を妨げない限度において」「できる」と定めています。これは，行政財産に私権を設定することが原則として禁止されており（第238条の4第1項），当該許可が，本来認められない利用形態を特別に認めるという性質の行為であることによるものです。

弁護士P：そうすると，行政財産の目的外使用を許可するか否かについては，行政財産の管理者に広い裁量が認められ，このことは，第238条の4第7項を受けた本件条例第5条に基づく市長の許可についても同様にいえそうですね。

弁護士Q：そうですね。ちなみに，本件水路は幅も狭く，本件通路の敷設のためには簡単な蓋をする程度で十分ですから，本件申請が本件水路の「用途または目的を妨げない限度」にとどまっており，地方自治法第238条の4第7項の許可要件を充足することは明らかです。このことは，当事者間にも争いがありません。

弁護士P：わかりました。では，本件不許可処分について，公共用財産としての用途または目的を妨げないと認められる場合であっても，公共用財産としての用途・目的，目的外使用の目的・態様等を考慮し，地域の実情に即して許可をしないことも認められるという，Y市長の広範な効果裁量を前提として検討してください。手続上の違法

性については私が担当するので，検討しなくて結構です。

弁護士Q：承知しました。

弁護士P：本件不許可処分は，①②を理由としていますが，効果裁量が認められるとしても，このような事由を考慮して不許可とすることが当然許されるとはかぎりません。そこで，それぞれ考慮事項の重みづけとして適切かという観点から，Y市から想定される反論を具体的に考えたうえで，本件不許可処分の適法性を検討してください。義務付け訴訟の本案主張は後日検討するので，許可処分をしないことの適法性は検討しなくて結構です。

弁護士Q：承知しました。

【資料２　Y市公共用財産管理条例（抄録）】

第１条　この条例は，法令に定めるもののほか，公共用財産の管理に関し必要な事項を定めることにより，公共の安全を保持し，かつ，公共の福祉の増進を図ることを目的とする。

（定義）

第２条　この条例において，「公共用財産」とは，道路，河川，水路，堤とう等で一般公共の用に供されているもの（これらの定着物を含む。）のうち，道路法（略），河川法（略）その他の公共物の管理に関する法律の適用又は準用を受けないものをいう。

２　（略）

（一般禁止行為）

第３条　何人も次に掲げる行為をしてはならない。

一　みだりに公共用財産を損壊すること。

二　みだりに公共用財産にじんかい，汚物，土石，竹木等を投棄し，又は放置すること。

三　前２号に掲げるもののほか，公共用財産の管理に著しく支障を及ぼすおそれのある行為をすること。

（利用の禁止又は制限）

第４条　市長は，次の各号のいずれかに該当するときは，一定の期間及び区域を定めて，公共用財産の一般の利用を禁止し，又は制限することができる。

一　公共用財産の破損，決壊その他の事由により，一般の利用に供することが適当でないと認められるとき。

二　公共用財産に関する工事のため必要があるとき。

（使用の許可）

第５条　公共用財産について，次に掲げる行為をしようとする者は，規則で定めるところにより，市長の許可を受けなければならない。許可を受けた事項を変更しようとするときも，同様とする。

一　工作物を設置すること。

二　農耕，草木の栽培，放牧その他これらに類する目的で使用すること。

三　前２号に掲げるもののほか，公共用財産をその目的以外の目的で使用すること。

２　市長は，前項の許可に公共用財産の管理上必要な条件を付することができる。

【解答へのヒント】

弁護士の会話に従い，①②につき考慮事項としての重みづけの適否を検討しましょう。

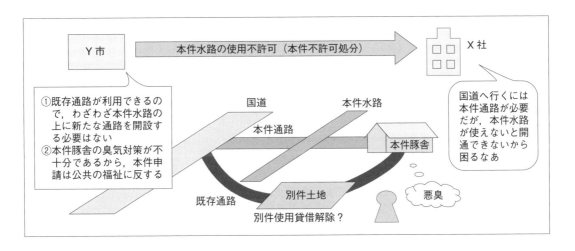

答案例

第1　Y市長の裁量権について
1　本件不許可処分について，公共用財産としての用途・目的，目的外使用の目的・態様等を考慮し，地域の実情に即した広範な効果裁量がY市長に認められるとしても，Y市長の判断につき，裁量権の範囲の逸脱または濫用があった場合には，本件不許可処分は違法となる（行政事件訴訟法30条）。　　　　　　　　　　　　　　　　　　　　　5

> すなわち，重視すべきでない事項を重視し，他方，当然考慮すべき事項を十分考慮しておらず，その結果，当該判断が社会通念に照らし著しく妥当性を欠くものと認められる場合には，本件不許可処分は裁量権の逸脱または濫用があったとして違法となると解する。　　　　　　　　　　10

2　そこで，以下，本件不許可処分の理由であげられた，①本件水路の使用の必要性，②臭気の問題という各要素についての判断が，考慮事項の重みづけとして適切か検討する。15

第2　裁量権の逸脱・濫用の有無について
1　①本件水路の使用の必要性について
⑴　まず，Y市からは，そもそも既存通路が存在することから，本件通路を開設する必要性は元からなかったとの反論が想定される。　　　　　　　　　　　　　　20

しかし，既存通路は，本件農場と国道を結ぶ唯一の通路であるところ，その途中に本件農場の建設に反対してきた中心人物で，かつて既存通路の通行を妨害したこともあるCの所有地である別件土地が存在している。そのため，別件土地を通過せずに迂回して国道に行くための　25
本件通路を開設することは，通路の安定的確保という意味で，本件農場の経営上X社にとって重要である。

また，本件農場からの出荷はX社の売上げの約3割を占めており，本件農場の経営はX社の経営を左右するほど重要なものといえる。　　　　　　　　　　　　30

したがって，X社にとって本件水路に通路を敷設する必要性は大きい。

⑵　そうだとしても，Y市からは，X社とCの間で別件和解が成立し，現にCも既存通路の一部として別件土地を通行することを認めていることから，本件水路に通路を　35
敷設する必要性は失われたとの反論が想定される。

しかし，CがX社に対し解除を検討する旨の通知をしており，X社とCとの間で紛争が再燃して既存通路が使用不能になる可能性は十分にあるから，X社が本件水路を通路として使用する必要性はなお認められる。　　　40

⑶　よって，X社にとって本件水路を使用する必要性は大きく，必要性が認められないというY市長の判断は，目的外使用の目的・態様として当然考慮すべき事項の重みづけを誤ったものとして，考慮不尽にあたる。

論 判断過程の過誤

➡ 規範

➡ あてはめ

2　②臭気の問題について　　　　　　　　　　　　　45
⑴　Y市の反論としては，⑦令和4年9月，臭気指数12の
基準を2回超えており，臭気指数12の基準が常に達成さ
れているとまではいえない，⑦A地区の住民から継続的
に苦情が寄せられており，周辺住民からの陳情がY市議
会において採択されていることから，地域の実情を反映　50
すべく，本件豚舎の悪臭の事実は重視すべき事項にあた
る，というものが想定される。
⑵ア　しかし，⑦令和3年5月以降，周辺集落においては
おおむね臭気指数10未満の測定値が得られており，本
件不許可処分までに臭気指数10を超える臭気指数が測　55
定されたのは2回しかない。よって，X社の規制基準
違反の程度は低い。
　　また，Y市はX社との間の本件公害防止協定に基
づき，改善指示（本件公害防止協定10条）等をとるこ
とができる。これまでX社は報告・改善指示のつど，住　60
民の苦情の解決にあたり，Y市に対しては求めに応じ
て報告を行い，指示に従って改善措置を施してきてお
り，真摯に対応している。そのようなX社の態度をふ
まえると，臭気の問題は，本件公害防止協定により改
善を図ることが可能であるといえる。　　　　　　　　65
　　さらに，本件不許可処分の当時には臭気指数が12を
超えない状態が継続していることからすれば，本件豚
舎についてのX社の臭気対策の結果，改善の効果が生
じてきているといえる。
　　したがって，本件水路の使用許可の場面において，　70
臭気の問題を考慮する必要性は乏しい。
　イ　また，⑦周辺住民の苦情・陳情については，臭気指
数の変化との関連があるわけではない。
　ウ　さらに，そもそも，本件豚舎の臭気の問題は，本件
水路の通水を妨害するものではなく，本件水路の用　75
途・目的と直接の関連性はない。
⑶　これらを総合すると，本件豚舎の悪臭の事実は，本件
申請に対する許否の判断の際に重視すべき事情とはいえ
ず，これを重視したことは，考慮事項の重みづけを誤っ
たものとして考慮不尽にあたる。　　　　　　　　　　80
3　以上より，本件申請を不許可としたBの判断は，重視す
べきでない事項を重視し，他方，当然考慮すべき事項を十
分考慮しておらず，その結果，社会通念に照らし著しく妥
当性を欠いたものといえる。
第3　結論　　　　　　　　　　　　　　　　　　　85　➡結論
　よって，本件不許可処分は裁量権の逸脱・濫用があったも
のとして違法となる。
　　　　　　　　　　　　　　　　　　　以上

　司法試験および予備試験では，裁量処分の違法性を検討させる問題が頻繁に出題されている。裁量処分は裁量権の逸脱・濫用がないかぎり取り消されない（行政事件訴訟法30条）ため，行政法を勉強しはじめて日が浅いと，違法性を主張するのが難しいと感じるかもしれない。しかし，近時，最高裁は，比較的幅広い裁量が認められる場合であっても，裁量権行使の合理性を統制する見地からふみ込んだ審査（判断過程審査）を行っている。そのため，許可制度のしくみ解釈を前提に，具体的事実に基づいて裁量権の逸脱・濫用の結論を導く練習をしてもらいたく，新潟地判平成20年11月14日判自317号49頁を素材として本問を出題した。

論点

1　行政裁量の限界
2　判断過程審査（考慮不尽）

答案作成上の注意点

1　判断過程審査とは

　Y市長の裁量権の逸脱・濫用の有無，ひいては本件不許可処分の違法性を検討する本問では，弁護士Pの指示にあるとおり，考慮事項の重みづけに着目した判断過程審査が求められています。
　判断過程審査とは，行政庁が考慮すべき事項を考慮せず，または考慮すべきでない事項を考慮したのではないかというように，行政庁の判断過程に不合理な点がないかを審査する方法です。判断「過程」までをも裁判所が審査する点において，判断「結果」の合理性を検討する社会観念審査（第6問参照）よりも密度の濃い審査方法とされています。多様な法的利害の総合的調整を経てなされる裁量権行使の審査方法として望ましいものと考えられており，近年の判例でも多く用いられています。
　判断過程審査を行う際には，まず，問題となる事項が，(1)そもそも要考慮事項か不可考慮事項か（考慮の可否の問題），(2)要考慮事項であるとしても，重視すべき事項か重視すべきでない事項か（考慮事項の重みづけの問題），という視点で分析することになります。

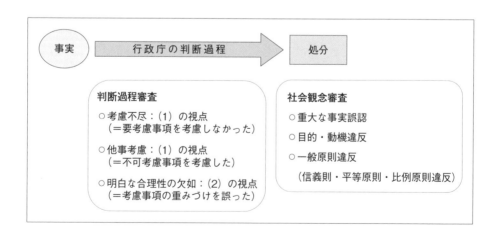

　裁量審査はつまるところ，処分の根拠法令の解釈という性格を有しています。そのため，考慮事項の抽出および重みづけの検討においては，根拠法令の趣旨・目的や，処分の性質や対応する相手方の人権などから，結論（＝考慮しなければならない，考慮することが許される，重視しなければ

ならない，など）を導かなければなりません。厳しい時間的制約のなかでは，単なる事情の羅列にとどまったり，個人的な価値判断から結論を導いてしまったりしがちですが，そのような答案は高い評価を得られません。処分の根拠法令を解釈する作業であるということを忘れず，当該法令の条文や趣旨という地面に足をつけて，答案を作りあげましょう。

② 本件不許可処分の検討

本問でも，本件条例5条の許可制度に基づいて，具体的に評価・検討する必要があります。弁護士Pが指摘したように，本件条例5条は地方自治法238条の4第7項を受けた規定ですから，同項も許可制度の根拠条文に位置づけられます。そのため，同法も視野に入れて考慮事項を検討しなければならず，その意味で本問は難問といえます。

1　①本件水路の使用の必要性について

着目すべき点は，地方自治法238条の4第7項が，行政財産の効率的利用の見地から目的外使用を認めているという点です。同項は行政財産が効率的に利用されることをめざすものですから，目的外使用の目的・態様等をふまえて，当該目的外使用がどれだけ行政財産の効率的利用に資するかということを重視すべきといえるでしょう。よって，本件水路の使用の必要性の大小という，(2)の視点から議論を展開することができます。

本問では，あくまで本件通路は本件農場のためのものですから，X社にとって本件通路が重要であるという唐突な指摘は，やや説得力に欠けます。本件通路は本件農場にとって必要である→本件農場はX社にとって必要である→本件通路はX社にとって必要である，という思考過程を示すことで，論理的思考力が示された説得力のある答案になります。

これに対して，YとしてはX社とCとの間で成立した別件和解に着目して，別件土地が通行できることを理由に，本件通路を敷設する必要性は失われたと反論できるでしょう。しかし，CがX社に対し解除を検討する旨の通知をしていることからすると，いつ既存通路が使用不能になってもおかしくない状況といえます。このことを指摘すれば，X社にとっては本件通路を使用する必要性がなお認められるということになるでしょう。

2　②臭気の問題について

本件条例5条の許可が，本来，当該公共用財産の管理・機能に支障を及ぼさないかという観点から行われるものであることにかんがみれば，これが通常重視すべき事項ではないという方向で検討をすることができます。そもそも考慮すべき事項ではない（(1)の視点＝他事考慮）との主張も考えられるところではありますが，「考慮事項の重みづけとして適切かという観点から」の検討が求められている本問では，考慮すること自体は許されるという前提のもとで，(2)の視点から，重視すべきかどうかという議論を展開すべきだといえます。

この問題に関して，Yとしては，㋐令和4年9月，臭気指数12の基準を2回超えており，臭気指数12の基準が常に達成されているとまではいえない，㋑A地区の住民から継続的に苦情が寄せられており，周辺住民からの陳情がY市議会において採択されている，という事実から，本件豚舎の臭気の問題を重視すべき，との主張が考えられます。

㋐に対してX社が反論していくとすれば，X社の規制基準違反の程度が低いということ，これまでX社が真摯に対応してきたことをふまえると，臭気の問題は，本件公害防止協定に基づく改善指示等により解決できるということ，X社による臭気対策が奏功してきていることなどを理由に，臭気の問題を考慮する必要性は乏しい（＝重視すべきではない事項である）との主張が考えられます。

また，㋑周辺住民の苦情・陳情については，臭気指数の変化というより客観的な指標が存在し，かつ，臭気指数との関連があるわけではないから，臭気指数の変化よりもなお重視すべきではない，との反論が可能です。

③ 補足――裁量の有無および広狭

本問では会議録で説明がなされたため問われていませんが，本件条例5条につきY市長の裁量を

認定するには詳細な説明が必要ですので，ここで補足することとします。前提として，裁量の有無を判断する際には，「法律の文言」と「実質的根拠」の両方の視点から事情を抽出し，論じる必要があります（詳細な説明は第6問参照）。

　「法律の文言」に関しては，抽象的な要件や，処分を「できる」といった文言が，裁量を認める方向にはたらく事情となります。本問の場合だと，本件条例5条が地方自治法238条の4第7項を受けた規定であることを認定することになります。すなわち，(a)本件条例5条が，Y市における公共用財産の目的外使用許可の申請の手続等を定めたものであること，(b)本件条例2条1項の「公共用財産」が，地方自治法238条4項の「行政財産」にあたること，(c)地方自治法238条の4第7項が行政財産の目的外使用許可を定めていること，がその理由づけとなります。そのうえで，同項の「できる」という文言は，効果裁量を認める方向に作用する事情となります。

　「実質的根拠」に関しては，処分の内容・性質から，処分権者の判断を尊重すべき処分や授益的処分であるほど，裁量が認められやすくなります。本問では，238条の4第1項が行政財産に私権を設定することを原則として禁止しており，目的外使用許可は，本来認められていない利用形態を特別に認めるものであるという事情から，授益的処分であると評価できます。また，処分の際には当該行政財産の使用状況等を考慮した地域的個別的判断が必要となるから，本問ではY市長のそのような判断を尊重すべきであるといえ，効果裁量を認める方向になります。裁量を認定するには，「法律の文言」だけでは理由として不十分であり，この「実質的根拠」の検討が必要不可欠です。司法試験においても，「実質的根拠」の検討の重要性が採点実感で繰り返し指摘されているように，この部分の検討が充実しているかどうかで，答案の評価が大きく変わると思われます。

　かりに本問が裁量の有無の検討も求める問題であれば，以上のような検討をしなければなりません。難易度は高めですが，この解説を読んだ後で，以上のように裁量の有無を自力で検討できるかどうか，ぜひ挑戦してみてください。必ずや，個別法を読み解く力がついて，ほかの受験生に差をつけることができるでしょう。

【参考文献】
試験対策講座4章3節③【3】。

第30問 B　給水拒否の適法性

　X建設株式会社（以下「X社」という）は，Y市において地上高15メートルのマンションの建設（以下「本件マンション建設」という）を計画していた。ところが，Y市では，近年マンション建設が急増し，日照阻害，プライバシー侵害等を理由とする住民・事業者間紛争が頻発していたことから，これらの問題に対処すべく，「中高層建築物に関しては，地上高10メートル以上のものについて，設計に先立って日照の影響について市と協議するとともに近隣住民の同意を得ること等を事業主に求め，これに従わない事業主に対しては，市は，上下水道等の必要な協力を行わないことがある」旨が「Y市宅地開発等に関する指導要綱」（以下「指導要綱」という）で規定されていた。

　X社は，当初は，当該指導要綱に基づくY市の行政指導に応じ，積極的に近隣住民との話し合いの場をもとうと努力したが，本件マンション建設に根強く反対する住民がごく一部存在するため，最終的には全員の同意を得ることは困難であると判断した。そこで，X社は，日照に関する住民の同意を得る努力を打ち切ることをY市に通知して，もはや指導要綱に基づく行政指導に従う意思のないことを明確に表明したうえで，マンションの建設と入居者の募集を開始することとした。

　その後，X社は工事を進め，マンションの完成が間近に迫った段階で，Y市に対して給水契約の申込書を郵送した。しかし，Y市の職員は，市長の指示に従い，指導要綱が遵守されていないことを理由に給水契約の申込書を受理しなかった。

　X社は，給水契約の申込みを正当の理由なく拒否されたことにより，諸々の損害が生じたとして，Y市に対し，国家賠償法1条1項に基づき損害賠償請求を行った。

　以上の事案に関する以下の小問を検討せよ。

　なお，Y市は，水道法第15条第1項における「水道事業者」にあたるものとする。また，Y市にはY市行政手続条例が定められており，同条例第33条には行政手続法第33条と同様の規定があるものとする。

1　Y市は，X社の提起した国家賠償訴訟において，「Y市が，X社からの給水契約申込書を受理しなかった行為は，指導要綱に基づく行政指導の一環としてなされたものであるから，水道法第15条第1項の給水拒否にはあたらない。」と主張している。この主張は認められるか。給水契約申込書の不受理が行政指導の一環として適法にできるかどうかに着目して答えなさい。

2　Y市は，X社の提起した国家賠償訴訟において，「かりに，Y市が，X社からの給水契約申込書を受理しなかった行為が水道法第15条第1項の給水拒否にあたるとしても，X社が指導要綱の定めに従わないため，給水拒否をする『正当の理由』があるといえる。」と主張している。このような主張は認められるか。

【参照条文】

〇水道法（昭和32年法律第177号）（抜粋）

（この法律の目的）

第1条　この法律は，水道の布設及び管理を適正かつ合理的ならしめるとともに，水道の基盤を強化することによつて，清浄にして豊富低廉な水の供給を図り，もつて公衆衛生の向上と生活環境の改善とに寄与することを目的とする。

（給水義務）

第15条　水道事業者は，事業計画に定める給水区域内の需要者から給水契約の申込みを受けたときは，正当の理由がなければ，これを拒んではならない。

2・3　（略）

【解答へのヒント】
1　小問1について
　　行政指導の限界としてどこまでできるのかを，最判昭和60年7月16日民集39巻5号989頁（判例シリーズ33事件）を意識しながら考えてみましょう。
2　小問2について
　　「正当の理由」とはどのようなものをさすのでしょうか。また，今回，「正当の理由」にあたる事情はあるでしょうか。三段論法を守って丁寧に論じてみましょう。

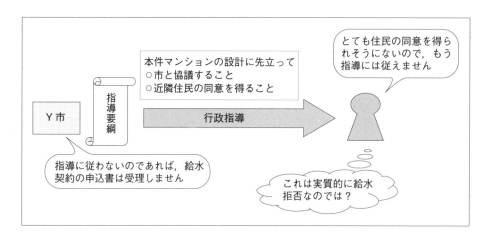

答案構成用紙

1　小問1について

　　Y市がX社からの給水契約申込書を受理しなかった行為は，地方公共団体であるY市の職員が行ったものである。そのため，行政手続法3条3項により，同法33条の適用はなく，Y市行政手続条例33条の適用を受ける。　　　　　　　　5

　　Y市は，給水契約申込書の不受理は，行政指導の一環としての給水契約締結の留保にすぎないと主張している。そこで，このY市の行為が，Y市行政手続条例33条に違反し行政指導として適法かどうかが，問題となる。

(1)　まず，Y市は，給水契約締結にあたって近隣住民の同意　10
　　を得ることを求めており，本来給水契約申請の要件となっ
　　ていないことを求めているので，「申請の取下げ又は内容
　　の変更を求める行政指導」をしているといえる。

(2)　次に，本問において申請者であるX社が「当該行政指導
　　に従う意思がない旨を表明した」といえるか。「当該行政　15
　　指導に従う意思がない旨を表明した」の意義が問題となる。

　　ア　まず，当該要件の趣旨は，行政指導が相手方の任意の
　　　協力をもとに行うものであることから，任意性を確保す
　　　る必要がある一方で，行政指導を行う公益上の必要性も
　　　あるので，両者の調和を図ることにある。また，相手方　20
　　　が単に不服従の意思を示すだけで行政指導が許されない
　　　とすると，行政指導の機能が果たされないことになる。
　　　　そこで，「当該行政指導に従う意思がない旨を表明し
　　　た」とは，確固たる不服従の意思が明確になった場合，
　　　つまり，相手方が行政指導には応じられないとの意思を　25
　　　真摯かつ明確に表明しているような場合をいうものと解
　　　する。

　　イ　本問で，X社は積極的に近隣住民との話し合いの場を
　　　もとうと努力したが，本件マンション建設に根強く反対
　　　する住民が存在することから，全員の同意を得ることは　30
　　　困難であると判断し，Y市の行政指導に従わない旨を表
　　　示しているから，真摯な理由により行政指導に従わない
　　　ことを決定したものと評価できる。
　　　　また，X社は，日照に関する住民の同意を得る努力を
　　　打ち切ることをY市に通知して，もはや指導要綱に基づ　35
　　　く行政指導に従う意思のないことを明確に表明している。
　　　　したがって，X社はY市の行政指導には応じられない
　　　との意思を真摯かつ明確に表明したといえる。

　　ウ　よって，X社が「当該行政指導に従う意思がない旨を
　　　表明した」といえる。　　　　　　　　　　　　　　　　40

(3)　では，本問においてY市は「行政指導を継続すること等
　　により当該申請者の権利の行使を妨げ」たといえるか。
　　「行政指導を継続すること等により当該申請者の権利の行
　　使を妨げる」の意義が問題となる。

（右欄注記）

論「当該行政指導に従う意思がない旨を表明した」の意義

➡問題提起

➡規範

➡あてはめ

➡結論

論「行政指導を継続すること等により当該申請者の権利の行使を妨げ」の意義
➡問題提起

ア　水道法15条1項によれば、「正当の理由」に基づく給 45
　　水契約締結の拒否は認められているものの、市による給
　　水契約締結の留保は認められていない。
　　　したがって、Y市による給水契約申込書の不受理が給
　　水契約締結の留保であるとすると、それはX社の給水契
　　約についての申請権の行使を妨げているので、原則とし 50
　　て「行政指導を継続すること等により当該申請者の権利
　　の行使を妨げるようなこと」にあたる。

　　　もっとも、行政指導を行う公益上の必要性の観点から、 ➡規範
　　当該行政指導に対する申請者の不協力が、当該申請者が
　　受ける不利益と行政指導の目的とする公益上の必要性と 55
　　を比較衡量し、社会通念上正義の観念に反するものとい
　　えるような特段の事情が存在する場合には、例外的に、
　　違法とならないと解する。

イ　本問では、Y市による給水契約申込書の不受理により、 ➡あてはめ
　　X社にはマンション建設が完了しないという大きな不利 60
　　益が生じることとなる。一方で、本件マンション建設に
　　ついては、ごく一部の住民が反対しているにすぎないこ
　　とから、住民の同意を得るために行政指導を継続する公
　　益上の必要性は低い。そのため、行政指導の継続によっ
　　てX社が受ける不利益と公益上の必要性とを比較衡量し 65
　　た場合には、X社の行政指導への不協力が社会通念上正
　　義の観念に著しく反するといえる特段の事情があるとま
　　ではいえない。

ウ　したがって、Y市による給水契約申込書の不受理が行 ➡結論
　　政指導の一環としての給水契約締結の留保であるとする 70
　　と、その違法性は否定されない。

(4)　よって、Y市による給水契約申込書の不受理は、給水契
　　約締結の留保ではなく、水道法15条1項の給水拒否にあた
　　る。

　　　以上より、本小問のY市の主張は認められない。 75 ➡結論

2　小問2について

(1)　Y市の受領拒絶が水道法15条1項の給水許否にあたると
　　しても、同条項は、「正当の理由」がある場合には、給水
　　許否という手段をとることを許容している。

　　　そして、Y市は、X社が指導要綱の定めに従わないこと 80 論「正当の理由」の意義
　　を「正当の理由」として主張している。Y市の主張は認め
　　られるか。「正当の理由」の意義が問題となる。

(2)ア　この点につき、全く相異なる目的で付与された権限を
　　　行政機関が行使することは違法な権限濫用というべきで
　　　あるが、厳格に行使目的を水道法の法目的に限定するこ 85
　　　とは権限行使の柔軟性を阻害する。

　　　　そこで、もっぱら水道法自体の目的から給水契約の締 ➡規範
　　　結の拒否が是認される場合、および給水が申込者の公序

良俗に反するような行為を助けるような場合あるいは申
込みが権利の濫用になるような場合も「正当な理由」に
あたるものと考えられる。 |90

イ　本件指導要綱の目的は，マンション建設の急増による　　　→あてはめ
日照侵害やプライバシー侵害等の問題に対応するための
住宅開発の抑制にあると考えられる。このような目的は，
水道法1条の「清浄にして豊富低廉な水の供給を図り， |95
もつて公衆衛生の向上と生活環境の改善とに寄与する」
という目的とは異なるものである。したがって，もっぱ
ら水道法自体の目的から給水契約の締結の拒否が是認さ
れる場合には該当しない。
　　また，給水が申込者の公序良俗に反するような行為を |100
助けるような場合あるいは申込みが権利の濫用になるよ
うな場合に該当する事情もない。
　　よって，「正当の理由」は認められない。
(3)　以上より，本小問のY市の主張は認められない。　　　　　→結論
以上 |105

|110

|115

|120

|125

|130

　行政指導は，行政法に関する多くの論点（行政指導の処分性，違法な行政指導と国家賠償請求など）を含む行政活動であり，多くの法科大学院入試で行政指導に関する出題がなされている。また，司法試験では2008（平成20）年第2問，2011（平成23）年第2問，予備試験では2017（平成29）年で行政指導をテーマとした問題がだされている。そこで，行政指導の際のもっとも重要なルールといえる任意性の原則について，指導要綱の理解と絡めて出題することとした。

論点

1　指導要綱の法的性質
2　行政指導の限界

答案作成上の注意点

1　はじめに

　本問では，地方公共団体における行政指導が問題とされていますので，行政手続法が直接適用される事案ではないことに注意が必要です（行政手続3条3項参照）。行政指導の方法が地域により多様であることに配慮する必要があることが行政手続法の適用除外の理由とされています。

2　小問1について

　小問1では，紛争の一方当事者であるY市側の見解が示されていますので，X社側からどのような反論をすることが可能かを考えてみることが第一歩です。X社は行政指導に従う意思がないことをすでに明確に示しているのですから，「Y市が，X社からの給水契約申込書を受理しなかった行為は，指導要綱に基づく行政指導の一環としてなされたものであるから，水道法第15条第1項の給水拒否にはあたらない。」旨のY市の見解にはおおいに不満があるでしょう。それによって，X社としては，「もはや行政指導中ではない（から，留保は許されず，したがってY市の行為は水道法第15条第1項に定める単なる給水拒否に該当する）」との反論をしていくことになります。そこで，当該反論の適否を法的に検討し，その際には，行政指導の性質とその機能から基準を導いていくといった思考順序をとるのがよいでしょう。

　この際に参考となるのが，行政手続法33条の規定の基礎となった判例とされている品川マンション事件（最判昭和60年7月16日民集39巻5号989頁〔判例シリーズ33事件〕）です。同判例は，行政指導の継続を理由とした建築確認の留保について，①任意の同意がある場合や，②任意の同意があることが明確でなくても，法の趣旨目的に照らして社会通念上合理的と認められるときには確認留保は違法ではないとします。そのうえで，建築主が，行政指導に協力できない旨の意思を真摯かつ明確に表明して建築確認申請に対しただちに応答すべきことを求めたときには，行政指導に対する建築主の不協力が社会通念上正義の観念に反するといえるような「特段の事情」が存在しないかぎり，行政指導が行われているとの理由だけで処分を留保することは違法となるとの基準を示しています。

　答案例では，この判例を参考としながら，Y市の行政指導の継続は許されるものではない━━▶もはや行政指導中ではない━━▶Y市の行為は水道法15条1項の単なる給水拒否である，という主張を組み立てています。

　なお，判例の示す「特段の事情」の要件については，どのような場合に，行政指導への不協力が正義の観念に反するものといえる「特段の事情」があるとされるのかを，判例が明確に述べていないため問題となります（品川マンション事件の調査官解説には，「特段の事情」の要件は，「今後どんな事例が生ずるかわからないとの配慮によ」り入れられたと推測される旨の記述があります）。この点，「特段の事情」があると判断されたと考えられるものに最判昭和57年4月23日民集36巻4

[品川マンション事件]

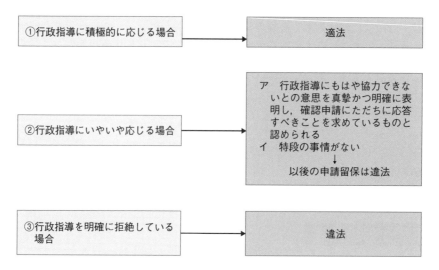

①行政指導に積極的に応じる場合 → 適法

②行政指導にいやいや応じる場合 →
ア　行政指導にもはや協力できないとの意思を真摯かつ明確に表明し，確認申請にただちに応答すべきことを求めているものと認められる
イ　特段の事情がない
↓
以後の申請留保は違法

③行政指導を明確に拒絶している場合 → 違法

号727頁（百選Ⅰ123事件）があります。高層マンション建築をめぐる周辺住民とのトラブルに関して，建築資材を現場に搬入しようとする業者と住民との実力による衝突の危険があったという事案において，最高裁は，留保の理由と留保期間からみて行政庁の特殊車両認定の留保は許される旨述べています。

答案例では，ごく一部の住民が反対しているにすぎないことを理由として「特段の事情」がないとしていますが，反対住民がごく一部であっても「特段の事情」の要件をみたす場合がありうるかもしれません。

③　小問2について

Y市の行為が給水拒否にあたるとしても，そこに，「正当の理由」（水道法15条1項）が存在する場合には，水道法違反にはなりません。そこで，本小問では，指導要綱に従わないことが給水拒否の「正当の理由」となるかが問題となります。「正当の理由」の判断基準については，①もっぱら水道法固有の法目的から判断されるべきであり，ほかの行政目的を含めて判断してはならないとする説，②給水が申込者の公序良俗違反行為を助長し，または申込みが権利濫用として評価できるような場合を含むとする説など，多くの説が対立しています。答案例では，このうち②説に準拠した論証を組み立てています。武蔵野マンション事件（最決平成元年11月8日判時1328号16頁〔判例シリーズ32事件〕）も②説に準拠していると考えられています。

あてはめでは，Y市の定める指導要綱の目的が何か，水道法の目的は何かを事実や条文から探りだしたうえで，丁寧に論じる必要があります。本件指導要綱の目的は，問題文にあるとおり，マンション建設の急増による日照阻害やプライバシー侵害等の問題に対応するための住宅開発の抑制にあると考えられ，水道法固有の目的は，水道法1条に規定があるため，両者の目的が一致するかどうかを検討していくことになります。

【参考文献】
試験対策講座4章4節②【3】・【4】。判例シリーズ32事件，33事件。

第31問 A　条例制定行為の処分性

　　Y市は，みずからが設置する保育所のうち４つの保育所を令和３年３月31日かぎりで廃止する旨の条例を制定した（以下「本件制定行為」という）。本件条例の施行によって，当該保育所は廃止され，社会福祉法人が当該保育所の施設を利用し保育所を運営することになった。

　　これに対して，当該保育所で保育を受けていた児童およびその保護者であるXらは，本件制定行為は，みずからが選択した保育所において保育を受ける権利を違法に侵害するものであるなどと主張して，本件制定行為の取消訴訟を提起した。

1　Y市の設置する特定の保育所で保育を受けている児童およびその保護者は，当該保育所における保育を受けることを期待しうる法的地位を有するか。

2　Y市による本件制定行為は，抗告訴訟の対象となる行政処分にあたるか。

○児童福祉法（昭和22年法律第164号）（抜粋）　※平成21年当時のもの

第24条　市町村は，保護者の労働又は疾病その他の政令で定める基準に従い条例で定める事由により，その監護すべき乳児，幼児……の保護に欠けるところがある場合において，保護者から申込みがあったときは，それらの児童を保育所において保育しなければならない。ただし，保育に対する需要の増大，児童の数の減少等やむを得ない事由があるときは，……その他適切な保護をしなければならない。

2　前項に規定する児童について保育所における保育を行うことを希望する保護者は，厚生労働省令の定めるところにより，入所を希望する保育所その他厚生労働省令の定める事項を記載した申込書を市町村に提出しなければならない。

3　市町村は，1の保育所について，当該保育所への入所を希望する旨を記載した前項の申込書に係る児童のすべてが入所する場合には当該保育所における適切な保育を行うことが困難となることその他のやむを得ない事由がある場合においては，当該保育所に入所する児童を公正な方法で選考することができる。

4〜7　（略）

第33条の4……市町村長，福祉事務所長……は，次の各号に掲げる……保育の実施……を解除する場合には，あらかじめ，当該各号に定める者に対し，……保育の実施……の解除の理由について説明するとともに，その意見を聴かなければならない。（ただし書省略）

一・二　（略）

三　保育の実施　当該保育の実施に係る児童の保護者

四・五　（略）

【解答へのヒント】

1　小問１について

　　条文を解釈してみましょう。

2　小問２について

　　条例制定行為は，行政処分とどのように違うのでしょうか。原則としてその処分性が認められなくても，例外的に認められる場合はないのでしょうか。

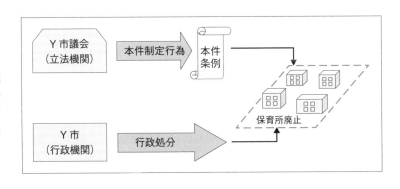

第1　小問1について
　1　市町村は，児童の保護者が必要事項を記載した申込書を
　　提出したときは，やむをえない事由のないかぎり，その児
　　童を当該保育所において保育しなければならない（児童福
　　祉法24条1項から3項まで）。また，保育所への入所承諾
　　の際に，保育の実施期間が指定されることになっている。　5
　　よって，保育所の利用関係は，保育の実施の解除がされな
　　いかぎり（同法33条の4参照），保育の実施期間が満了す
　　るまで継続するものである。
　2　そうすると，特定の保育所で現に保育を受けている児童　10
　　およびその保護者は，保育の実施期間が満了するまでの間
　　は当該保育所における保育を受けることを期待しうる法的
　　地位を有するものということができる。
　3　以上より，Y市の設置する保育所で保育を受けている児
　　童およびその保護者は，当該保育所における保育を受ける　15
　　ことを期待しうる法的地位を有するといえる。
第2　小問2について
　　Y市による本件制定行為は「処分」（行政事件訴訟法3条 **論**条例制定行為の処分性
　2項）にあたるか。
　1　「処分」とは，公権力の主体たる国または公共団体が行　20 ➡**規範**
　　う行為のうち，その行為によって，直接国民の権利義務を
　　形成し，またはその範囲を確定することが法律上認められ
　　ているものをいう。具体的には，①公権力性および②直接
　　具体的法効果性により判断する。
　2　本件制定行為は，Y市が優越的地位に基づき一方的に行　25 ➡**あてはめ**
　　うものであるため，①公権力性が認められる。
　　　条例の制定は，普通地方公共団体の議会が行う立法作用
　　に属するから，一般的には抗告訴訟の対象となる行政処分
　　にあたるものではない。しかし，本件改正条例は，当該保
　　育所の廃止のみを内容とするものであって，ほかに行政庁　30
　　の処分を待つことなく，その施行により当該保育所廃止の
　　効果を発生させる。そして，当該保育所に現に入所中の児
　　童およびその保護者というかぎられた特定の者に対して，
　　直接当該保育所において保育を受けることを期待しうる法
　　的地位を奪うことになる。　35
　　　したがって，本件制定行為は，行政庁の処分と実質的に
　　同視しうるものといえる。
　　　また，保護者らが当事者訴訟または民事訴訟を提起し，
　　勝訴判決や保全命令を得たとしても，第三者効（行政事件
　　訴訟法32条）が認められず，当該保育所を存続させるかど　40
　　うかについての市町村の対応に困難が生じる。他方，処分
　　の取消判決や執行停止の決定に第三者効が認められている
　　取消訴訟において本件制定行為の適法性を争いうるとする
　　ことには，合理性がある。

よって，②直接具体的法効果性があるといえる。

　　以上より，本件制定行為は，抗告訴訟の対象となる行政処分にあたる。

以上

➡結論

最判平成21年11月26日民集63巻9号2124頁（判例シリーズ50事件）の事案を題材にして，2つの小問から，最終的に本件制定行為の処分性を検討させる問題である。小問1で，単純な条文解釈により，児童およびその保護者が当該保育所における保育を受けることを期待しうる法的地位を有することを認定し，その結果を用いて小問2の本件制定行為の処分性を考えてほしい。この際，実効的な権利救済の観点にも触れられると，高評価が得られるだろう。

なお，条例制定行為の処分性を学習するにあたり，その効果を考慮し，問題文にあげている児童福祉法の条文は現行のものではなく，判例が言い渡された当時のものである。

■ 論点 ■

条例制定行為の処分性

■ 答案作成上の注意点 ■

1　小問1について

Y市の設置する特定の保育所で保育を受けている児童およびその保護者が，当該保育所における保育を受けることを期待しうる法的地位にあるかを問うものです。

1　本小問を見て，処分性の問題なのになぜこんなことを問うのか，と疑問に思ったかもしれません。一見すると，処分性の判断に無関係のように思えます。しかし，「処分」の定義を思いだしてください。「直接国民の権利義務を形成しまたはその範囲を確定する」という直接具体的法効果性の要件がありますが，条例の対象となる保育所に子どもを通わせている児童およびその保護者に，当該保育所における保育を受けることを期待しうる法的地位がなければ，本件制定行為が「権利義務を形成しまたはその範囲を確定する」ことはありません。他方で，当該保育所における保育を受けることを期待しうる法的地位にあれば，本件制定行為によりその地位を剥奪されたという意味で，直接具体的法効果性が肯定される可能性があります。

本問では小問1による誘導がありましたが，これがなくても答案にこの点を書けるように頭にいれておいてください。

2　児童福祉法24条1項から3項までにより，児童の保護者が必要事項を記載した申込書を提出したときは，やむをえない事由のないかぎり，その児童を当該保育所において保育しなければならないことになります。また，保育所への入所承諾の際に，保育の実施期間が指定されることになっているので，保育所の利用関係は，保護者の選択に基づき，保育の実施の解除がされないかぎり（同法33条の4参照），保育の実施期間が満了するまで継続するものといえます。以上より，Y市の設置する保育所で保育を受けている児童およびその保護者は，当該保育所における保育を受けることを期待しうる法的地位を有するといえます。参考条文を読んで，このくらいのことが書ければ十分です。

なお，前掲最判平成21年は原告がそのような地位にあることを認めましたが，最判平成14年4月25日判自229号52頁は類似する事案につき反対の結論をだしました。この判例の事案は，区立小学校を廃止する条例の処分性が争われたものですが，最高裁は，原告が「社会生活上通学可能な範囲内に設置する小学校においてその子らに法定年限の普通教育を受けさせる権利ないし法的利益を有するが，具体的に特定の区立小学校で教育を受けさせる権利ないし法的利益を有するとはいえない」として，原審の判断を是認しました。これはつまり，学校教育法の解釈により，保護者は，具体的に特定の区立小学校で教育を受けさせる権利ないし法的利益を有さないといえるため，区立小学校を廃止することでそもそも「直接国民の権利義務を形成しまたはその範囲を確定する」ことにはならない，ということを判示しているといえます。まさに，本問との事案の違

いが結論を左右したといえます。より本問を理解するために，この判例もぜひ読んでください。

② 小問2について

1 三段階構造モデル

　行政法学における伝統的な理論に，三段階構造モデルという考え方があります。最近よく使われる基本書にはこの概念に触れていないことも多く，はじめて目にしたかもしれません。しかし，この考え方は，司法試験や予備試験の問題を解くうえで，今でも武器になると思われます。そこで，知っておいてもらいたく，ここで紹介しておきます。

　三段階構造モデルとは，行政処分を中心に行政法体系を説明するもので，「法律→行政処分（行為）→行政強制という三段階が行政の過程の基本的骨格を成す」（藤田『行政法総論（上）』21頁）といわれています。これはつまり，①国会や地方議会が法律や条例を制定し，②これらの一般的抽象的規範に基づき，行政が個別の国民の権利義務を形成しまたはその範囲を確定する行政処分をなし，③これに国民が従わない場合に，行政庁が自力で強制執行をなす，というプロセスで行政のしくみを理解するものです。

　これに代わる理論として，より緻密に行政のしくみを分類する行政過程論を採用している基本書のほうが，どちらかといえば多いように思います。しかし，三段階構造モデルもいまだに有用なものに変わりありません。ぜひ頭にいれておいてください。

2 条例制定行為の処分性

　本題の，条例制定行為の処分性について検討します。法律や条例を制定する行為は，一般的抽象的権利義務を生じさせるにとどまるので，処分性が否定されるのが通常です。なぜなら，条例制定行為は，三段階構造モデルでいう①の段階にすぎず，また問題となる条例が制定され，それに基づき具体的な行政処分が個別の国民になされた段階で，それに対する取消訴訟を提起すれば国民の権利救済の観点からも十分だからです。

　ただし，①が②と同視できるような場合には，例外的に条例制定行為にも処分性を認めるべきです。前掲最判平成21年は，まさにこの理屈で条例制定行為に処分性を認めました。すなわち，市が設置する保育所廃止を定める条例の制定行為について，当該条例は，㋐ほかに行政処分を待つことなく，その施行により保育所廃止の効果を発生させ，㋑現に入所中の児童・保護者というかぎられた特定の者に対し，直接，当該保育所において保育を受けることを期待しうる法的地位を奪うことから，行政処分と実質的に同視できるとして，処分性を肯定しました。

　前掲最判平成21年と異なり，条例制定行為に処分性を認めなかったのが，給水条例無効等確認請求事件（最判平成18年7月14日民集60巻6号2369頁〔判例シリーズ49事件〕）です。最高裁は，普通地方公共団体が営む水道事業に関する条例所定の水道料金を改定する条例の制定行為について，水道料金を一般的に改定するものであって，そもそもかぎられた特定の者に対してのみ適用されるものではないとして，処分性を否定しました。ここでも，事案の違いが結論を左右しています。判例を読むときは，どのような事実関係においてそのような判決をだしたのかを，注意深く読み解くように心掛けてください。

3 実効的な権利救済の観点

　前掲最判平成21年は，条例制定行為の処分性を肯定する理由として，取消判決を用いる合理性もあげています。すなわち，保護者が「当事者訴訟ないし民事訴訟を提起し，勝訴判決や保全命令を得たとしても，これらは訴訟の当事者である当該児童又はその保護者と当該市町村との間でのみ効力を生ずるにすぎないから，これらを受けた市町村としては当該保育所を存続させるかどうかについての実際の対応に困難を来す」一方で，「処分の取消判決や執行停止の決定に第三者効（行政事件訴訟法32条）が認められている取消訴訟において当該条例の制定行為の適法性を争

い得るとすることには合理性がある」としています。このような実効的な権利救済の観点にも触れられれば，高評価が得られるでしょう。

【参考文献】
試験対策講座6章2節③【1】(2)(c)。判例シリーズ49事件，50事件。

医療法人X（以下「X」という）はY県Z市内に病院の開設を計画し，Y県知事に対し病院開設の許可申請を行ったところ，Y県知事は，Xに対し，医療法第30条の11に基づき，「Z医療圏内の病床数が地域医療計画に定める必要病床数に達している」との理由で，病院開設の中止を勧告した（以下「本件勧告」という）。

　Xは，本件勧告に従わずに，Y県知事に対し，すみやかに病院開設許可処分をするよう求めたところ，Y県知事は，開設許可処分はしたものの，同時に「中止勧告に従わずに病院を開設した場合には，保険医療機関の指定をしない」という趣旨の通告を行った。

　なお，Y県においては，保険医療機関の指定を受けるためには，病院施設の建設，必要な医師・看護師の雇用等，実際に病院開設のための準備を整える必要があるところ，医療法第30条の11の勧告に従わない場合には，相当程度の確実さをもって保険医療機関の指定を受けることができなくなるという取扱いがなされている（健康保険法第65条第4項第2号参照）。そして，現在のわが国においては，国民皆保険制度のもと，保険医療機関の指定を受けることなく病院経営をすることは，事実上不可能な状況にある。もっとも，医療法第30条の11の勧告について，医療法上は，勧告に従わない場合に罰則その他の措置が定められているわけではない。

　以上の事実のもとで，Xは，Y県に対し，本件勧告の取消訴訟を提起することができるか。処分性の要件に絞って検討せよ。

【参照条文】
○医療法（昭和23年法律第205号）（抜粋）
第30条の11　都道府県知事は，医療計画の達成の推進のため特に必要がある場合には，病院若しくは診療所を開設しようとする者又は病院若しくは診療所の開設者若しくは管理者に対し，都道府県医療審議会の意見を聴いて，病院の開設若しくは病院の病床数の増加若しくは病床の種別の変更又は診療所の病床の設置若しくは診療所の病床数の増加に関して勧告することができる。

○健康保険法（大正11年法律第70条）（抜粋）
（保険医療機関又は保険薬局の指定）
第65条
1～3　（略）
4　厚生労働大臣は，第2項の病院又は診療所について第1項の申請〔筆者注：保険医療機関指定の申請〕があった場合において，次の各号のいずれかに該当するときは，その申請に係る病床の全部又は一部を除いて，第63条第3項第1号の指定〔筆者注：保険医療機関の指定〕を行うことができる。
　一　（略）
　二　当該申請に係る病床の種別に応じ，医療法第7条の2第1項に規定する地域〔筆者注：各医療圏〕における保険医療機関の病床数が，その指定により同法第30条の4第1項に規定する医療計画〔筆者注：地域医療計画〕において定める基準病床数を勘案して厚生労働大臣が定めるところにより算定した数を超えることになると認める場合（その数を既に超えている場合を含む。）であって，当該病院又は診療所の開設者又は管理者が同法第30条の11の規定による都道府県知事の勧告を受け，これに従わないとき。
　三・四　（略）

【解答へのヒント】

1　本問における勧告とはそもそもどういった性質のものでしょうか。その性質からすると処分性は認められそうでしょうか。

2　本問でかりに処分性が認められないとすれば，どのような不利益が生じるでしょうか。処分性を認める必要性はあるでしょうか。

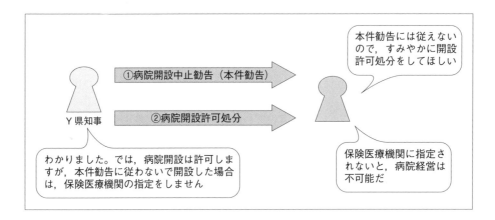

答案構成用紙

1 判断基準

　　本件勧告に対する取消訴訟が適法であるためには，本件勧告が行政事件訴訟法３条２項にいう「処分」にあたることが必要である。そこで，「処分」の意義が問題となる。　　　　　　　5

　　これについて，「処分」とは，公権力の主体たる国または公共団体が行う行為のうち，その行為によって，直接国民の権利義務を形成し，またはその範囲を確定することが法律上認められているものをいう。具体的には，①公権力性および②直接具体的法効果性により判断する。

2 本件勧告について　　　　　　　　　　　　　　　　　　10

(1)　①公権力性

　　本件勧告は，医療法30条の11に基づき，Y県知事が一方的に行うものであるから，①公権力性が認められる。

(2)　②直接具体的法効果性

　　本件勧告は，医療法上，強制力を伴わない勧告にすぎず，15これは講学上の行政指導にあたる。そして，行政指導とは，あくまでそれを受けた者が任意にこれに従うことを期待してなされる事実行為にすぎないことから，②直接具体的法効果性は認められないのが通常である（行政手続法２条６号参照）。　　　　　　　　　　　　　　　　　　　20

　　しかし，医療法30条の11の勧告に従わない場合には，相当程度の確実さをもって保険医療機関の指定を受けることができなくなる（健康保険法65条４項２号参照）。現在のわが国においては，国民皆保険制度のもと，保険医療機関の指定を受けることなく病院経営をすることは事実上不可25能な状況にあるから，Xは本件勧告により事実上病院の開設を断念せざるをえない地位におかれることになる。

　　また，保険医療機関の指定を受けるためには，病院施設の建設，必要な医師・看護師の雇用等，実際に開設の準備を整える必要があるところ，医療法30条の11の勧告を受け30た者がこれをただちに争うことができず，後続の保険医療機関の指定拒否処分がなされた段階で取消訴訟を提起しなければならないとすると，敗訴した場合にそれまでに要した巨額の投資がすべて無駄になるリスクを負うことになる。そこで，権利救済の実効性の観点から，勧告に処分性を求め35めて早期に争わせる機会を設ける必要がある。

　　よって，医療法30条の11の勧告は，関連法令をも含めた法的しくみ全体および事実上の運用を考慮すると，病院の開設・経営の可否に関する国民の権利義務について，②直接具体的法効果性を有しているものということができる。　40

(3)　以上より，医療法30条の11の勧告は，行政事件訴訟法３条２項にいう「処分」にあたる。

　　したがって，Xは，本件勧告の取消訴訟を提起することができる。　　　　　　　　　　　　　　　　　　　　　以上

右欄注記：
- 勧告の処分性
- ➡規範
- ➡あてはめ
- ➡結論

本問は，最判平成17年7月15日民集59巻6号1661頁（判例シリーズ48事件）を題材として，処分性に関する理解を問うものである。

処分性は，司法試験や予備試験において何度も出題されている頻出のテーマであり，試験合格のためには，さまざまなパターンについて十分に答案を書く練習を積んでおく必要がある。そこで，具体的な事案で結論を導く練習をしてもらいたいと考え，本問を出題した。

論点

勧告の処分性

答案作成上の注意点

1　はじめに

本問で処分性が問われている「勧告」は，講学上行政指導に分類されます。そこで，まず行政指導がどういった性質のものなのかを考え，東京都ごみ焼却場事件（最判昭和39年10月29日民集18巻8号1809頁〔判例シリーズ44事件〕）の定義に照らして，処分性が認められそうかどうかを考えることが出発点です。

次に，前掲最判平成17年を想起しつつ，本問で処分性を認めないことがはたして妥当かを考えることが必要です。この際，問題文の事実から，処分性を認めないとすると，Xにいかなる不利益が生じるかを考えることが重要です。

2　勧告の処分性

1　行政指導の処分性について

本問では，行政指導そのものについて議論を展開する必要はありません。しかし，行政指導はどの基本書でも論じられている重要なテーマなので，行政指導に関する知識や理解が曖昧だという人は，これを機に行政指導の種類，特徴などについて確認するとよいでしょう。第30問も参考にしてください。

行政手続法において，「行政指導」は「行政機関がその任務又は所掌事務の範囲内において一定の行政目的を実現するため特定の者に一定の作為又は不作為を求める指導，勧告，助言その他の行為であって処分に該当しないものをいう」（行政手続法2条6号）と定義されており，あくまで「処分に該当しないもの」という位置づけです。したがって，本問における勧告も処分性が認められないと考えるのが通常です。

2　判例

もっとも，前掲最判平成17年は，①医療法および健康保険法の規定の内容やその運用の実情に照らすと，病院開設中止の勧告は，これに従わない場合には，相当程度の確実さをもって，病院を開設しても保険医療機関の指定を受けることができなくなるという結果をもたらすものであること，②国民皆保険制度が採用されているわが国では，健康保険，国民健康保険等を利用しないで病院で受診する者はほとんどおらず，保険医療機関の指定を受けずに診療行為を行う病院がほとんど存在しないから，保険医療機関の指定を受けることができない場合には，実際上病院の開設自体を断念せざるをえないことを考慮したうえで，勧告に処分性を認めています。なお，後に保険医療機関の指定拒否処分の効力を抗告訴訟によって争うことができるとしても，勧告の処分性は否定されないとしています。

したがって，本問でもこの判例に従って処分性を肯定するのが妥当です。

この判決は，勧告の本来的性質が行政指導であることを前提としつつも，その勧告と保健医療

機関の指定拒否処分とからなるしくみの全体に着目して，当該勧告を取消訴訟の対象としないことは不当であるとして取消訴訟の対象として認めたものです。行政指導一般に処分性を認めたものではないことは十分に注意する必要があります。

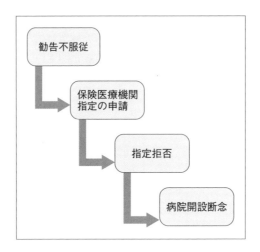

【参考文献】
試験対策講座6章2節③【1】(1)(d)。判例シリーズ48事件。

第33問 A　原告適格（総合）

　経済産業大臣は，自転車競技法（以下「法」という）第4条第2項に基づき，株式会社Aに対し，B市における場外車券販売施設「サテライトC」（以下「本件施設」という）の設置を許可した（以下「本件許可」という）。

　本件施設は7階建て地下1階の建物であり，年間340日の営業によって，きわめて多くの客が遠隔地から電車等の交通機関を利用して参集することが予想された。競輪事業は自治体による公営のみが認められているところ，本件施設の運営は，B市の収益改善策としておおいに期待された。一方で，場外車券販売施設によって醸成される一種独特の退廃的，享楽的な雰囲気が社会問題化しており，実際に，ほかの場外車券販売施設の周辺では，あてもなく時間をつぶす多数の客がたむろし，飲酒，飲食し，情報交換し，競馬新聞等の情報誌に目をとおすなどといった光景がみられていた。

　本件許可に対して，X_1およびX_2は，国（Y）を被告として，本件許可の取消訴訟（以下「本件訴訟」という）を提起した。

　X_1は，本件施設の敷地（以下「本件敷地」という）から120メートル離れた場所に，病院を開設する医師である。X_1の経営する病院は本件敷地とその最寄り駅とを最短距離で結ぶ公道に面している。そのため，レース終了後に本件施設から出てきた多数の客が，病院の周辺においてその日のレースについて大声で話し合ったり情報交換したりすることが予想されており，喧騒によってX_1の行う医療行為に支障が生じると考えている。

　X_2は，本件敷地から100メートル離れた場所に居住する者である。X_2は場外車券販売施設の醸成する周辺の雰囲気を好んでおらず，本件施設が設置されれば，レース前後の時間帯の外出を控えたり，迂回路をとったりといった対策を余儀なくされるという，日常生活上の支障が生じることを懸念している。

　X_1およびX_2は，それぞれ本件訴訟の原告適格を有するか。

【参照条文】

○自転車競技法（平成19年法律第82号による改正前のもの）（抜粋）

第4条　車券の発売等の用に供する施設を競輪場外に設置しようとする者は，経済産業省令の定めるところにより，経済産業大臣の許可を受けなければならない。当該許可を受けて設置された施設を受けて設置された施設を移転しようとするときも，同様とする。

2　経済産業大臣は，前項の許可の申請があったときは，申請に係る施設の位置，構造及び設備が経済産業省令で定める基準に適合する場合に限り，その許可をすることができる。

○自転車競技法施行規則（平成18年経済産業省令第126号による改正前のもの）

第15条　法第4条第2項の経済産業省令で定める基準（払戻金又は返還金の交付のみの用に供する施設の基準を除く。）は，次のとおりとする。

　一　学校その他の文教施設及び病院その他の医療施設から相当の距離を有し，文教上又は保健衛生上著しい支障を来すおそれがないこと。

　二・三　（略）

　四　施設の規模，構造及び設備並びにこれらの配置は，入場者の利便及び車券の発売等の公正な運営のため適切なものであり，かつ，周辺環境と調和したものであって，経済産業大臣が告示で定める基準に適合するものであること。

【解答へのヒント】

　最初に原告適格の規範を示したうえで，X_1，X_2それぞれの主張する利益が「法律上の利益」にあたるか，行政事件訴訟法9条2項にしたがって検討しましょう。

1　X_1について

　　X_1は，健全で静穏な環境のもとで円滑に業務を行う利益を主張すると考えられます。これを保護している規定は何か，考えてみましょう。

2　X_2について

　　X_2は，生活環境に関する利益を主張すると考えられます。これを保護していると思われる規定は何か，考えてみましょう。

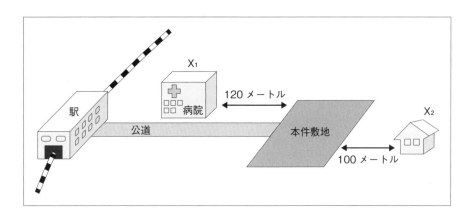

答案構成用紙

1　処分の取消訴訟の原告適格が認められるのは，当該処分の取消しを求めるにつき「法律上の利益を有する者」である（行政事件訴訟法9条1項，以下「行政事件訴訟法」法名省略）。

■取消訴訟の原告適格

> 「法律上の利益を有する者」とは，当該処分により自己の権利もしくは法律上保護された利益を侵害され，または必然的に侵害されるおそれのある者をいう。そして，当該処分を定めた行政法規が，不特定多数者の具体的利益をもっぱら一般的公益のなかに吸収解消させるにとどめず，それが帰属する個々人の個別的利益としてもこれを保護すべきものとする趣旨を含むと解される場合には，このような利益もここにいう法律上保護された利益にあたる。X₁およびX₂は本件許可の名宛人ではないから，同条2項に従って「法律上の利益」の有無を判断する。

→規範

2　まず，X₁には本件訴訟の原告適格が認められるか。X₁は病院を営む者として，健全で静穏な環境のもとで円滑に業務を行う利益を主張すると考えられる。

→あてはめ

(1)ア　本件許可の根拠規定は法4条2項であり，その基準については自転車競技法施行規則（以下「規則」という）15条1項に定められている。この規定は，本件許可の「根拠となる法令」（9条2項前段）にあたる。

　　規則15条1項1号は，場外車券販売施設の位置について「病院その他の医療施設から相当の距離を有し，……保健衛生上著しい支障を来すおそれがないこと」を定める。この規定は，医療施設が静謐な環境のもとで円滑に業務を行うにあたっての支障を除去することを「目的」（9条2項前段）としており，健全で静謐な環境のもとで円滑に業務を行う利益は法により保護されているといえる。

イ　次に，規則15条1項1号は，場外車券販売施設は，多数の来場者が参集することによってその周辺に享楽的な雰囲気や喧騒といった環境をもたらすことから，そのような環境の変化によって周辺の医療施設等の開設者が被る保健衛生に関わる業務上の支障について，特に国民の生活に及ぼす影響が大きいものとして，その支障が著しいものである場合に当該場外車券販売施設の設置を禁止し当該医療施設等の開設者の行う業務を保護する趣旨である。そして，上記利益が「害される……程度」（9条2項後段）は，医療施設等が敷地から近いほど著しいものとなる。したがって，上記規定は，上記利益を，個々の開設者の個別的利益として保護する趣旨をも含む規定というべきであるから，当該場外車券販売施設の設置・運営に伴い著しい業務の支障が生ずるおそれがあると位置的に認められる区域に医療施設等の設置を開設する者

は，当該場外車券販売施設の設置許可の取消しを求める　45
原告適格を有するものと解される。

(2)　X₁の営む病院は，本件敷地から120メートルという近接
した距離に所在するのみならず，本件敷地とその最寄り駅
とを最短距離で結ぶ公道に面している。そのため，レース
終了後に本件施設から出てきた多数の客が，帰宅のため最　50
寄り駅をめざして病院の前の公道を一斉に通過することが
予想される。このようにして生じる客同士の話し声などに
よる喧騒が日常的に相当の時間にわたり反復されれば，X₁
の行う医療行為に多大な支障が生じるおそれがある。

よって，本件施設の設置によりX₁の業務上著しい支障　55
をきたすおそれがあるといえる。

(3)　したがって，X₁は「法律上の利益を有する者」にあた　➡結論
るから，本件訴訟の原告適格が認められる。

3　次に，X₂には本件訴訟の原告適格が認められるか。X₂は　➡あてはめ
本件施設の周辺住民として，生活環境に関する利益を主張す　60
ると考えられる。

(1)ア　規則15条1項1号は場外車券販売施設の位置につき
「学校その他の文教施設及び病院その他の医療施設から
相当の距離を有し，文教上又は保健衛生上著しい支障を
来すおそれがないこと」を求めている。また，同項4号　65
は，場外車券販売施設の規模，構造および設備ならびに
これらの配置が「周辺環境と調和したもの」であること
を求めており，周辺住民の生活環境に関する利益を保護
するものといえる。

イ　しかしながら，場外車券販売施設の設置・運営により　70
被る可能性のある被害は，広い意味での生活環境の悪化
であり，ただちに周辺住民の生命，身体の安全や健康が
脅かされたり，その財産に著しい被害が生じたりするこ
とまでは想定しがたく，生活環境に関する利益は基本的
には公益に属する利益である。また，同項4号の文言の　75
漠然性からしても，上記利益が個別的利益として保護さ
れているとまではいうことはできない。

ウ　そして，ほかに生活環境に関する利益を個別的に保護
するものと解される規定はない。

(2)　よって，X₂は「法律上の利益を有する者」にはあた　80　➡結論
ず，本件訴訟の原告適格が認められない。

以上

85

本問は，最判平成21年10月15日民集63巻8号1711頁（判例シリーズ65事件）を題材にした問題である。同判例は，2004年改正後の行政事件訴訟法および小田急高架訴訟大法廷判決（最大判平成17年12月7日民集59巻10号2645頁〔判例シリーズ64事件〕）をふまえて原告適格について判断したものであり，行政事件訴訟法9条2項の定める解釈指針のもとでのあてはめの展開が非常に参考になる。論文式試験において原告適格の問題が出題された場合に，9条2項の解釈指針に基づいてあてはめを書くうえで練習になると思われるため，出題した。

■ 論点 ■

1　「法律上の利益」（行政事件訴訟法9条1項）の意義
2　行政事件訴訟法9条2項の規定構造

■ 答案作成上の注意点 ■

1 「法律上の利益」（行政事件訴訟法9条1項）の判断構造

行政事件訴訟法9条1項（以下法名省略）は，「法律上の利益を有する者」が取消訴訟の原告適格を有すると定めており，原告が処分の名宛人以外の者の場合に，原告適格の有無が問題となります。
主婦連ジュース事件判決（最判昭和53年3月14日民集32巻2号211頁〔判例シリーズ58事件〕）や小田急高架訴訟大法廷判決（前掲最大判平成17年）を筆頭に確立された判例法理によれば，「法律上の利益を有する者」とは，当該処分により自己の権利もしくは法律上保護された利益を侵害され，または必然的に侵害されるおそれのある者をいい，当該処分を定めた行政法規が，不特定多数者の具体的利益をもっぱら一般的公益のなかに吸収解消させるにとどめず，それが帰属する個々人の個別的利益としてもこれを保護すべきものとする趣旨を含むと解される場合には，このような利益もここにいう法律上保護された利益にあたるとされています。
すでに第16問で述べたとおり，原告適格の有無の判断にあたっては，①利益確定作業 ➡ ②—1保護法益性のテスト ➡ ②—2個別的利益性のテスト ➡ ③侵害現実性のテストの手順をたどることになります。また，②の判断にあたっては，前掲小田急高架訴訟大法廷判決を明文化した9条2項が機能することになります。

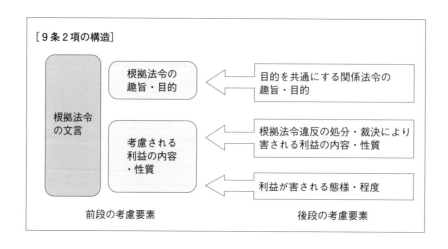

② X₁について

1 ①利益確定作業

問題文には，X₁は「喧騒によってX₁の行う医療行為に支障が生じると考えている」とありますから，X₁の主張する自己の利益としては，健全で静穏な環境のもとで円滑に業務を行う利益などが考えられます。利益をどのように表現するかはそれほど重要ではありません。ここで設定した利益が「法律上の利益」にあたる，あたらないという結論を説得的に導くことができたかどうかが，評価の最大のポイントです。

2 ②─1 保護法益性のテスト

本件許可の根拠法規は，法4条2項です。また，自転車競技法施行規則（以下「規則」という）15条1項柱書は「法第4条第2項の経済産業省令で定める基準」を定めており，法の委任を受けた法規といえます。よって，規則15条1項も，本件許可の「根拠となる法令」（9条2項前段）にあたります。法と規則が別物だからといって，同後段の「関係法令」に位置づけないようにしましょう。

規則15条1項1号の「文言」（9条2項前段）をみると，「病院その他の医療施設から相当の距離を有し，……保健衛生上著しい支障を来すおそれがない」ことを場外車券販売施設設置許可の位置基準として定めています。すなわち，医療施設が静穏な環境のもとで円滑に業務を行うにあたっての支障を除去することが，規則15条1項1号の「趣旨・目的」（9条2項前段）であると理解することができます。そうすると，①で確定した「健全で静穏な環境の下で円滑に業務を行うことのできる利益」が保護されている，ということができます。

3 ②─2 個別的利益性のテスト

法および規則は，上記利益を個別的利益としても保護しているといえるでしょうか。「場外車券販売施設によって醸成される一種独特の退廃的，享楽的な雰囲気が社会問題化して」いたという問題文の事情をふまえると，位置基準に違反して設置許可がなされた場合，上記のような雰囲気が生じるという環境の変化によって，周辺の医療施設等の開設者は文教または保健衛生に関わる業務上の支障を被り，上記利益が害されることになります。そして，その「害される……程度」（9条2項後段）は，医療施設等が敷地から近ければ近いほど著しいものとなるでしょう。したがって，法および規則は，場外車券販売施設が設置・運営されることにより業務上著しい支障をきたすおそれがある範囲の医療施設等の開業者の上記利益を，個別的利益として保護する趣旨のものであるといえます。

なお，参照条文では省略していますが，場外車券販売施設の設置許可の申請にあたって，規則14条2項1号は，「敷地の周辺から1000メートル以内の地域にある……病院その他の医療施設の位置並びに名称を記載した」見取図の申請書への添付を求めています。この規定の存在から，「敷地の周辺から1000メートル以内」にある医療施設等の開業者について一律に原告適格を認めることができるでしょうか。この点について前掲平成21年判決は，「見取図は，これに記載された個々の医療施設等に前記のような業務上の支障が生ずるか否かを審査する際の資料の一つとなり得る」としながらも，「場外施設の設置，運営が周辺の医療施設等に対して及ぼす影響はその周辺の地理的状況等に応じて一様」ではなく，規則14条2項1号が上記の範囲において「医療等の事業を営むすべての者の利益を個別的利益としても保護する趣旨を含むとまでは解し難い」としました。したがって，本問においては，X₁の経営する病院が本件敷地から120メートル離れた場所にあることのみをもって原告適格を肯定するのではなく，その他の地理的状況等を③侵害現実性のテストにおいて考慮し，X₁が，場外車券販売施設の設置・運営により業務上著しい支障をきたすおそれがある範囲の医療施設等の開業者にあたるかを検討する必要があります。

4 ③侵害現実性のテスト

X₁の営む病院について，本件敷地から120メートルという近接した所在地，本件敷地とその最寄り駅とを最短距離で結ぶ公道に面しているということを考慮すれば，問題文にあるとおり客同士の話し声などによる喧騒が生じることが予想されます。そのうえで，これが日常的に相当の時

間にわたり反復されれば，X₁の行う医療行為に多大な支障が生じるといえるでしょう。よって，本件施設の設置によりX₁の業務上，著しい支障をきたすおそれがあるといえ，X₁は個別的利益を侵害される立場にあるといえます。

原告適格肯定の結論は，以上のようにして導かれることとなります。

③ X₂について

1 ①利益確定作業

X₂は「日常生活上の支障が生じることを懸念している」とあるので，X₂の主張する自己の利益としては，生活環境に関する利益，などと表現することが考えられます。

2 ②－1 保護法益性のテスト

まず，規則15条1項1号は，場外車券販売施設の位置につき「学校その他の文教施設及び病院その他の医療施設から相当の距離を有し，文教上又は保健衛生上著しい支障を来すおそれがないこと」を求めています。場外車券販売施設が設置されれば，文教施設や医療施設に通う周辺住民のなかには，施設周辺の独特の退廃的，享楽的な雰囲気を忌避して，文教施設や医療施設に通うために回り道をしなければならなかったり，施設を変えなければならなかったりする者もいるでしょう。そう考えると，この規定は周辺住民の生活環境に関する利益を保護する趣旨のものと考えられます。

また，規則15条1項4号は，場外車券販売施設の規模，構造および設備ならびにこれらの配置が「周辺環境と調和したもの」であることを求めています。場外車券販売施設の周辺環境との調和は，周辺住民にとっては生活環境の維持を意味しますから，この規定も，周辺住民の生活上の利益を保護するものといってよさそうです。

3 ②－2 個別的利益性のテスト

もっとも，前掲最判平成21年は，「場外施設が設置，運営された場合に周辺住民等が被る可能性のある被害は，交通，風紀，教育など広い意味での生活環境の悪化であって，その設置，運営により，直ちに周辺住民等の生命，身体の安全や健康が脅かされたり，その財産に著しい被害が生じたりすることまでは想定し難いところである。そして，このような生活環境に関する利益は，基本的には公益に属する利益というべき」としています。たしかに，文教施設・医療施設の利用者は不利益を被るおそれがありますが，多くの場合施設の選択が可能であり，その利用期間も一般的には限定されるという事情があります。

また，規則15条1項4号についても，そもそも「周辺環境と調和したもの」といった漠然とした規定ぶりをしています。そのうえ，施設の規模・構造・配置にしか周辺環境との調和を求めておらず，著しく大規模なものや，いたずらに射幸心をあおる外観のものの出現を防止するもので，都市環境の秩序ある整備という公益的見地に立脚した規定にすぎないと考えられます。そうすると，上記利益を個別的に保護する規定ではないということになります。

モデル判例および答案例は，以上のように原告適格を否定する結論を採用しました。もちろん，説得的な論述ができれば，個別的利益性を肯定したうえで，③の侵害現実性も肯定し，原告適格を認める，という結論を採用することもありうるところでしょう。

【参考文献】
試験対策講座6章2節③【2】。判例シリーズ58事件，64事件，65事件。

第34問 B　競願と訴えの利益

　N空港は，3,000メートルの滑走路を有する，航空法第107条の3による混雑空港の指定を受けている飛行場であるため，1日あたりの離陸または着陸の回数が制限されている。

　令和3年4月に，N空港の出発枠，到着枠（以下「発着枠」という）が拡大されることとなり，1日あたり5便の発着枠がそれぞれ増加されることとなった。そこで，A空輸株式会社（以下「A社」という）は，N空港とM空港を結ぶ路線につき1日5便を新設することを計画し，発着枠それぞれ5便の割当てを求め運航許可申請を行った。一方，X航空株式会社（以下「X社」という）は，N空港とM空港を結ぶ路線につき1日3便増便することを計画し，発着枠3便の割当てを求め運航許可申請を行った。

　申請を受けた国土交通大臣は，両者の申請内容を検討した結果，令和3年3月31日付で，A社に発着枠5便の通行許可を与える決定（以下「本件許可処分」という）を行った。その結果，X社には，いっさい発着枠は割り当てられず，運航許可申請を拒否することとなった。

　X社は，発着枠の割当てを受けられなかったことを不服として，令和3年4月13日，運航許可申請に対する不許可処分（以下「本件不許可処分」という）の取消しを求めて異議申立てをした。この異議申立てについて，国土交通大臣は，令和3年7月13日，申立てを棄却する決定をした。

　X社は，令和3年9月13日，国を被告として，本件不許可処分の取消しを求める訴えを提起した。当該取消訴訟を提起するにあたって，訴えの利益が認められるか検討せよ。

【解答へのヒント】

　本件許可処分と本件不許可処分はどのような関係にあるのでしょうか。本件不許可処分が取り消された場合に，本件許可処分に対してなんらかの影響があるのかを考えてみてください。

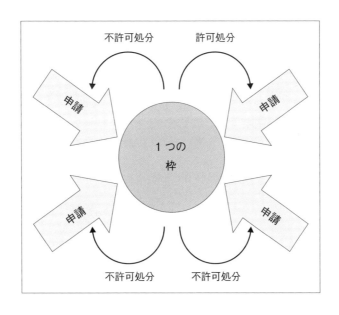

答案例

1　本問では，本件不許可処分が取り消されたとしても，競願
　者に対してすでに有効な運航許可が付与されている以上，も
　はやX社が新たに運航許可を受ける余地はないようにも思え
　る。そのため，X社に本件不許可処分の取消しを求める訴え
　の利益があるかが問題となる。　　　　　　　　　　　　　5

論 競願関係における訴えの利益

　(1)　訴えの利益とは，訴えを提起すべき客観的な必要性をい
　　う。この訴訟要件は，裁判所が処理できる訴訟は有限であ
　　り，有効な紛争解決のためには，裁判所が裁判を行うに値
　　する紛争を扱うことが合理的であることから，そうした紛
　　争を選別するために要求されるものである。　　　　　10

　(2)　では，訴えの利益の有無はどのように判断すべきか。

　　ア　取消訴訟は，当該処分を取り消すことで，原告の権利
　　　利益の救済を図る趣旨である。そこで，原告の訴えの利
　　　益の有無は，処分が判決時において取消判決によって除
　　　去すべき法的効果を有しているか否か，処分を取り消す　15
　　　ことで回復されうる権利利益が存在するか否かという観
　　　点から判断される。

➡規範

　　イ　本問では，X社は，訴外A社と同一の発着枠をめぐっ
　　　て競願関係にあり，国土交通大臣はA社がX社よりも優
　　　位にあると認めてこれに運航許可を与えているから，X　20
　　　社に対する本件不許可処分とA社に対する本件許可処分
　　　とは表裏の関係にあるといえる。そうすると，X社に対
　　　する本件不許可処分に違法があるならば，国土交通大臣
　　　は，改めてA社とX社の運航許可申請の優劣について判
　　　断する必要が生じることになる（行政事件訴訟法32条1　25
　　　項，33条1項および2項）。

➡あてはめ

　　ウ　したがって，本件不許可処分の取消しによって，X社
　　　は従前よりも有利な地位を得る可能性があるため，回復
　　　されうる権利利益が存在するといえる。よって，X社に
　　　は，本件不許可処分の取消しを求める訴えの利益が認め　30
　　　られる。

2　以上により，X社の不許可処分の取消しを求める訴えの利
　益が認められる。

➡結論

　　　　　　　　　　　　　　　　　　　　　　　　　以上

35

40

本問は競願者に対する許可処分がなされた場合に，訴えの利益との関係で自己に対する不許可処分の取消訴訟を提起できるかを問う問題である。狭義の訴えの利益は司法試験2009（平成21）年公法系第2問，予備試験2016（平成28）年と出題されてきたが，本問と同様に競願関係と訴えの利益が問題となった東京12チャンネル事件（最判昭和43年12月24日民集22巻13号3254頁〔判例シリーズ68事件〕）を題材としたものが，ついに2021（令和3）年の司法試験公法系第2問で出題された。

司法試験の問題と比べると本問はかなり事情がシンプルなものにしたため，まずは本問で練習をして，しっかりと基本的な部分を理解してほしい。

論点

競願関係における訴えの利益

答案作成上の注意点

1 はじめに

本問では，取消訴訟における訴えの利益が問題となっています。訴えの利益の意義や基本的論点については第18問から第20問までの解説を参照してください。

本問特有のポイントは，X社とA社とが競願関係にあることです。競願関係とは，2名以上の者による申請が，同一の枠をめぐって競合する関係にあることをいいます。競願関係にある複数の申請は，同一の審査基準および手続に従って申請相互の優劣の判定に基づいて一括してその許可，不許可が決せられます。そうだとすれば，競願関係においては，許可処分と不許可処分が名宛人を異にし，各処分が別個になされたとしても，本来は一体として扱われるべきであるため，処分の取消しについても両処分は一体として扱われるべきということになります。

競願関係が問題になった東京12チャンネル事件（前掲最判昭和43年）では，同一の周波枠をめぐった複数の免許申請があり，一方（以下「A」という）に対する免許付与処分と他方（以下「X」という）に対する拒否処分がなされた結果，Xが拒否処分に対する取消訴訟を提起したというものです。判例は，両処分が「表裏の関係」にあるとしたうえで，「再審査の結果によっては，Aに対する免許を取り消し，Xに対し免許を付与するということもありうる」としました。これは，Xに対する拒否処分の取消判決により当然にAに対する免許付与処分が取り消されるという形成力は生じないが，取消判決の拘束力（行政事件訴訟法33条2項）によって行政庁は判決に趣旨に従い再決定しなければならなくなることから，新たにXに免許を付与する可能性はあるということです。そうすると，XはAの免許付与処分の取消しによって従前よりも有利な地位を得る可能性があり，回復されうる権利利益が存在するといえます。よって，訴えの利益が認められるといえます。

2 本問の検討

本問も，具体的事情は前掲東京12チャンネル事件とは違いますが，論理の流れは一緒です。X社とA社が競願関係にあること，X社に対する本件不許可処分とA社に対する本件許可処分は表裏の関係にあること，本件不許可処分の取消判決がだされれば，その拘束力により行政庁は再決定することとなり，X社に許可処分がなされる可能性があることを必ず指摘するようにしましょう。

3 おわりに

本問は訴えの利益の問題でしたが，競願関係においては原告適格（9条1項）も問題になりえます。すなわち，原告が自己に対する不許可処分に対して取消訴訟を提起するのではなく，相手方の許可処分に対して取消訴訟を提起する場合には，当該許可処分の名宛人が原告ではないため，原告

適格が問題となるのです。原告適格が認められるには9条1項にいう「法律上の利益を有する者」にあたることが必要です。そして，小田急高架訴訟大法廷判決は，「法律上の利益を有する者」を「当該処分により自己の権利若しくは法律上保護された利益を侵害され，又は必然的に侵害されるおそれのある者」としています。

　競願関係における原告適格を検討する際のポイントは，やはり許可処分と不許可処分が表裏の関係にあるということです。競願関係において一方に対して許可処分がなされたことは，他方に対して不許可処分がなされたことを意味します。このように両処分が表裏の関係にあるということは，一方の処分に対してなされた違法の判断が審査全体に影響を及ぼすことになります。このような関係をふまえると，一方に対する許可処分は，不許可処分を受けた者の権利もしくは法律上保護された利益を侵害するといえるでしょう。したがって，不許可処分を受けた者は，許可処分の取消訴訟を提起するにあたって「法律上の利益を有する者」にあたり，原告適格を有することになります。

　競願関係の問題がでたときには，原告が自己に対する不許可処分の取消訴訟を提起する場合には訴えの利益が，他方に対する許可処分の取消訴訟を提起する場合には原告適格が問題になることを意識しましょう。

【参考文献】
試験対策講座6章2節③【3】(2)(b)。判例シリーズ64事件，68事件。

以下の各小問に答えよ。

1　XはY県の公安委員会から風俗営業の許可を受け，パチンコ屋を経営する株式会社であり，不景気にもかかわらず売上げは順調であった。令和2年4月23日，Y県公安委員会は，Xが同店の換金所において，客に提供した商品を買い取ったことが，風俗営業等の規制及び業務の適正化等に関する法律（以下「法」という）の第23条第1項第2号の違反事由にあたるとして，法第26条第1項に基づき，令和2年5月1日から同年6月9日までの40日間の営業停止を命ずる処分（以下「処分1」という）を行った。

　XはY県公安委員会が事実認定を誤っているとして本件処分に不服であったが，営業停止命令に従わなかった場合には，法第49条第4号に基づき，2年以下の懲役もしくは200万円以下の罰金，またはそれらの併科を受けるおそれがあったため，しぶしぶ処分には従うことにした。しかし，40日間の営業停止による売上げ喪失により大きな経済的打撃を被ることから，Xは本件処分の取消しを求めて，同年4月25日に取消訴訟（以下「本件取消訴訟」をいう）を提起した。

　X自身は裁判は2週間程度で終結すると考えていたが，いざ訴訟を提起してみるとXの当初の予想に反して審理は短期間で終わらず，同年6月9日が経過して，Xは営業を再開できるようになった。Xは本件処分の理由に納得がいかないことから取消訴訟に勝訴したいと思っていたが，営業停止期間が満了してしまった今，裁判所が本件処分の取消しをY県公安委員会に命ずることなどないのではないかと不安になり，弁護士Aに相談した。

　Aが調査したところ，法第26条第1項に基づく営業停止命令等につき，行政手続法第12条第1項の処分基準として，「風俗営業等の規制及び業務の適正化等に関する法律に基づく営業停止命令等の量定等の基準に関する規定」（以下「本件基準」という）が定められ，公開されていることがわかった。本件基準は，営業停止命令を行う場合の停止期間の量定について，処分原因ごとに上限および下限を定めたうえ，過去3年以内に営業停止命令を受けた風俗営業者に対し更に営業停止命令を行う場合の量定の加重として，その上限・下限が過去3年以内に営業停止命令を受けた回数の2倍を通常の（過去3年以内に営業停止命令を受けていない場合の）上限・下限に乗じたものにする旨を規定していた。

　本件取消訴訟について訴えの利益が認められるかを検討せよ。なお，答案作成にあたっては本件基準が裁量基準であることを前提としてよい。

2　本件取消訴訟はXの敗訴に終わり，本件処分が取り消されることはなかったが，裁判所の審理の結果，Xが客に提供した商品を買い取ったのには，同店の従業員Bが18歳未満であることを隠して働いており（法第22条第1項第3号の違反事由にあたる），客Cがその事実をY県公安委員会に暴露するとBを脅して商品を買い取らせたという事情が判明した。

　その後，Xが再び客に提供した商品を買い取ったとして，法第23条第1項第2号の違反事由にあたることを理由に令和3年2月17日，Y県公安委員会はXに80日間の営業停止を命ずる処分（以下「処分2」をいう）をした。なお，本件基準によれば営業停止期間の下限は40日ということになっているが，小問1で上述のように，過去3年以内に営業停止命令を受けた風俗営業者に対しさらに営業停止命令を行う場合には，量定が加重され，下限が80日ということになる。

　Xは処分2が違法であると主張したいが，この主張は認められるか。なお答案作成にあたっては処分2につきY県公安委員会に裁量が認められることを前提としてよい。

【参照条文】
○風俗営業等の規制及び業務の適正化等に関する法律（昭和23年法律第122号）（抜粋）
（目的）

第1条　この法律は，善良の風俗と清浄な風俗環境を保持し，及び少年の健全な育成に障害を及ぼす行為を防止するため，風俗営業及び性風俗関連特殊営業等について，営業時間，営業区域等を制限し，及び年少者をこれらの営業所に立ち入らせること等を規制するとともに，風俗営業の健全化に資するため，その業務の適正化を促進する等の措置を講ずることを目的とする。

（用語の定義）

第2条　この法律において「風俗営業」とは，次の各号のいずれかに該当する営業をいう。

一～三　（略）

四　まあじゃん屋，ぱちんこ屋その他設備を設けて客に射幸心をそそるおそれのある遊技をさせる営業

五　（略）

2～13　（略）

（遊技場営業者の禁止行為）

第23条　第2条第1項第4号の営業（……）を営む者は，……その営業に関し，次に掲げる行為をしてはならない。

一　（略）

二　客に提供した賞品を買い取ること。

三・四　（略）

2・3　（略）

（営業の停止等）

第26条　公安委員会は，風俗営業者若しくはその代理人等が当該営業に関し法令若しくはこの法律に基づく条例の規定に違反した場合において著しく善良の風俗若しくは清浄な風俗環境を害し若しくは少年の健全な育成に障害を及ぼすおそれがあると認めるとき，又は風俗営業者がこの法律に基づく処分若しくは第3条第2項の規定に基づき付された条件に違反したときは，当該風俗営業者に対し，当該風俗営業の許可を取り消し，又は6月を超えない範囲内で期間を定めて当該風俗営業の全部若しくは一部の停止を命ずることができる。

2　（略）

第49条　次の各号のいずれかに該当する者は，2年以下の懲役若しくは200万円以下の罰金に処し，又はこれを併科する。

一～三　（略）

四　第26条……の規定による公安委員会の処分に違反した者

五～七　（略）

【解答へのヒント】

1　小問1について

　　営業停止期間が満了して営業が再開できるようになった以上，処分本来の効力が消滅していることから，訴えの利益はないようにも思われます。もっとも，付随的な効果が残存していることを理由に，例外的に訴えの利益が認められる場合があります。そのうえで，本件基準が定められ，公開されていることがどのような意味をもつのか，基準の性質に照らして検討してみてください。

2　小問2について

　　Y県公安委員会は本件基準に従って量定を加重していますが，①この基準は本当に合理的なのか，②基準自体が合理的であったとしても，小問2の問題文の事実からすると，基準を機械的に適用して80日の営業停止を命ずるのは酷にすぎるのではないか，という問題意識を軸に検討してみてください。

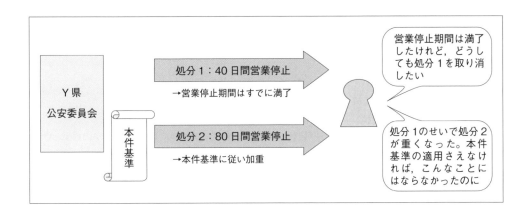

答案例

1 小問1について

　Xに対してなされた処分1は，40日間の営業停止処分であるところ，同期間はすでに経過しているため，本件処分の本来の効力は消滅している。

　そのため，Xに「回復すべき法律上の利益」（行政事件訴訟法9条1項括弧書）がなく，訴えの利益を欠くのではないかが問題となる。　　　　　　　　　　　　　　　5 　**論** 裁量基準の効果と訴えの利益

(1) 訴えの利益とは，訴えを提起すべき客観的な必要性のことをいう。取消訴訟は，当該処分を取り消すことで，原告の権利・利益の救済を図るものである。そこで，原告の訴えの利益の有無は，処分が判決時において取消判決によって除去すべき法的効果を有しているか否か，処分を取り消すことで回復されうる権利・利益が存在するか否かという観点から判断される。　　　　　　　　　　　　　　　　10 　**➡** 規範

(2) これを本小問についてみると，営業停止期間が満了しているため，処分の本来的な効果はすでに失われている。しかし，処分に付随的な効果がある場合には，なお処分を取り消すべき必要性が認められるところ，本問では法26条1項に基づく営業停止命令等につき，行政手続法12条1項の処分基準として本件基準が定められ，公開されている。　　　20 　15 　**➡** あてはめ

　そして，本件基準によれば，処分1が取り消されなかった場合，処分1から3年以内に更に営業停止命令を受けたときには，その営業停止期間の量定が加重されることになる。そこで，営業停止期間満了後もなお，処分1は取消判決によって除去すべき法的効果を有しているようにも思われる。　　　　　　　　　　　　　　　　25

(3) もっとも，処分基準は法規としての性格をもたず，裁量権を適切に行使するために設定される行政規則にすぎないから，後行の営業停止処分の際に本件処分に従って量定の加重がなされるかは不確定である。　　　　　　　　　　30

　しかし，行政手続法12条1項が処分基準の設定・公表義務を定めた趣旨は，不利益処分に関わる判断過程の公正と透明性を確保し，国民の予測可能性を担保することにある。したがって，処分基準が実際に設定され，公表されている本小問のような場合には，裁量権の行使における公正かつ平等な取扱いの要請や基準の内容に当該相手方の信頼保護等の観点から，当該処分基準の定めと異なる取扱いをすることを相当と認めるべき特段の事情がないかぎり，行政庁の後行の処分における裁量権は当該処分基準に従って行使されるべきことが羈束されていると解される。　　　　40 　35

　そうだとすれば，40日間の営業停止期間の経過後も，処分1から3年以内に再び営業停止処分がなされる場合には，原則として量定の加重がなされることとなる。したがって，処分1から3年後の令和5年4月23日までは取消判決によ

って除去すべき法的効果が残存し，Xにはなお「回復すべ 45
き法律上の利益」がある。

　　よって，Xに訴えの利益は認められる。　　　　　　　　　➡結論

2　小問2について

　　処分2についてはY県公安委員会に裁量権が認められると

　ころ，行政事件訴訟法30条により，行政庁が裁量権を逸脱・ 50

　濫用して処分に及んだ場合には，処分は違法となる。本小問 論 裁量基準に従った場合の裁量処分の司法審査

　では，Xは以前の2倍の80日間の営業停止処分を受けている

　ことから，処分2が比例原則に反し，裁量権の逸脱・濫用と

　して違法とならないか。

　⑴　この点につき，処分2は本件基準に従ってなされている 55

　　　ところ，処分基準が設定・公表されている本小問のような

　　　場合には，裁量権の行使における公正かつ平等な取扱いや

　　　相手方の信頼保護の要請がはたらいている。しかし，裁量

　　　基準は裁量権を適切に行使するために設定されるものであ

　　　るし，裁量基準の内容・適用が適切であってはじめて上記 60 ➡規範

　　　の要請が生じるといえる。したがって，①本件基準自体が

　　　不合理である場合や，②本件基準の定めと異なる取扱いを

　　　することを相当と認めるべき特段の事情があるのに，裁量

　　　権行使の際にこれらの個別事情を考慮しなかった場合には，

　　　本件基準を機械的に適用した処分2は比例原則に反し，裁 65

　　　量権の逸脱・濫用として違法となる。

　⑵　これを本小問についてみるに，①本件基準が量定加重を ➡あてはめ

　　　設けた趣旨は，違法行為を繰り返す可能性のある悪質な営

　　　業者の違法行為を抑止することにあり，善良の風俗と清浄

　　　な風俗環境の保持・少年の健全な育成に障害を及ぼす行為 70

　　　の防止・風俗営業の健全化の促進という法1条の目的に沿

　　　うものであるから，本件基準自体の合理性は認められる。

　　　　次に，②本小問では同店の従業員Bが18歳未満であるこ

　　　とを隠して働いており，客Cがその事実を同店の店長に暴

　　　露するとBを脅して商品を買い取らせたという事情があり， 75

　　　先行の処分1についてXの帰責性は比較的小さく，Xが法

　　　1条の目的を害する悪質な営業者であったとは認められな

　　　い。そうすると，本件基準の定めと異なる取扱いをするこ

　　　とを相当と認めるべき特段の事情があり，これらの事情か

　　　らすれば80日間の営業停止処分を命ずる処分2は重きにす 80

　　　ぎる。

　⑶　したがって，これらの事情を考慮することなく機械的に ➡結論

　　　本件基準を適用した処分2は，比例原則に反し，裁量権を

　　　逸脱・濫用したものとして違法である。

　　　　　　　　　　　　　　　　　　　　　　　　　　以上 85

　本問は最判平成27年3月3日民集69巻2号143頁（百選Ⅱ175事件）を題材として出題した。裁量基準の効果と訴えの利益の関係性に関しては，予備試験2016（平成28）年でも出題されており，受験生が必ずおさえておくべき論点といえる。なぜ裁量基準の性質が訴えの利益に関連して問題となるのかを小問1でしっかりと確認してもらいたい。また，実際に裁量基準に従って処分がなされた場合にその処分が違法となりうるかという論点は，司法試験の2014（平成26）年公法系第2問，2015（平成27）年公法系第2問で出題されている。裁量基準に従った場合の司法審査について小問2で理解を深めてほしい。

■ 論点 ■

1　裁量基準の効果と訴えの利益
2　裁量基準に従った場合の裁量処分の司法審査

■ 答案作成上の注意点 ■

1　小問1について

　問題文の事情にあるとおり，本小問ではすでに営業停止期間が満了しているため，処分本来の効力が消滅しているケースです。もっともそのような場合でも，なお処分の「取消しによって回復すべき法律上の利益」（行政事件訴訟法9条1項括弧書）が残存している場合には，狭義の訴えの利益が依然として認められるため，そのような付随的な効果が処分1に認められるかを検討することが必要です。

　そこで，訴えの利益の定義を述べたうえで，営業停止期間満了後も本件基準の存在によってなお付随的効果が残存しているかどうかを論証することになりますが，ここで本件基準が，裁量権を適切に行使するために設定される裁量基準（行政手続法2条8号ハでいう処分基準）であることをふまえてください。たしかに，本件基準には量定加重が定められており，本件基準によれば処分1が取り消されないことによってXは不利益的な取扱いを受けるため，処分1には取消判決によって除去すべき法的効果があるといえそうですが，本件基準は行政規則であって法的拘束力はありません。もしかりに本小問で，先行処分を受けたことを理由に後行処分の量定を加重する規定が法令で定められていた場合には，Y県公安委員会は後行の営業停止処分をする際に法令に従って量定を加重することになりますから，Xには処分1を取り消すべき必要性が認められます。一方で，裁量基準は行政の内部基準であって，国民を法的に拘束するものではありませんから，裏を返せば，行政庁が裁量基準に従わずに処分をしたとしても，当・不当の問題が生ずることこそあれ，その処分が当然に違法であるということにはなりません。つまり，後行の営業停止処分をY県公安委員会がするとして，本件基準に従って営業停止期間の量定を加重するか否かは不確定であり，処分1が取り消されなかったとしても量定が加重されないといった事態はありえます。ならば処分1を取り消す必要はないのではないかという問題意識が生じるのです。

　そこで，本小問でXに訴えの利益を認めるためには，本件基準がある以上，後行の営業停止処分がなされる際には，本件基準に従って量定が加重され，実際に不利益な取扱いを受けるために，やはりXには処分1を取り消す必要性があるということを説得的に論証していく必要があります。もしかりに，行政庁が処分基準を無視して自由に裁量権を行使できるとしたらどうでしょうか。それでは処分基準を定めた意味がないというのが素直な感覚でしょう。そこで，行政手続法12条1項が処分基準の設定・公表の努力義務を定めている趣旨はそもそも何なのか考えてみましょう。この点，前掲最判平成27年では，その趣旨は，裁量権を適切に行使するための「単に行政庁の行政運営上の便宜」のためにとどまらず，「不利益処分に係る判断過程の公正と透明性を確保」し，国民の予測

可能性を担保するといった私人の権利利益を保護することにあるとしています。そして，基準が設定され，公表されている本小問のような場合には，裁量権の行使における公正かつ平等な取扱いの要請や基準の内容に当該相手方の信頼保護等の観点を考慮する必要があります。したがって，本小問では，本件基準の定めと異なる取扱いをすることを相当と認めるべき特段の事情がないかぎり，Y県公安委員会の後行の営業停止処分における裁量権は本件基準に従って行使されるべきことが羈束されているといえるのです。この点で，本件基準は行政規則でありながら国民に対する外部効果を有しており，法規命令と行政規則の違いは相対化しているといえます。このことを行政規則の外部化といいます。

　以上をまとめると，処分基準の設定・公表の趣旨から導き出される，裁量権の行使における公正かつ平等な取扱いの要請や基準の内容に当該相手方の信頼保護等の観点から，後行の営業停止処分がなされる際には，先行処分を受けたことを理由に原則として本件基準に従って量定の加重という不利益な取扱いを受けるので，処分1には取消判決によって除去すべき法的効果がなお残存しており，処分1を取り消すべき必要性がXには認められるという一連の流れを論証していくことになります。この平等原則や相手方の信頼保護の要請は，行政規則の外部効果を認める根拠となる視点ですから，しっかりとおさえておいてください。

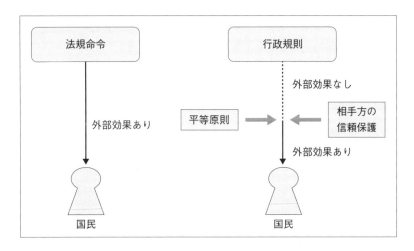

② 小問2について

1　判例と同様の事案から更に進んで，処分基準に従って実際に処分がなされたケースです。小問1の考え方からすれば，本小問では処分基準が実際に設定・公表されている以上，平等原則や相手方の信頼保護の要請がはたらくことから，本件基準に従った処分2には何の違法性のないようにも思われます。もっとも，小問1の規範においても，特段の事情がある場合には本件基準の定めと異なる取扱いをすることも許される余地があることから，この「特段の事情」が何なのか，本小問ではそのような事情が存在するのかが問題となります。この点，そもそも裁量基準は裁量権を適切に行使するために設定されるものです。また，被処分者の権利利益を犠牲にしてまで平等原則や相手方の信頼保護の要請を貫かなければならないというのではあまりに不都合でしょう。そのような常識論を説得的に論じたうえ，具体的にどのような場合に平等原則や相手方の信頼保護の要請に優先して被処分者の権利利益を保護すべきかを考えてみましょう。

　まず，いくら平等原則や相手方の信頼保護の要請とはいっても，処分基準自体が不合理である場合には，そもそも基準自体を適用すべきではないのですから裁量権の行使における公正かつ平等な取扱いの要請を重視するべきではありませんし，国民の基準に対する信頼も生じないでしょう。そこで，本件基準自体が不合理である場合には，それに従った処分も違法となります。裁量基準の合理性は，法の目的に照らして判断すると説得的に論じることができます。法の目的は1条に書かれていることが多いです。本小問を機に論証を身につけましょう。

また，平等原則は「等しき者は等しく扱おう」という原則です。そもそも「等しくない者」については平等原則を適用すべきではありません。したがって，当該基準を機械的に適用すべきでない個別事情がある場合には，裁量権の行使における公正かつ平等な取扱いの要請ははたらかないといえます。さらに，本小問は，個別事情を考慮して裁量権を行使した場合，処分が裁量基準に従った場合より軽くなるケースですから，相手方の信頼保護の要請もはたらかないでしょう。そこで，そのような個別的事情，つまり本件基準の定めと異なる取扱いをすることを相当と認めるべき特段の事情があるにもかかわらず，裁量権行使の際にそれを考慮せずに基準を機械的に適用した場合には，その処分は裁量権を逸脱・濫用したものとして違法となると解されます。明らかにXに帰責性が小さいと評価されるような事情を問題文に入れたのは，本件基準を機械的に適用した処分をすべきでないのではないかという問題意識をもってほしいからです。

　以上のように，裁量基準に従った裁量処分の違法性の争い方は，①当該基準自体の合理性を争う方法と，②基準自体は合理的であるとしたうえで，個別事情を考慮することなく基準に機械的に従った場合にその適用の仕方が合理的かを争う方法，の2種類があることをおさえておきましょう。この論点は発展的ではありますが，今後の主題の可能性も高いと思われる分野なので，確実に理解しておきましょう。

2　なお，本小問とは異なって，裁量基準から乖離（かい）して重い処分がなされた場合の裁量処分の違法性を争う場合には，裁量基準の合理性を前提として，本小問とは逆に平等原則や相手方の信頼保護の要請の観点から，基準の定めと異なる取扱いをすることを相当と認めるべき特段の事情がないことを立証して，そのような個別事情がないにもかかわらず，裁量基準に従わずに裁量権を行使したことの違法性を争うことになります。この論点も，司法試験2016（平成28）年公法系第2問，2017（平成29）年公法系第2問で出題されているので，これを機にしっかりおさえておきましょう。

　以上で述べたように裁量基準が設定されている場合には，①平等原則や相手方の信頼保護の観点から基準に従った判断をすべきという要請と，②個別事情を考慮して基準の定めとは異なった適切な判断をすべきという要請が常に対立することになります。基準を設定・公表している以上，①の要請は常にはたらきますから，結論を左右するのは，事案ごとの個別事情，つまり基準の定めと異なる取扱いをすることを相当と認めるべき特段の事情の有無です。そのような事情が存在するか否かを，問題文の事実に照らして検討することを意識してみてください。

[裁量基準に機械的に従った処分の場合]

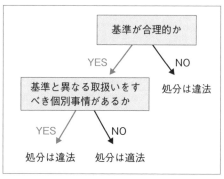

[裁量基準から乖離した処分の場合]

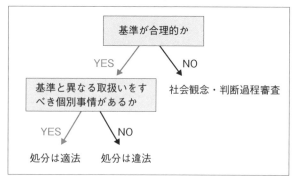

【参考文献】
試験対策講座4章1節④，6章2節③【3】(4)。

Aは，B会社で平成30年12月15日から勤務をしていた。令和元年6月6日，Aは，左胸部痛を訴え，C病院を受診した。その際，C病院のD医師は，Aの胸部レントゲンおよびCT検査を行った。そこで，Aは，肋間神経痛と診断された。

　その後，Aは体調不良により，令和元年7月26日，B会社を退職し，自宅で休養することとなった。なお，Aは，平成30年12月15日から令和元年7月25日までの間，厚生年金の被保険者であった。令和元年7月30日，Aは，E病院を受診し，腰や背中の痛み，食欲不振，体重減少を訴えた。そこで，AはE病院の医師Fにより，すい臓がんであるとはじめて診断され，入院した。Aは，化学療法を受けたものの，病状が悪化し，令和3年2月10日，すい臓がんを直接の原因として死亡した。

　そこで，Aの父であるXは，令和3年2月19日，Aが厚生年金保険の被保険者である間に初診日がある傷病より，当該初診日から起算して5年を経過する日以前に死亡したとして，厚生年金保険法（以下「法」という）第58条第1項第2号に基づいて遺族厚生年金の受給権の裁定請求をした。令和3年3月24日，厚生労働大臣（Y）から，Aが厚生年金保険の被保険者である間に初診日のある傷病と死亡の原因となった傷病の因果関係は認められないとして，遺族厚生年金を支給しない旨の処分（以下「本件処分」という）を受けた。Yはその理由として，法第58条第1項第2号の「初診日」とは医師等の診断にとどまらず，具体的な治療行為または療養の指示があった日のことをいうところ，Aが厚生年金保険の被保険者であった令和元年6月6日の時点では，具体的な治療行為または療養の指示がないことから，同日は「初診日」にはあたらず，したがってXは遺族厚生年金の受給の要件をみたしていないと主張し，その旨を記載した通知書をXに送った。

　これに対し，Xは，本件処分の審査請求，再審査請求をしたが棄却されたため，Yに対して，本件処分について取消訴訟を提起した。Yはその審理において，新たに法第59条第1項柱書本文の「遺族厚生年金を受けることができる遺族」に該当しないことを不許可の理由として主張した。

　この場合，裁判所はこの主張をとりあげるべきか否かについて，検討しなさい。

【参照条文】
○厚生年金保険法（昭和29年法律第115号）（抜粋）
（受給権者）
第58条　遺族厚生年金は，被保険者又は被保険者であった者が次の各号のいずれかに該当する場合に，その者の遺族に支給する。（略）
　一　（略）
　二　被保険者であった者が，被保険者の資格を喪失した後に，被保険者であった間に初診日がある傷病により当該初診日から起算して5年を経過する日前に死亡したとき。
　三・四　（略）
2　（略）
（遺族）
第59条　遺族厚生年金を受けることができる遺族は，被保険者又は被保険者であった者の配偶者，子，父母，孫又は祖父母（以下単に「配偶者」，「子」，「父母」，「孫」又は「祖父母」という。）であって，被保険者又は被保険者であった者の死亡の当時（略）その者によって生計を維持したものとする。ただし，妻以外の者にあっては，次に掲げる要件に該当した場合に限るものとする。
　一　夫，父母又は祖父母については，55歳以上であること。
　二　（略）

2・3 （略）

4 第1項の規定の適用上，被保険者又は被保険者であった者によって生計を維持していたことの認定に関し必要な事項は，政令で定める。

（審査請求及び再審査請求）

第90条 厚生労働大臣による被保険者の資格，標準報酬又は保険給付に関する処分に不服がある者は，社会保険審査官に対して審査請求をし，その決定に不服がある者は，社会保険審査会に対して再審査請求をすることができる。（略）

2 （略）

3 第1項の審査請求をした日から2月以内に決定がないときは，審査請求人は，社会保険審査官が審査請求を棄却したものとみなすことができる。

4 第1項及び第2項の審査請求並びに第1項の再審査請求は，時効の完成猶予及び更新に関しては，裁判上の請求とみなす。

5 被保険者の資格又は標準報酬に関する処分が確定したときは，その処分についての不服を当該処分に基づく保険給付に関する処分についての不服の理由とすることができない。

6 （略）

（審査請求と訴訟との関係）

第91条の3 第90条第1項に規定する処分の取消しの訴えは，当該処分についての審査請求に対する社会保険審査会の決定を経た後でなければ，提起することができない。

【解答へのヒント】

Yは取消訴訟の審理において新たな理由を追加しようとしています。理由を追加することの何が問題なのか，逆に理由の追加が認められなかった場合にどのような問題が生じるか考えてみてください。

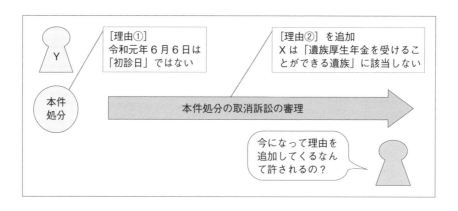

答案構成用紙

1　Yが新たに法59条1項柱書本文の「遺族」に該当しないことを不許可の理由として主張した場合，理由の追加が許されるか。

2　取消訴訟の訴訟物は処分の違法性一般であるから，行政は口頭弁論終結時まで処分が適法であることにつきいっさいの法律上・事実上の根拠を主張できるはずである。また，理由付記制度の趣旨（行政手続法8条）が，①行政庁の判断の慎重性・合理性を担保し恣意を抑制するとともに，②処分の理由を被処分者に知らせ，不服申立て等で争う場合の便宜を与えることにあることからすれば，処分の際に処分理由が具体的に記載され通知されている本問の場合には，このような理由付記制度の趣旨がひとまず実現されているといえる。したがって，理由の追加は原則として認められると解する。

➡規範

3　もっとも，処分の同一性を失わせるような理由の追加を認めると，当初の処分の根拠となった理由は，当該異なる処分の理由としては不十分ということになり，上記の理由付記制度の趣旨が没却される。したがって，処分の同一性を失わせるような理由の追加は認められない。そこで，法58条1項2号の「初診日」に該当しないことを理由とした不許可処分と，法59条1項柱書本文の「遺族」に該当しないことを理由とした不許可処分との間に，処分の同一性が認められるかが問題となる。

➡規範

これを本問についてみるに，たしかに令和元年6月6日が法58条1項2号の「初診日」にあたらないという理由と，Xが法59条1項柱書本文の「遺族」に該当しないという理由は，まったく異なるものであり，理由の追加を認めれば理由付記制度の趣旨は没却されるとも思える。

➡あてはめ

しかし，行政庁はあらゆる申請拒否事由の有無を考慮したうえで申請拒否処分をなすものであるから，個々の拒否事由ごとに処分が異なると解するのは相当でない。

また，理由付記制度の趣旨は究極的には被処分者の利益を図ることにあるが，申請拒否処分の場合，理由の追加を制限して処分を取り消したとしても申請が認容されるわけではなく，新たな理由に基づいて再び申請拒否処分がなされることが予想される。そこで，申請拒否処分の取消訴訟の原告は，申請の認容を求めて当該訴訟においてあらゆる申請拒否事由の審理を求めるのが通常であり，理由の追加を認めることが紛争の一回的解決に資する。

以上の事情を考慮すれば，処分の同一性は認められ，本問において理由の追加は許されるといえる。

4　よって，裁判所は，Yの新たな主張をとりあげるべきである。

➡結論

以上

本問は，東京地判平成23年8月23日裁判所ウェブサイトを参考にして，理由の追加の可否について出題した。理由の追完の可否の論点との違いを意識したうえで，理由の追加を認める要請と認めない要請を問題文の事案から丁寧に読みとってほしい。また，本問が不利益処分ではなく申請拒否処分の事案であることが，結論にどのような影響を及ぼすのか考えてもらいたい。

論点

理由の追加・差替えの可否

答案作成上の注意点

1 はじめに

理由の追完が，理由が提示されなかったり提示された理由が不十分であったりする場合に，行政庁が事後に理由を補充することをいうのに対して，理由の追加・差替えとは，当初の理由自体が一応十分であることを前提として，行政庁が当初の処分理由以外の理由を追加主張，あるいは当初の処分理由に替えて異なる理由を主張することをいいます。

通常の民事訴訟では訴訟物の存在を肯定または否定する根拠となる事実につき，口頭弁論終結時まではいっさいの主張が認められます。そして，取消判決の訴訟物が個々の違法事由ではなく処分の違法性一般であることからすれば，被告行政庁は口頭弁論終結時まで処分が適法であることにつきいっさいの法律上・事実上の根拠を主張できるということになり，理由の追加・差替えは当然に認められることになるとも思えます。

もっとも，行政庁がとりあえず処分をしておいて後からいくらでも理由を追加・差替えをできるというのでは，①行政庁の判断の慎重性・合理性を担保し恣意を抑制するとともに，②処分の理由を被処分者に知らせ，不服申立て等で争う場合の便宜を与えるという理由付記制度の趣旨が没却されます。理由の追加・差替えの場合には，理由の追完の場合と異なり，処分時に具体的な理由が示されており上記の理由付記制度の趣旨はひとまず実現されているといえるため，当初の処分に手続的な瑕疵はないように思われます。しかし，理由の追加・差替えを認めた結果，実質的にみて当初の処分が別個のものになるような場合は別です。当初の処分の根拠となった理由は，当初の処分の理由としては十分でも，当該異なる処分の理由としては不十分ですから，この場合にはやはり理由付記制度の趣旨が没却されることになります。

そこで，処分の同一性が認められる場合にかぎり理由の追加が認められるという規範が導かれるわけです。この規範は，理由の追完の論点の場合に用いるものではありませんから，しっかりと規範展開までの流れを理由の追完の論点と区別して理解しておいてください。

2 本問について

理由の追加は処分の同一性を害しない限度で認められるとしたうえで，本問で処分の同一性が認められるか否かを検討していくことになります。処分の同一性が認められない例として典型的にあげられるのが，交通違反を理由とした公務員の懲戒処分（不利益処分）の取消訴訟において，秘密漏洩を新たな理由として主張するケースです。公務員に対する懲戒処分は個別具体的な行為に対してなされるため，懲戒処分の対象となる公務員の行為の性質が異なる場合には，そのような理由の差替えは処分の同一性を失わせることになるのです。

一方で申請拒否処分の場合には，行政庁はあらゆる申請拒否事由の有無を考慮したうえで判断をします。そうだとすれば，個々の申請拒否事由ごとに処分が異なると解するのは妥当ではありません。この点が，不利益処分の取消訴訟と申請拒否処分の取消訴訟の違いのひとつです。

もうひとつの違いは，理由の追加・差替えを認めずに取消認容判決をすることが原告の救済に資するかどうかです。不利益処分が取り消された場合，原告は取消認容判決によって処分による不利益を免れることができます。理由の追加や差替えを認めないことが原告の救済につながるわけです。一方で，申請拒否処分が取り消されたとしても，申請が認容されるわけではありません。申請拒否処分が取り消されると，原告によって申請がなされた当初の振り出し状態に戻ります。取消訴訟の後，行政庁は原告からの申請に対して新たな理由に基づいて再び申請拒否処分をすることができます。つまり，理由の追加・差替えを認めないことが原告の救済につながるわけではないのです。むしろ，申請認容を求めたい原告としては，取消訴訟において，あらゆる申請拒否事由の有無が審理されることが紛争の一回的解決の観点から望ましいでしょう。そこで，申請拒否処分の取消訴訟の場合には，処分の同一性を認めて，申請拒否事由の追加・差替えを許すべきということになります。なお，申請拒否処分の取消訴訟の場合，申請型義務付け訴訟（行政事件訴訟法３条６項２号，37条の３）が併合提起されることが通常です。義務付け訴訟においては，申請が認容されるためには，あらゆる申請拒否事由がないことが認められる必要があるので，あらゆる申請拒否事由が審理の対象になります。したがって，取消訴訟においても，理由の追加・差替えは問題なく認められると解されます。

　以上のように，申請拒否処分の取消訴訟の場合には，①個々の申請拒否事由ごとに処分が異なると解すべきでないという解釈上の要請と，②理由の追加・差替えを認めたほうがむしろ紛争の一回的解決につながり，原告の救済に資するという実質上の要請がはたらくことから，処分の同一性を認め，理由の追加・差替えを許すのが筋でしょう。

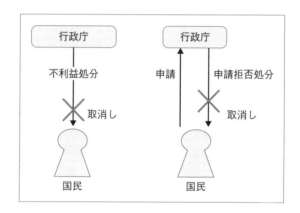

【参考文献】
試験対策講座６章２節④【１】⑵⒝。

第37問 A 規制権限不行使に対する損害賠償請求

　保育ママ制度は，働く女性とその児童の福祉の向上，児童の養育技能・経験をもつ専業主婦の余暇活用および社会活動の促進を目的に，保育所機能を保管する家庭内保育施設（認可外保育施設）として設けられた制度である。東京都Y区は，児童福祉法第24条第2項の「家庭的保育事業等」の方法として，平成8年4月1日に保育ママ事業を開始した。

　甲は，Y区において，区要綱の定める保育ママの認定要件である子育て支援者養成研修を受けた後，Y区に対し家庭福祉員希望者調査票を提出し，資格審査会において審査が実施され，「B認定可能」の判定を受けた。なお，「A判定」ではないので，特に優秀とはいえないものの，通常の能力を有すると判定されていた。そして，甲は，区立保育園で実習を受けた後，平成30年10月1日，Y区の区長から保育ママとして認定され，同日に最初の児童につき保育利用契約を締結し，その後も児童の保育を繰り返した。甲は，これまで保育ママとして合計11人の児童を保育してきたが，そのうち，3名の乳幼児について，保育中に傷害が発生している。甲は，自己の行為に基づく傷害であることを否認しているが，Y区の保育課には，甲の保育について，乳児の傷害事故の責任が甲にある疑いがあるとの苦情が複数回あった。

　夫婦であるX₁男とX₂女の間に，令和3年2月8日，X₃が生まれた。X₃は首も据わり，また，生後4か月にははじめて寝返りを打つなど，順調に成育していた。そして，X₂は，仕事に復帰することを迫られていたので，同年5月30日，Y区役所を訪れたうえ，X₃の保育について相談したところ，保育ママ制度の説明を受け，甲を紹介された。X₁とX₂は，甲の自宅（以下「本件自宅」という）に赴いて甲と面談し，甲との間で，令和3年5月31日付で本件契約を締結したうえ，X₃の養育を保育ママである甲に委託した。

　甲は，令和3年7月12日午前10時ころから約20分間，本件自宅において，X₃に対し，X₃を乗せたベビーカーの手すりを両手で持ち，多数回にわたり前後左右に激しく揺さぶってその頭部を強く動揺させる暴行を加えたことにより，X₃に少なくとも全治3か月を要する硬膜下血腫，眼底出血の傷害を負わせた。X₂は，同日午前11時半ころ，X₃を保育中の甲から，携帯電話にX₃がけいれんを起こしたとの連絡が入ったので，ただちに病院へ搬送するよう指示した。X₃は，緊急手術（開頭手術）により一命を取り留めた。その後，X₃は，経過観察の後，同年8月27日に退院した。

　【資料1　法律事務所の会議録】を読んだうえで，弁護士Qの立場に立って，弁護士Pの指示に応じて，問いに答えなさい。

〔問い〕

　XらはY区を相手として，国家賠償法第1条第1項に基づき，損害賠償を求める訴えを提起しようとしている。この場合，同項における「違法」性が認められるか，論じなさい。

【資料1　法律事務所の会議録】

弁護士P：本日は，Xらの件について主張を組み立てたいと思います。まず，どのような訴訟を提起することになるでしょうか。

弁護士Q：Xらは，甲がX₃に対して傷害を負わせたことにつき，国家賠償請求をすることになると思います。

弁護士P：そうですね。ほかにも不法行為に基づく民法上の損害賠償請求なども考えられるところですが，今回はとりあえず検討から外しましょう。それから，甲本人に対する請求や，東京都に対する請求も考えられるところですが，それらは私のほうで検討しますので，今回はY区に対する国家賠償請求に絞って，一緒に考えてみましょう。また，甲が「公務員」にあたるかどうかも問題となりますが，これについても私の

弁護士Ｑ：わかりました。

弁護士Ｐ：甲の作為を問題とする典型的な国家賠償請求訴訟も考えられるところですが，それとは別の構成も考えられます。すなわち，区要綱第14条では，区長に保育ママの認定を取り消す権限が認められていますし，第17条では，助言および指導の権限が認められていますね。にもかかわらず，本件事案ではこれらの権限が行使されていません。今回はこの権限の不行使を問題として考えてみましょう。

弁護士Ｑ：なるほど，いわゆる規制権限不行使の違法性が問題となるということですね。これについて，判例も規範をあげていたと思います。頑張ってみます。

【資料２　児童福祉法（昭和22年法律第164号）（抜粋）】

第１条　全て児童は，児童の権利に関する条約の精神にのっとり，適切に養育されること，その生活を保障されること，愛され，保護されること，その心身の健やかな成長及び発達並びにその自立が図られることその他の福祉を等しく保障される権利を有する。

第２条　全て国民は，児童が良好な環境において生まれ，かつ，社会のあらゆる分野において，児童の年齢及び発達の程度に応じて，その意見が尊重され，その最善の利益が優先して考慮され，心身ともに健やかに育成されるよう努めなければならない。

２　児童の保護者は，児童を心身ともに健やかに育成することについて第一義的責任を負う。

３　国及び地方公共団体は，児童の保護者とともに，児童を心身ともに健やかに育成する責任を負う。

第３条　前２条に規定するところは，児童の福祉を保障するための原理であり，この原理は，すべて児童に関する法令の施行にあたって，常に尊重されなければならない。

第24条　市町村は，この法律及び子ども・子育て支援法の定めるところにより，保護者の労働又は疾病その他の事由により，その監護すべき乳児，幼児その他の児童について保育を必要とする場合において，次項に定めるところによるほか，当該児童を保育所（認定こども園法第３条第１項の認定を受けたもの及び同条第11項の規定による公示がされたものを除く。）において保育しなければならない。

２　市町村は，前項に規定する児童に対し，認定こども園法第２条第６項に規定する認定こども園（子ども・子育て支援法第27条第１項の確認を受けたものに限る。）又は家庭的保育事業等（家庭的保育事業，小規模保育事業，居宅訪問型保育事業又は事業所内保育事業をいう。以下同じ。）により必要な保育を確保するための措置を講じなければならない。

３～７　（略）

【資料３　Ｙ区家庭福祉員制度運営要綱（区要綱）】

（認定）

第５条

一　保育ママの認定を受けようとする者は，保育ママ申込書に本人及び家族の健康診断書，資格証明書の写し，住民票の謄本を添えて，区長に申請するものとする。

二　区長は，前項の規定による認定の申請があったときは，審査の上適当と認める者に対し，保育ママの認定を行うものとする。

（認定の取消）

第14条　区長は，保育ママが次の各号にいずれかに該当

すると認めたときは，保育ママの認定を取り消すことができる。

一　（略）

二　その他，保育ママとして不適当な事由が生じたとき。

（助言及び指導）

第17条　区長は，保育ママに対し，保育内容等についての助言及び指導を行うとともに，必要に応じて報告を求め，又は職員を派遣し実地に調査させるものとする。

【資料４　Ｙ家庭福祉員制度事務取扱要領（取扱要領）】

（保育ママの認定の取消）

第４条

一・二　（略）

三　区要綱第14条２号の「不適当な事由が生じたとき」とは，次の場合をいう。

a　保育ママ受託児養育基準を著しく下回る養育を行い，かつ，区長の指導に従わない場合

b　保育ママ又はその家族が，成年被後見人又は被

保佐人の宣告を受けたとき，又は禁錮以上の刑に処せられた場合

c　その他区長が取消を必要と認めた場合

（指導）

第９条

一　保育課長は，保育ママに対し，要綱及び保育ママ受託時養育基準に沿うよう指導すること。

二～四

　　いわゆる規制権限不行使の違法性が問題となります。判例の規範を用いつつ，学説が整理する考慮事情をあげて，上手くあてはめてください。その際，保育ママ制度の特性や対象が幼児であることを考慮すると，要領のよいあてはめになるでしょう。

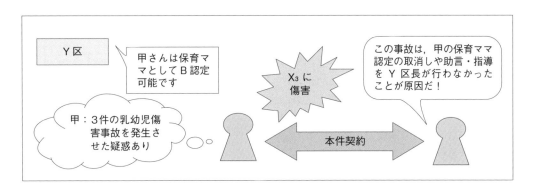

答案例

1　Y区の区長・保育課担当職員の権限の不行使が国家賠償法
　（以下「法」という）上「違法」といえるか。
　　Y区の区長あるいは保育課担当職員は，甲の保育業務に対
する調査を怠り，甲による乳幼児に対する虐待が続発するの
を放置するとともに，区要綱17条および14条の権限を行使し　　5
なかった。そこで，このような規制権限の不行使が法1条1
項の適用上違法の評価を受けないか。

論 規制権限不行使の違法性

　　(1)　この点について，規制権限を定めた法令の趣旨・目的や，
　権限の性質等に照らし，具体的事情のもとにおいて，不行
　使が許容される限度を逸脱して著しく合理性を欠くと認め　　10
　られるときは，不行使により被害を受けた者との関係にお
　いて，法1条1項の適用上違法の評価を受けるものと解す
　る。

➡ 規範

　　(2)　本問についてみると，保育ママによって保育される乳幼
児は，保育ママからの虐待に対しては，これをみずから回　　15
避したり防御したりすることは事実上不可能であって，そ
の生命・身体に対する危険回避努力を期待することは困難
であるから，乳幼児の被侵害利益の重大性と，児童福祉法
の趣旨（1条）に照らし，保育ママ制度を運営するY区に
おいては，保育ママとしての不適格者を排除して危険を回　　20
避すべき義務があるというべきである。
　　また，甲の保育について，保育中に乳児の傷害事故が3
回も発生し，Y区の保育課は，その責任が甲にある疑いが
あるとの苦情を複数回受けていた。そのため，甲の保育に
おいては，児童虐待という重大な乳幼児の生命・身体に対　　25
する危害の発生が切迫しているといえ，かつ，Y区はその
危険を予見しえた。
　　そして，Y区の調査・指導等によって甲による保育状況
の改善がなされたはずであり，本件不法行為が発生しなか
った蓋然性がある。また，区要綱14条に基づき甲の保育マ　　30
マ認定が取り消されれば，本件契約が締結されることもな
かったのであるから，本件不法行為が発生することもなか
ったといえる。
　　したがって，Y区の区長あるいは保育課担当職員は，甲
の保育業務に対する調査を怠り，甲の乳幼児に対する虐待　　35
が続発するのを放置するとともに，少なくとも17条および
14条の権限を行使しなかった点において過失があり，法令
の趣旨・目的や権限の性質に照らして，その権限の不行使
が著しく合理性を欠くものであるから，「違法」である。

➡ あてはめ

2　よって，Y区に対する国家賠償請求は認容される。　　40
　　　　　　　　　　　　　　　　　　　　　　　　以上

➡ 結論

208　第37問

　本問は，東京地判平成19年11月27日判時1996号16頁を題材にしたものである。Y区の保育課に，甲の保育について，乳児の傷害事故の責任が甲にある疑いがあるとの苦情が複数回あったことから，この時点でY区の区長あるいは保育課担当職員が助言や指導ひいては認定の取消しをすべきだったと考えられるため，いわゆる規制権限不行使の違法性が問題となる。

　これについては，判例・学説でさまざまな説が提唱されているが，どのような規範を用いるかより，重要なのはあてはめである。どのような事実を考慮し，それをどのように評価したのかを答案で表現することが求められる。

論点

1　国家賠償法1条1項に基づく損害賠償請求における「違法」の意義
2　規制権限不行使の違法性

答案作成上の注意点

1　規制権限不行使の違法性について

　国または公共団体が国家賠償責任を負う行為には，作為だけでなく不作為も含まれます。不作為を除く理由がないからです。しかし，不作為の場合，作為の場合には問題とならない点があります。

　国民が国または公共団体の不作為を理由に国家賠償請求をする場合，それらに作為義務があったのにその義務履行を怠った結果国民が損害を被った，ということが認定されなければ請求は認容されません。行政の権限行使には裁量の余地が認められる場合が多く，どのような場合に裁量の余地がなくなり一定の作為が義務づけられるのかは不明確なことが多いからです。行政庁の規制権限の不行使に対しどのような司法的救済が可能であるかというのは，行政法における重要な課題のひとつです。

2　判例および学説

　裁判例では，効果裁量が一定の場合にはゼロに収縮して作為義務が生ずるとする裁量権収縮の理論（東京地判昭和53年8月3日判時899号48頁等）や，効果裁量が認められる場合でも不作為が裁量権の逸脱・濫用にあたるときは違法とする裁量権消極的濫用論（東京地判昭和55年5月20日判時981号92頁）等，複数の解釈論が示されていましたが，実効的な司法的救済にはつながらない状況が長く続いていました。その後，最高裁が裁量権消極的濫用論を採用しました。つまり，行政の規制権限の不行使がその結果として被害を被った者との関係で違法と評価できるかという問題について，その規制権限を定めた法の趣旨・目的やその権限の性質に照らし，具体的な事情のもとでそれが著しく合理性を欠くときにのみ，その不行使による被害者との関係で違法になる，という判断基準を確立しました（最判平成元年11月24日民集43巻10号1169頁〔判例シリーズ85事件〕，最判平成7年6月23日民集49巻6号1600頁〔百選II223事件〕，最判平成16年4月27日民集58巻4号1032頁，最判平成16年10月15日民集58巻7号1802頁，最判平成26年10月9日民集68巻8号799頁，最判令和3年5月17日民集75巻5号1359頁）。

　そして，「著しく合理性を欠く」ことを裏づける具体的事実として，一般的には，①被侵害法益の重要性，②予見可能性の存在，③結果回避可能性の存在，④期待可能性の存在といった要素を考慮事情にしていると指摘されています（宇賀『行政法概説II』463頁）。①から④までを視点として，事実を拾い，丁寧に評価を加えていくと充実したあてはめになるでしょう。

③ 本問のあてはめ

　本問においても，上記①から④までの考慮要素に従って，具体的な事実のあてはめをすればよいでしょう。本問では，甲につき以前にも児童虐待をしたと疑わせる情報提供があったことなどを考慮し，危険の発生についての公務員の具体的・現実的な予見可能性（②の視点）を認定するなどして，Yに国家賠償責任を認めることが可能となります。さらに，幼児保育を行う義務は本来Y区が負うものであり（児童福祉法２条３項，24条１項，２項），保育ママ制度はその保育政策の一環であること（④の視点）や，対象である幼児は自力で身体・生命に対する危険を回避することができない（①の視点）ことを考慮できれば，より説得力のある答案になるでしょう。

【参考文献】
試験対策講座７章２節②【2】(4)(c)。判例シリーズ85事件。

第38問 A 河川管理の瑕疵

令和3年7月7日の集中豪雨により，A県B市の低湿地帯において床上浸水等が発生した。

そこで，豪雨によって床上浸水の被害を受けた低湿地帯の住民であるXらは，Xらの居住地域付近を流れるC川の改修に未改修な部分があり，河川の管理に瑕疵があったと主張して，河川の管理者である国（Y）に対して，国家賠償請求訴訟を提起した。

B市はもともと低湿地帯であり，その後急速な市街化が進み，浸水被害が深刻化していた。そこで，Yは，C川について，改修計画を定め巨額の費用をかけて改修工事を行っていた。上記改修計画は，C川と同種・同規模の河川の管理の一般水準および社会通念に照らして，是認しうる安全性を備えていると認められるかという見地から，格別不合理なものとはいえない。しかし，D駅前の約325メートルの区間は，水害発生当時なお未改修のままであった。

以上の事実のもとで，Xらによる損害賠償請求は認められるか。

【解答へのヒント】

1 いかなる場合に，営造物の設置管理に「瑕疵」があるといえるのでしょうか。

2 河川は，道路等の人工物と異なり自然公物ですが，河川の管理は道路等の管理と同様に考えてよいのでしょうか。

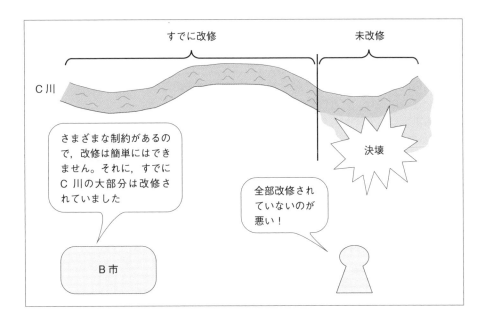

XらのYに対する国家賠償法2条1項に基づく損害賠償請求は認められるか。

1　まず，B川は，国であるYにより，直接に公の目的に供されているので，「公の営造物」といえる。

2　次に，「瑕疵」があるといえるか。

5　論 河川に関する「瑕疵」について
➡規範

(1)　「瑕疵」とは，営造物が通常有すべき安全性を欠いていることをいう。そして，通常有すべき安全性の有無は，①他人に危害を及ぼす危険性，②予見可能性，③回避可能性を基準に判断される。そして①危険性の有無は当該営造物の構造，用法，場所的環境等，諸般の事情を考慮して判断する。 10

(2)　もっとも，河川は，本来自然発生的な公共用物であって，管理者による公用開始のための特別の行為を要することなく自然の状態において公共の用に供される物であるから，通常は当初から人工的に安全性を備えた物として設置され 15管理者の公用開始行為によって公共の用に供される道路その他の営造物とは性質を異にし，もともと洪水等の自然的原因による災害をもたらす危険性を内包している。

したがって，河川の管理は，道路の管理等とは異なり，本来的にこのような災害発生の危険性をはらむ河川を対象 20として開始されるのが通常であって，河川の通常備えるべき安全性の確保は，管理開始後において予想される洪水等による災害に対処すべく，治水事業を行うことによって達成されていくことが当初から予定されている。

そして，この治水事業の実施には財政的制約，技術的制 25約，社会的制約があるだけでなく，河川管理には，道路管理における危険な区間の一時閉鎖のような簡易的，臨機的な危険回避の手段をとることもできない。

そこで，このような制約があることから，未改修河川または改修の不十分な河川の安全性としては，これらの諸制 30約のもとで一般に施行されてきた治水事業による河川の改修，整備の過程に対応するいわば過渡的な安全性をもって足りると考えるべきである。

よって，河川管理の瑕疵の有無は，過去に発生した水害の規模，発生の頻度，発生原因，被害の性質，降雨状況， 35流域の地形その他の自然的条件，土地の利用状況その他の社会的条件，改修を要する緊急性の有無およびその程度等諸般の事情を総合的に考慮し，前記諸制約のもとでの同種・同規模の河川の管理の一般水準および社会通念に照らして是認しうる安全性を備えていると認められるかどうか 40を基準として判断すべきである。

➡規範

以上からすると，すでに改修計画が定められ，これに基づいて現に改修中である河川については，その計画が全体として上記の見地からみて格別不合理なものと認められな

いときは，特段の事由が生じないかぎり，その部分につき 45
改修がいまだ行われていないとの一事をもって河川管理に
瑕疵があるとすることはできないと解すべきである。

(3) 本問では，たしかにC川は未改修な部分があるので，災 ➡あてはめ
害を防ぎることができず，安全とはいえない。しかし，
すでにC川では改修計画が定められ，これに基づいて現に 50
改修中である。そして，上記改修計画は，C川と同種・同
規模の河川の管理の一般水準および社会通念に照らして，
是認しうる安全性を備えていると認められるかという見地
からみて，格別不合理なものとはいえない。さらに，上記
特段の事由もない。 55

(4) したがって，「瑕疵」があるとはいえない。

3 以上から，XらのYに対する損害賠償請求は認められない。 ➡結論
以上

60

65

70

75

80

85

本問は，大東水害訴訟（最判昭和59年１月26日民集38巻２号53頁〔判例シリーズ91事件〕）を題材にし，河川管理の瑕疵に関する国家賠償法２条に基づく損害賠償請求をテーマにした。河川管理の瑕疵は重要な論点であるが，司法試験および予備試験ではいまだに出題されておらず，いつ出題されてもおかしくない。なお，本問は未改修の河川に関する事例であるが，改修し終わった河川については多摩川水害訴訟（最判平成２年12月13日民集44巻９号1186頁〔判例シリーズ92事件〕）があるので，この機会に確認してほしい。

論点

1 国家賠償法２条責任の要件
2 河川管理の瑕疵

答案作成上の注意点

1 はじめに

河川は，道路等などの人工公物と異なり自然公物なので，当初から安全性を有するものとして提供されるものではありません。そこで，この違いを意識した検討が求められます。

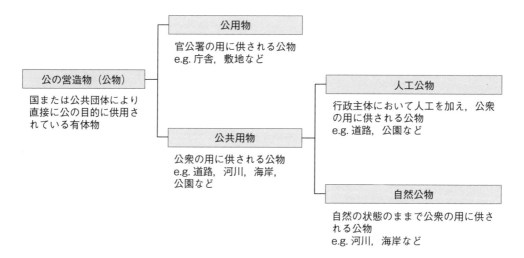

2 本問について

1 国家賠償法２条が問題となるのは，「公の営造物」（国家賠償法２条１項）の設置または管理に瑕疵がある場合です。「公の営造物」とは，国または公共団体により直接に公の目的に供されている有体物のことをいいます。答案ではまずこの要件についてあてはめを行いますが，本問のC川がこれをみたすことは明らかなので，答案例のように端的にあてはめれば十分です。
2 「瑕疵」とは，営造物が通常有すべき安全性を欠いていることをいいます。通常有すべき安全性の有無は，①他人に危害を及ぼす危険性，②予見可能性，③回避可能性を基準に判断されます。そして①危険性の有無は当該営造物の構造，用法，場所的環境等，諸般の事情を考慮して判断していきます。河川が未改修であれば，災害を防ぎきれないという点で安全性を欠いているといえ，「瑕疵」があるとも思えます。しかし，河川には前述した特殊性があるので，未改修であることをもって，ただちに「瑕疵」があると判断してよいかは一考を要します。

この点に関して，大東水害訴訟判決（前掲最判昭和59年）は「河川は，本来自然発生的な公共用物であって，管理者による公用開始のための特別の行為を要することなく自然の状態において公共の用に供される物であるから，通常は当初から人工的に安全性を備えた物として設置され管理者の公用開始行為によって公共の用に供される道路その他の営造物とは性質を異にし，もともと洪水等の自然的原因による災害をもたらす危険性を内包しているものである。したがって，河川の管理は，道路の管理等とは異なり，本来的にかかる災害発生の危険性をはらむ河川を対象として開始されるのが通常であって，河川の通常備えるべき安全性の確保は，管理開始後において，予想される洪水等による災害に対処すべく，……治水事業を行うことによって達成されていくことが当初から予定されているものということができるのである。この治水事業は，……その実施にあたっては，……技術的な制約もあり，更に……社会的制約を伴うことも看過することはできない。しかも，河川の管理においては，道路の管理における危険な区間の一時閉鎖等のような簡易，臨機的な危険回避の手段を採ることもできないのである。河川の管理には，以上のような諸制約が内在するため，すべての河川について通常予測し，かつ，回避しうるあらゆる水害を未然に防止するに足りる治水施設を完備するには，相応の期間を必要とし，未改修河川又は改修の不十分な河川の安全性としては，右諸制約のもとで一般に施行されてきた治水事業による河川の改修，整備の過程に対応するいわば過渡的な安全性をもって足りるものとせざるをえない」としています。

　また，「以上説示したところを総合すると，……当該河川の管理についての瑕疵の有無は，過去に発生した水害の規模，発生の頻度，発生原因，被害の性質，降雨状況，流域の地形その他の自然的条件，土地の利用状況その他の社会的条件，改修を要する緊急性の有無及びその程度等諸般の事情を総合的に考慮し，前記諸制約のもとでの同種・同規模の河川の管理の一般水準及び社会通念に照らして是認しうる安全性を備えていると認められるかどうかを基準として判断すべきであると解するのが相当である。そして，既に改修計画が定められ，これに基づいて現に改修中である河川については，右計画が全体として右の見地からみて格別不合理なものと認められないときは，その後の事情の変動により……早期の改修工事を施行しなければならないと認めるべき特段の事由が生じない限り，右部分につき改修がいまだ行われていないとの一事をもって河川管理に瑕疵があるとすることはできないと解すべきである。」と述べています。

3　以上のことからすると，大東水害訴訟判決（前掲最判昭和59年）に従えば，未改修部分があるからといってただちに河川の管理に瑕疵があるとすべきでなく，過渡的安全性で足りると考えられます。したがって，河川管理の瑕疵の有無は，過去に発生した水害の規模，発生の頻度，発生原因，被害の性質，降雨状況，流域の地形その他の自然的条件，土地の利用状況その他の社会的条件，改修を要する緊急性の有無およびその程度等諸般の事情を総合的に考慮し，前記諸制約のもとでの同種・同規模の河川の管理の一般水準および社会通念に照らして是認しうる安全性を備えていると認められるかどうかを基準として判断していくべきです。

　そうだとすれば，すでに改修計画が定められ，これに基づいて現に改修中である河川については，その計画が全体として上記の見地からみて格別不合理なものと認められないときは，特段の事由が生じないかぎり，その部分につき改修がいまだ行われていないとの一事をもって河川管理に瑕疵があるとすることはできないと解すべきことになります。

4　本問では，問題文にあるように，すでにC川では改修計画が定められ，これに基づいて現に改修中です。そして，上記改修計画は，C川と同種・同規模の河川の管理の一般水準および社会通念に照らして是認しうる安全性を備えていると認められるかという見地からみて，格別不合理なものとはいえません。さらに，上記のような早期の改修工事を施工しなければならないと認められる特段の事由があるともいえません。

5　したがって，C川に「瑕疵」は認められないことになるでしょう。

③　改修済みの河川

　改修し終わった河川については，出題趣旨で紹介した多摩川水害訴訟があるので，ぜひ確認して

みてください。

【参考文献】
試験対策講座 7 章 2 節③【3】。判例シリーズ90事件，91事件，92事件。

♠**伊藤　真**（いとう　まこと）

　1958年東京で生まれる。1981年，大学在学中に1年半の受験勉強で司法試験に短期合格。同時に，司法試験受験指導を開始する。1982年，東京大学法学部卒業，司法研修所入所。1984年に弁護士登録。弁護士としての活動とともに，受験指導を続け，法律の体系や全体構造を重視した学習方法を構築する。短期合格者の輩出数，全国ナンバー1の実績を不動のものとする。

　1995年，憲法の理念をできるだけ多くの人々に伝えたいとの思いのもとに，15年間培った受験指導のキャリアを生かし，伊藤メソッドの司法試験塾をスタートする。現在は，予備試験を含む司法試験や法科大学院入試のみならず，法律科目のある資格試験や公務員試験をめざす人たちの受験指導のため，毎日白熱した講義を行いつつ，「一人一票実現国民会議」および「安保法制違憲訴訟の会」の発起人となり，社会的問題にも積極的に取り組んでいる。

　「伊藤真試験対策講座〔全15巻〕」（弘文堂刊）は，伊藤メソッドを駆使した本格的テキストとして受験生のみならず多くの読者に愛用されている。他に，「伊藤真ファーストトラックシリーズ〔全7巻〕」「伊藤真の判例シリーズ〔全7巻〕」「伊藤真新ステップアップシリーズ〔全6巻〕」「伊藤真実務法律基礎講座」など読者のニーズにあわせたシリーズを刊行中である。
（一人一票実現国民会議 URL：https://www2.ippyo.org/）

伊藤塾
〒150-0031　東京都渋谷区桜丘町17-5　03(3780)1717
https://www.itojuku.co.jp

行政法【新伊藤塾試験対策問題集：論文④】

2022（令和4）年4月15日　初版1刷発行

監修者　伊藤　　真
発行者　鯉渕　友南
発行所　株式会社　弘文堂　　101-0062　東京都千代田区神田駿河台1の7
　　　　　　　　　　　　　　TEL 03(3294)4801　　振替 00120-6-53909
　　　　　　　　　　　　　　https://www.koubundou.co.jp

装　丁　笠井亞子
印　刷　三美印刷
製　本　井上製本所

ISBN978-4-335-30432-3

伊藤塾試験対策問題集

●予備試験論文

伊藤塾が満を持して予備試験受験生に贈る予備試験対策問題集！
過去問と伊藤塾オリジナル問題を使って、合格への最短コースを示します。
合格者の「思考過程」、答案作成のノウハウ、復習用の「答案構成」や「論証」など工夫満載。出題必須論点を網羅し、この1冊で論文対策は完成。

1	刑事実務基礎[第2版]	3200円	6	民法[第2版]	2800円
2	民事実務基礎[第2版]	3200円	7	商法[第2版]	2800円
3	民事訴訟法[第2版]	2800円	8	行政法[第2版]	2900円
4	刑事訴訟法[第2版]	2800円	9	憲法[第2版]	2800円
5	刑法[第2版]	2800円			

●論文

司法試験対策に最適のあてはめ練習ができる好評の定番問題集！
どんな試験においても、合格に要求される能力に変わりはありません。問題を把握し、条文を出発点として、趣旨から規範を導き、具体的事実に基づいてあてはめをし、問題の解決を図ること。伊藤塾オリジナル問題で合格に必要な能力を丁寧に養います。

1	刑事訴訟法	3200円	4	憲法	3200円
2	刑法	3000円			

●短答

短答式試験合格に必須の基本的知識がこの1冊で体系的に修得できる！
伊藤塾オリジナル問題から厳選した正答率の高い良問を繰り返し解き、完璧にマスターすれば、全範囲の正確で確実な知識が身につく短答問題集です。

1	憲法	2800円	4	商法	3000円
2	民法	3000円	5	民事訴訟法	3300円
3	刑法	2900円			

新 伊藤塾試験対策問題集

●論文

合格答案作成ビギナーにもわかりやすい記述試験対策問題集！
テキストや基本書で得た知識を、どのように答案に表現すればよいかを伝授します。
法的三段論法のテクニックが自然に身につく、最新の法改正に完全対応の新シリーズ。
「伊藤塾試験対策講座」の実践篇として、効率よく底力をつけるための論文問題集です。

1	民法	2800円	3	民事訴訟法	2900円
2	商法	2700円	4	行政法	2800円

弘文堂

＊価格(税別)は2022年4月現在

伊藤真試験対策講座

論点ブロックカード・フローチャートなど司法試験受験界を一新する勉強法を次々と考案し、導入した伊藤真が、全国の受験生・法学部生・法科大学院生に贈る、初めての本格的な書き下ろしテキスト。伊藤メソッドによる「現代版基本書」！

- ●論点ブロックカードで、答案の書き方が学べる。
- ●フローチャートで、論理の流れがつかめる。
- ●図表・２色刷りによるビジュアル化。
- ●試験に必要な重要論点をすべて網羅。
- ●短期集中学習のための効率的な勉強法を満載。
- ●司法試験をはじめ公務員試験、公認会計士試験、司法書士試験に、そして、大学の期末試験対策にも最適。

弘文堂

＊価格（税別）は2022年4月現在

伊藤真の判例シリーズ

厳選された重要判例の読み方・学び方を、伊藤メソッドを駆使して伝授！
各判例は、論点と結論、事実、裁判の経緯、判決の流れ、学習のポイント、
判決要旨、伊藤真のワンポイント・レッスン、等の順にわかりやすく解説。
試験に役立つ学習書に徹した伊藤真による初めての判例ガイド、誕生！

憲法［第2版］	3800円
民法［第2版］	3500円
刑法［第2版］	3500円
行政法［第2版］	3800円
刑事訴訟法	3800円
民事訴訟法	3500円
商法	3500円

伊藤真の条文シリーズ

法律の学習は、条文に始まり条文に終わる！　基本六法を条文ごとにわかり
やすく説明する逐条解説シリーズ。条文の意味・趣旨、解釈上の重要論点、
要旨付きの関連判例をコンパクトに整理。「事項索引」「判例索引」の他に、「条
文用語索引」で検索機能も充実。基礎的な勉強に、受験に、そして実務でも
役立つ伊藤メソッドによるスーパー六法。

民法Ⅰ【総則・物権】	3200円
民法Ⅱ【債権・親族・相続】	3200円
商法・手形法小切手法	2700円
憲法	3000円
刑法	3300円
民事訴訟法	2800円
刑事訴訟法	3100円

伊藤真の全条解説 会社法

平成26年改正をふまえた会社法の全条文をオールマイティにわかりやすく解説。
全ての条文に、制度趣旨、定義、口語訳、論点、関連判例、重要度ランク、
過去問番号が入り、さらに引用条文・読替条文の内容をダイレクトに付記。
実務書として学習書として、安心して利用できる便利なコンメンタール。　6400円

弘文堂

＊価格(税別)は2022年4月現在